EDIÇÕES BESTBOLSO

Berlim 1945
volume 1

Antony Beevor, escritor e historiador, estudou na Real Academia Militar de Sandhurst e é reconhecido por ter publicado livros de grande sucesso com temática de guerra. Suas obras têm boa carreira no Brasil, como *Creta, Stalingrado, Berlim 1945, Dia D* e *A Segunda Guerra Mundial*. Seu estilo aclamado e premiado tem como característica a descrição detalhada, a apresentação de dados factuais e a presença de testemunhos sobre os acontecimentos. O autor sofreu sérias críticas do governo russo após o lançamento deste livro, devido à exposição das atrocidades cometidas durante e após a tomada de Berlim.

ANTONY BEEVOR

BERLIM 1945

VOLUME 1

Tradução de
MARIA BEATRIZ DE MEDINA

2ª edição

EDIÇÕES
BestBolso
RIO DE JANEIRO – 2018

CIP-BRASIL. CATALOGAÇÃO NA FONTE
SINDICATO NACIONAL DOS EDITORES DE LIVROS, RJ

Beevor, Antony, 1946-

B362b   Berlim 1945: a queda, volume 1 / Antony Beevor; tradução Maria Beatriz de
v. 1   Medina. – 2ª ed. – Rio de Janeiro: BestBolso, 2018.
2ª ed.   12 × 18 cm.

Tradução de: Berlin: the Downfall 1945
Inclui bibliografia
ISBN 978-85-7799-475-5

1. Berlim (Alemanha). 2. Guerra Mundial, 1939-1945. I. Título.

CDD: 940.5314
15-23321   CDU: 94(100)

Berlim 1945: a queda – volume 1, de autoria de Antony Beevor.
Título número 398 das Edições BestBolso.
Segunda edição impressa em janeiro de 2018.
Texto revisado conforme o Acordo Ortográfico da Língua Portuguesa.

Título original inglês:
BERLIN: THE DOWNFALL 1945

Copyright © Antony Beevor, 2002.
Copyright da tradução © by Distribuidora Record de Serviços de Imprensa S.A.
Direitos de reprodução da tradução cedidos para Edições BestBolso, um selo da Editora Best
Seller Ltda. Distribuidora Record de Serviços de Imprensa S. A. e Editora Best Seller Ltda são
empresas do Grupo Editorial Record.

www.edicoesbestbolso.com.br

Revisão técnica: Ricardo Bonalume Neto

Capa: adaptação de Mariana Taboada da capa publicada pela Editora Record (Rio de Janeiro,
2004) com fotografia de Victor Tiomin, "Canhão soviético disparando em uma rua de
Berlim".

Todos os direitos reservados. Proibida a reprodução, no todo ou em parte, sem autorização
prévia por escrito da editora, sejam quais forem os meios empregados.

Direitos exclusivos de publicação em língua portuguesa para o Brasil em formato bolso
adquiridos pelas Edições BestBolso um selo da Editora Best Seller Ltda. Rua Argentina, 171
– 20921-380 Rio de Janeiro, RJ – Tel.: (21) 2585-2000 que se reserva a propriedade literária
desta tradução.

Impresso no Brasil

ISBN 978-85-7799-475-5

Sumário

Mapas	7
Glossário	25
Prefácio	29

Livro 1

1. Berlim no ano-novo	37
2. O "castelo de cartas" do Vístula	50
3. Fogo, espada e "nobre fúria"	66
4. A grande ofensiva de inverno	86
5. O avanço para o Oder	108
6. Leste e Oeste	135
7. A limpeza da retaguarda	160
8. A Pomerânia e as cabeças de ponte do Oder	185
9. Objetivo: Berlim	213
10. A camarilha e o Estado-Maior geral	229
11. A preparação do golpe de misericórdia	251
Referências	263
Fontes	267

Sumário

Mapas 7
Glossário 25
Prefácio 29

Livro I

Referências 203
Fontes 262

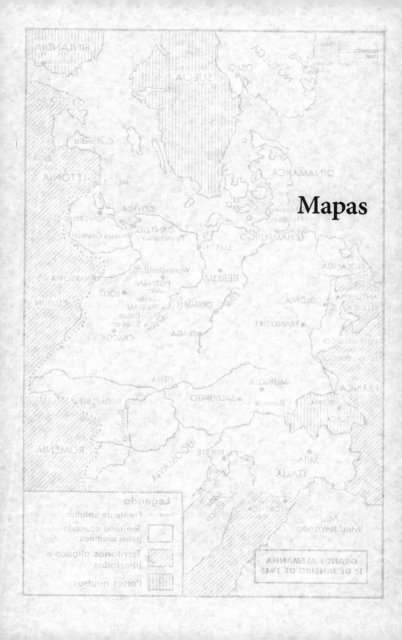

Mapas

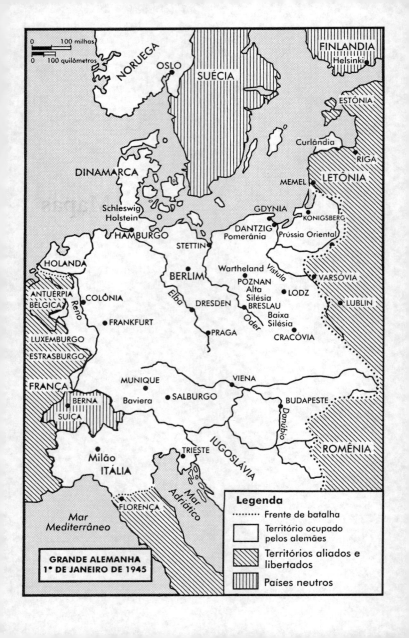

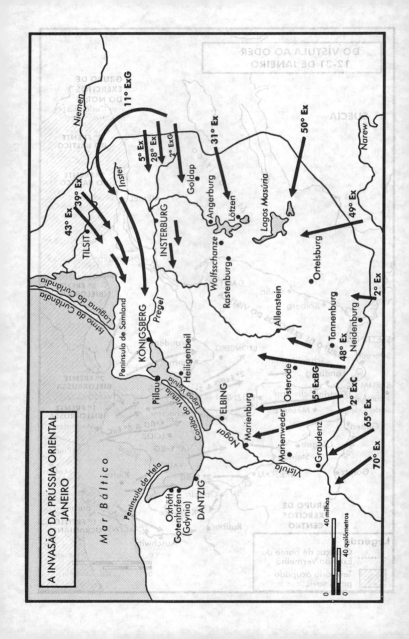

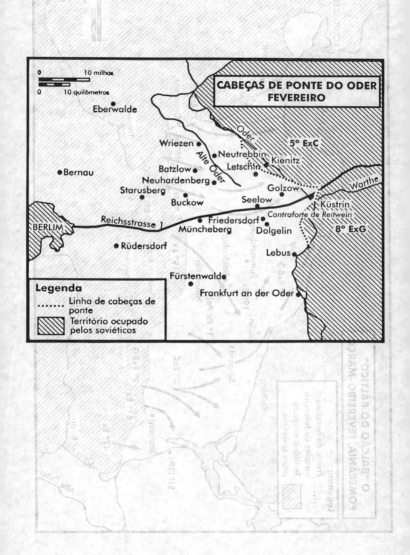

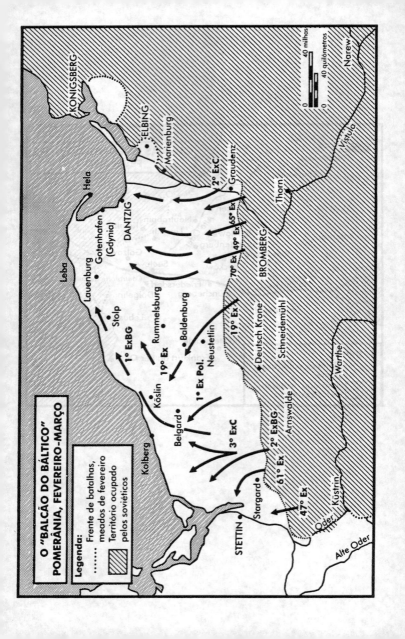

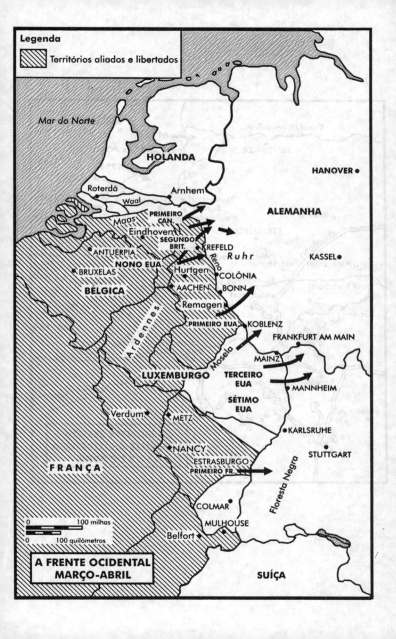

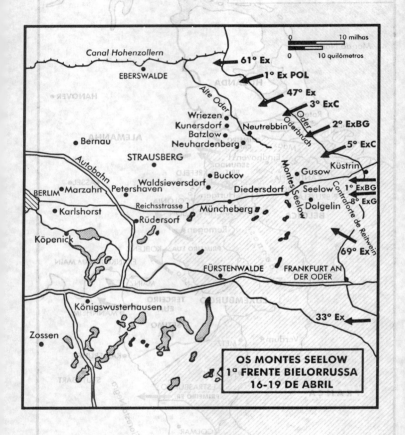

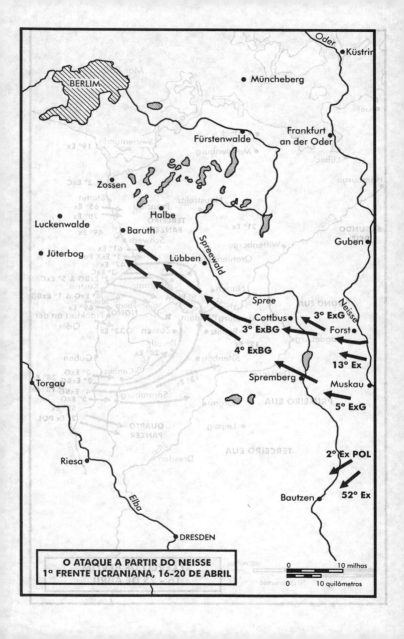

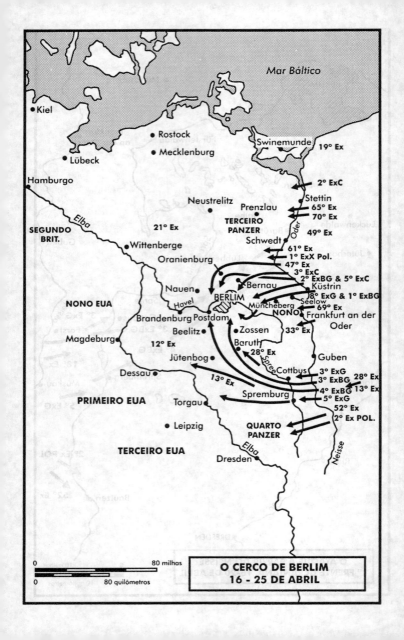

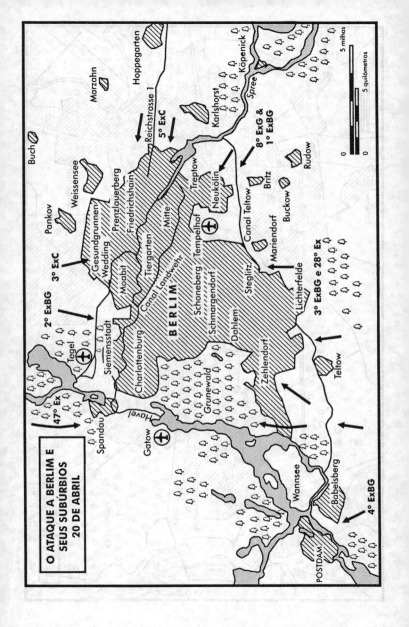

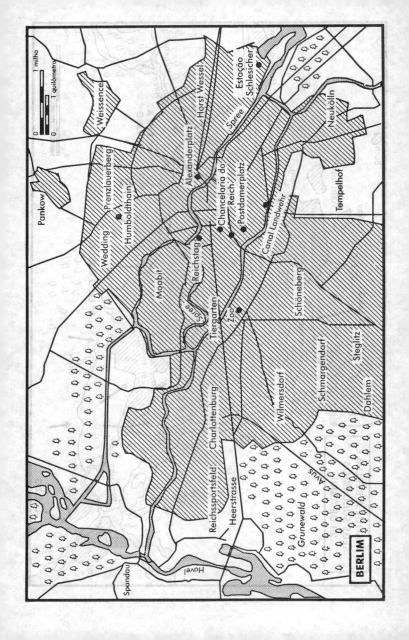

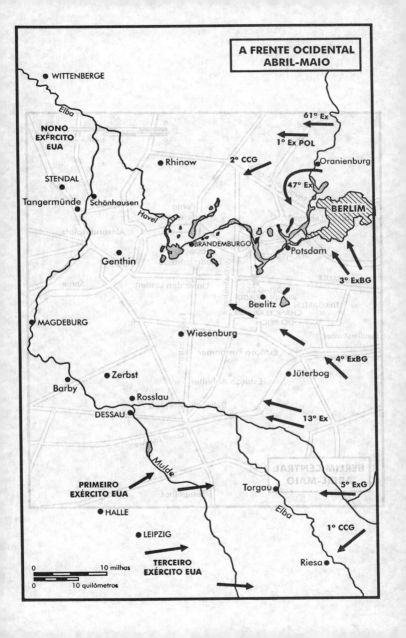

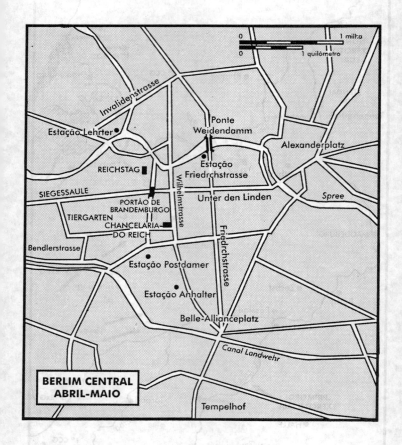

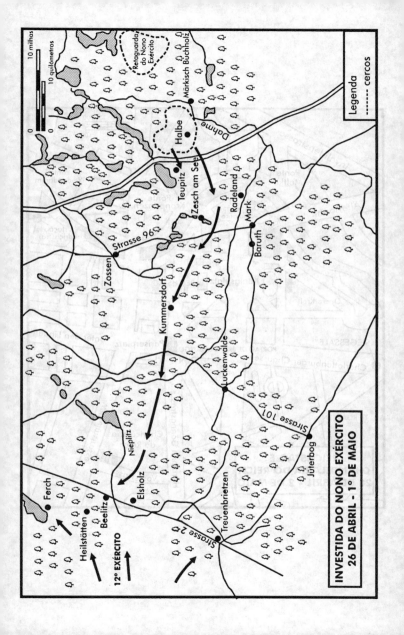

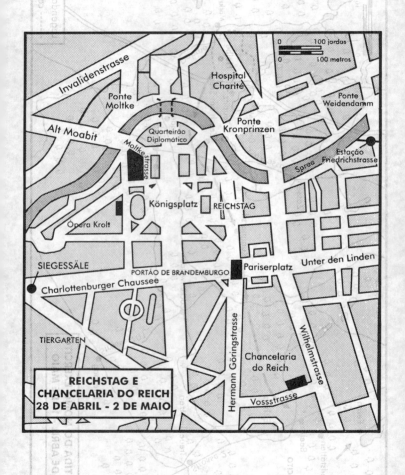

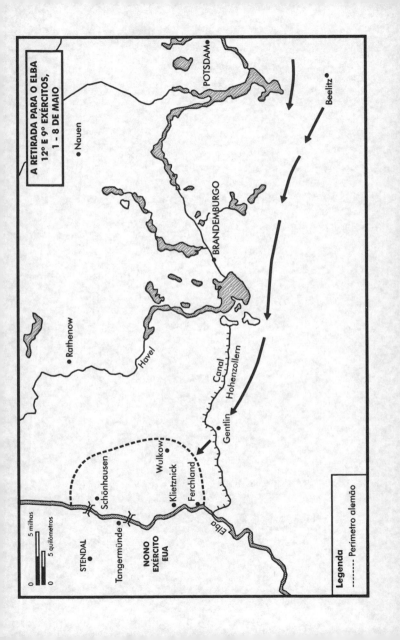

Glossário

Todas as datas citadas no livro referem-se a 1945, a menos que explicitado de outra forma.

BdM, Bund deutscher Mädel, Liga das Moças Alemãs, equivalente feminino da Juventude Hitlerista.

Fritz, nome russo do soldado alemão. O plural era usado para alemães em geral.

Frontovik, soldado do Exército Vermelho com experiência na frente de batalha.

Ivan (ou Iwan, em alemão), soldado raso soviético. Termo usado tanto pelo Exército Vermelho quanto pelos alemães.

Kessel (caldeirão, em alemão), grupo de tropas cercadas pelo inimigo.

Landser, soldado raso alemão com experiência na frente de batalha. Equivalente ao *frontovik* do Exército Vermelho.

NKVD,* departamento de polícia secreta soviético, sob o controle de Lavrenti Beria. Unidades militares do NKVD – divisões de infantaria do NKVD, formadas principalmente por regimentos de guardas de fronteira do órgão – foram anexadas a cada comando da frente soviética. O chefe do NKVD em cada frente só respondia a Beria e Stalin, não à cadeia de comando militar do Exército Vermelho.

OKH, Oberkommando des Heeres, o quartel-general supremo do Exército alemão, mas nos últimos estágios da guerra seu papel mais importante foi o comando operacional da Frente Oriental.

OKW, Oberkommando der Wehrmacht, quartel-general supre-

---

*O nome em russo do órgão traduz-se como "Comissariado do Povo para Assuntos Internos". (*N. da T.*)

mo de todas as Forças Armadas, Exército, Luftwaffe e Kriegsmarine, controlado por Hitler através do marechal de campo Keitel e do general Jodl. Dirigia as operações em todas as frentes, exceto na Frente Oriental.

Departamento político, um oficial político (*politruk*) era responsável pela educação política de todos os soldados. O departamento político de cada exército e frente soviéticos estava submetido à Administração Política Central do Exército Vermelho (GlavPURRKA).

S-Bahn, ferrovia urbana e suburbana, em sua maior parte de superfície, mas com trechos subterrâneos.

Sétimo Departamento, organização presente em todo quartel-general do Exército soviético cuja principal tarefa era desmoralizar o inimigo. Os comunistas alemães trabalharam sob o comando de oficiais soviéticos, além de muitos prisioneiros de guerra alemães que passaram por treinamento "antifascista" nos campos soviéticos. Eram conhecidos pelos alemães como "tropa de Seydlitz", por causa do general von Seydlitz Kurzbach, que se rendera em Stalingrado e ajudou a formar o chamado Comitê Nacional pela Alemanha Livre, que estava sob controle total do NKVD.

SHAEF, Quartel-general Supremo da Força Expedicionária Aliada na Europa (Supreme Headquarters Allied Expeditionary Force Europe).

Shtraf, companhia ou batalhão, cópia soviética das unidades *straf* (penais) alemãs. Oficiais em desgraça, desertores e acusados de crimes militares eram condenados a essas unidades penais, onde, em tese, teriam uma oportunidade de redimir "a culpa com seu sangue". Isto significava que eram usadas em tarefas quase suicidas, tais como serem as primeiras a avançar em um campo minado. As unidades *straf* tinham sempre uma escolta pronta para atirar em qualquer integrante que desobedecesse às ordens.

SMERSH, abreviação de *smert shpionam* (morte aos espiões), nome supostamente escolhido pelo próprio Stalin para a organização de contraespionagem anexada às unidades e formações do Exército Vermelho. Até abril de 1943, quando Victor Abakumov tornou-se seu chefe, fora conhecida como "departamento especial" do NKVD.

Stavka, quartel-general supremo das Forças Armadas soviéticas, sob controle direto de Stalin. O chefe do estado-maior, em 1945, era o general Antonov.

U-Bahn, ferrovia subterrânea (metrô).

Verkhovni, comandante em chefe, palavra que Jukov e outros comandantes importantes costumavam usar para referir-se a Stalin.

ORGANIZAÇÃO MILITAR

Grupo de Exércitos e Frente – Um "Grupo de Exércitos" alemão ou uma "Frente" do Exército Vermelho representavam um conjunto de exércitos sob um único comandante em chefe. Dependendo das circunstâncias, o efetivo podia variar enormemente – um número entre 250 mil e 1 milhão de homens.

Exército – Cada exército alemão, cujo efetivo costumava variar entre 40 mil e mais de 100 mil homens, tem seu nome escrito por extenso neste livro: por exemplo, Nono Exército ou Terceiro Exército Panzer. Os exércitos soviéticos, em geral menores, são escritos desta forma: 47º Exército ou Segundo Exército Blindado de Guardas. A maioria dos exércitos consistia, em geral, de dois ou três corpos. Um exército blindado soviético tinha, em teoria, 620 tanques e 188 canhões de assalto autopropulsados.

Corpo – Um corpo consistia de várias divisões, geralmente de duas a quatro. Um corpo blindado soviético, contudo, consistia de três brigadas blindadas com 65 tanques cada uma, e ficava mais próxima do tamanho de uma divisão Panzer alemã completa.

Divisão – As divisões variavam muito de tamanho. Uma divisão de infantaria soviética, em tese, deveria reunir 11.780 homens, mas a maioria tinha entre 3 mil e 7 mil soldados. As divisões de infantaria alemãs estavam quase sempre muito desfalcadas em 1945.

Brigada – Esta formação, entre um regimento e uma divisão, foi mais usada pelos exércitos americano e britânico do que pelos alemães ou pelo Exército Vermelho, ambos os quais tinham pelo menos dois ou três regimentos numa divisão. O Exército Vermelho, contudo, tinha três brigadas blindadas em cada corpo blindado.

Regimento – Cada regimento consistia de pelo menos dois ou três batalhões, com até setecentos homens cada, mas em geral muito menos.

Batalhão – Cada batalhão era constituído de pelo menos três companhias de infantes, cada uma, teoricamente, com um efetivo de oitenta homens – além de companhias de apoio, com metralhadoras, morteiros ou canhões antitanque, mais companhias de transporte e suprimento.

A equivalência entre os postos militares do Exército britânico, do Exército americano, do Exército alemão e das Waffen SS pode ser encontrada em antonybeevor.com, na seção de anexos deste livro.

Prefácio

"A História sempre enfatiza os eventos terminais", observou amargamente Albert Speer a seus interrogadores americanos logo após o fim da guerra. Ele detestava a ideia de que as primeiras realizações do regime de Hitler fossem obscurecidas pelo seu colapso final. Mas Speer, como outros nazistas importantes, recusava-se a reconhecer que poucas coisas revelam mais sobre os líderes políticos e seus sistemas que a maneira como ocorre sua queda. É por isso que a derrota final do nacional-socialismo é tão fascinante e também tão importante em uma época em que adolescentes, em especial na Alemanha, encontram tanto o que admirar no Terceiro Reich.

Os inimigos dos nazistas conseguiram ver pela primeira vez seu momento de vingança somente pouco mais de dois anos antes. Em 1º de fevereiro de 1943, um irritado coronel soviético capturou um grupo de emaciados prisioneiros alemães nos escombros de Stalingrado. "É assim que Berlim vai ficar!", gritou, apontando para os edifícios arruinados em volta. Quando li essas palavras há uns seis anos, senti imediatamente qual tinha de ser meu próximo livro. Entre os grafites preservados nas paredes do Reichstag em Berlim ainda se podem ver as duas cidades ligadas por russos exultantes em sua vingança, depois de forçar os invasores do ponto mais distante de seu avanço para leste de volta ao coração do Reich.

Hitler também ficou obcecado com essa derrota decisiva. Em novembro de 1944, quando o Exército Vermelho se agrupava além das fronteiras orientais do Reich, ele apontou de volta para Stalingrado. Os reveses da Alemanha tinham começado, disse ele em um importante discurso, "com o rompimento pelos exércitos russos da frente da Romênia no Don, em novembro de 1942". Culpou seus infelizes aliados, mal-armados e ignorados nos flancos vulneráveis dos dois lados de Stalingrado, e não sua própria recusa obcecada de dar atenção aos avisos de perigo. Hitler não aprendera nada e não esquecera nada.

Aquele mesmo discurso demonstrava, com terrível clareza, a lógica distorcida na qual o povo alemão se permitira enredar. Ao ser publicado, intitulava-se "Capitulação significa aniquilação". Alertava que, caso os bolcheviques vencessem, o destino do povo alemão seria a destruição, o estupro e a escravidão, com "imensas colunas de homens palmilhando seu caminho rumo à tundra siberiana".

Hitler recusou-se veementemente a reconhecer as consequências de seus próprios atos e o povo alemão percebeu tarde demais que estava preso em uma terrível confusão entre causa e efeito. Em vez de eliminar o bolchevismo, como prometera, Hitler o trouxera para o próprio coração da Europa. Sua invasão cruel e abominável à Rússia fora executada por uma geração de jovens alemães alimentados com uma mistura diabolicamente esperta. A propaganda de Goebbels não só desumanizava os judeus, os comissários e todo o povo eslavo; ela provocava ódio e temor no povo alemão. Hitler, nesses crimes gigantescos, conseguira agrilhoar a nação a ele, e a violência iminente do Exército Vermelho seria a realização da profecia do líder.

Stalin, embora gostasse de usar símbolos quando lhe fossem úteis, era muito mais calculista. A capital do Reich seria, na verdade, a "culminância de todas as operações de nosso exército nesta guerra", mas ele tinha outros interesses vitais. Não menor dentre eles era o plano formulado sob o comando de Lavrenti Beria, ministro de Segurança do Estado de

Stalin, de apreender todo o equipamento e todo o urânio dos estabelecimentos de pesquisa atômica de Berlim antes que os americanos e britânicos chegassem. O trabalho do Projeto Manhattan, realizado em Los Alamos, já era bem conhecido no Kremlin, graças ao espião pró-comunista Dr. Klaus Fuchs. A ciência soviética andava bem atrasada, e Stalin e Beria estavam convencidos de que, se tomassem os laboratórios e cientistas alemães de Berlim antes que os aliados ocidentais ali chegassem, também poderiam produzir uma bomba atômica, como os americanos.

A escala da tragédia humana no fim da guerra ultrapassa a imaginação de todos os que não a viveram, em especial daqueles que cresceram na sociedade desmilitarizada da era pós-Guerra Fria. Mas aquele momento de tragédia para milhões de pessoas ainda tem muito a nos ensinar. Uma lição importante é que é preciso ser extremamente cauteloso com qualquer generalização relativa à conduta dos indivíduos. Extremos de sofrimento e mesmo de degradação humana podem trazer à luz o melhor e o pior da natureza humana. O comportamento humano, em grande medida, espelha a total imprevisibilidade da vida ou da morte. Muitos soldados soviéticos, em especial nas formações da frente de batalha, de maneira diversa dos que vinham atrás, comportaram-se frequentemente com grande gentileza frente aos civis alemães. Em um mundo de crueldade e horror, onde toda concepção de humanidade fora quase destruída pela ideologia, alguns poucos atos de gentileza e sacrifício pessoal, em geral inesperados, iluminam uma história que, de outro modo, seria quase insuportável.

A PESQUISA DESTE LIVRO não poderia ter sido realizada sem a ajuda de muita gente. Em primeiro lugar, estou profundamente agradecido aos diretores e às equipes de numerosos arquivos: coronel Shuvashin e a equipe do Arquivo Central do Ministério da Defesa (TsAMO) em Podolsk; Dra. Natália

Borisovna Volkova e sua equipe no Arquivo Estatal Russo de Literatura e Arte (RGALI); Dr. Vladimir Kuzelenkov e Dr. Vladimir Korotaiev do Arquivo Militar Estatal Russo (RGVA); professor Kiril Mihailovich Andersen e Dr. Oleg Vladimirovich Naumov do Arquivo Estatal Russo de História Sociopolítica (RGASPI); Dr. Manfred Kehrig, diretor do Bundesarchiv-Militärarchiv, em Freiburg, e Frau Weibl; Dr. Rolf-Dieter Müller e Hauptmann Luckszat do MGFA, em Potsdam; professor Dr. Eckhart Henning, do Archiv zur Geschichte der Max-Planck-Gesellschaft; Dr. Wulf-Ekkehard Lucke, do Landesarchiv-Berlin; Frau Irina Renz, da Bibliothek für Zeitgeschichte, em Stuttgart; Dr. Lars Ericson e Per Clason do Krigsarkivet, em Estocolmo; John E. Taylor, Wilbert Mahoney e Robin Cookson nos Arquivos Nacionais II, em College Park, Maryland; Dr. Jeffrey Clarke do Centro de História Militar do Exército dos Estados Unidos.

Bengt von zur Mühlen, fundador da Chronos-Film, foi particularmente generoso com os filmes de arquivo e as entrevistas gravadas dos participantes. Também estou muito agradecido a Gerald Ramm e Dietmar Arnold do Berliner Unterwelten, por sua ajuda.

Sou realmente grato a todos os que tanto me auxiliaram durante minhas viagens, com conselhos, apresentações e hospitalidade: na Rússia, Dra. Gália e Dra. Luba Vinogradova, professor Anatoli Aleksandrovich Tchernobaiev e Simon Smith e Sian Stickings; na Alemanha, William Durie, Staatssekretar a.D. Karl-Günther e Frau von Hase, e Andrew e Sally Gimson; nos Estados Unidos, Susan Mary Alsop, general de divisão, e Sra. Charles Vyvyan, Bruce Lee, Sr. e Sra. Charles von Luttichau e Martin Blumenson.

Para mim foi um grande prazer, além de extremamente útil para o livro, trabalhar em parceria com a BBC Timewatch. Sou profundamente grato a Laurence Rees, pai da ideia, ao Dr. Tilman Remme, em cuja prazerosa companhia aprendi muito, e a Detlef Siebert, que ajudou tanto e com tanta generosidade no estágio inicial, com conselhos e entrevistados. Outros que também me apresentaram pessoas e me deram informações, auxílio e conselhos foram Anne Applebaum, Christopher Arkell, Claudia Bismarck, Leopold Graf von Bismarck, Sir Rodric Braithwaite, professor Christopher Dandeker, Dr. Engel, do Archiv der Freien Universität, professor John Erickson, Wolf Gebhardt, Jon Halliday, Nina Lobanov-Rostovski, Dra. Catherine Merridale, professor Oleg Aleksandrovitch Rjeshevski, professor Moshe Schein, do New York Methodist Hospital, Karl Schwarz, Simon Sebag-Montefiore, Gia Sulkhanishvili, Dra. Gália Vinogradova e Ian Weston-Smith.

Este livro jamais seria possível dessa forma sem a ajuda maravilhosa que tive da Dra. Luba Vinogradova, na Rússia, e de Angelica von Hase, na Alemanha. Foi um privilégio e um prazer trabalhar com elas. Também sou extremamente grato a Sarah Jackson, por todo o trabalho na pesquisa fotográfica, a Bettina von Hase, pela pesquisa suplementar nos arquivos da Alemanha, e a David List, na Inglaterra. Charlotte Salford traduziu gentilmente para mim os documentos do Krigsarkivet, em Estocolmo.

Sou profundamente grato ao professor Michael Burleigh, ao professor Norman Davies e à Dra. Catherine Merridale por ler o original datilografado, no todo ou em parte, e fazer críticas muito úteis. Tony Le Tissier também foi muito generoso em suas detalhadas observações. Quaisquer erros que tenham restado são, é claro, inteiramente de minha responsabilidade.

Não posso agradecer o bastante a Mark Le Fanu e à Society of Authors pela recuperação do site antonybeevor. com do ataque de um hacker. Ele agora pode ser usado para fornecer uma "montagem do autor" – a resposta do escritor à "montagem do diretor" –, tornando disponíveis, assim, material de arquivo e outros para os quais não havia espaço na versão publicada do livro.

Tenho, como sempre, imensa dívida para com meu agente Andrew Nurnberg e para com Eleo Gordon, meu editor na Penguin, ambos empurraram um autor ainda meio relutante por este caminho. Mais uma vez, minha esposa, parceira escritora e editora de primeira mão, Artemis Cooper, teve de suportar as ausências constantes e muitos outros fardos. Sou-lhe eternamente grato.

Livro 1

1
Berlim no ano-novo

Os berlinenses, emagrecidos pelas rações inadequadas e pelo estresse, tinham pouco a comemorar no Natal de 1944. Boa parte da capital do Reich fora reduzida a escombros pelos bombardeios. O talento de Berlim para o humor negro transformara-se em humor de condenados. A piada daquela ocasião pouco festiva era: "Seja prático: dê um caixão."

O estado de espírito na Alemanha mudara havia dois anos. Começaram a circular, pouco antes do Natal de 1942, boatos de que o Sexto Exército do general Paulus fora cercado no Volga pelo Exército Vermelho. O regime nazista achou difícil admitir que a maior formação de toda a Wehrmacht estava condenada à aniquilação nas ruínas de Stalingrado e na estepe congelada que as cercava. Para preparar o país para as más notícias, Joseph Goebbels, Reichsminister de Propaganda e Informação, anunciara um "Natal Cristão", o que, em termos nacional-socialistas, significava austeridade e firmeza ideológica, e não velas, pinhas e coros de *Stille Nacht, Heilige Nacht*". Em 1944, o tradicional ganso assado tornara-se uma lembrança distante.

Em ruas onde a fachada de uma casa caíra, ainda se podiam ver quadros pendurados nas paredes que haviam pertencido a uma sala de estar ou a um quarto de dormir. A atriz Hildegard Knef viu um piano exposto nos restos de um piso. Ninguém podia chegar até ele e ela ficou imaginando quanto tempo levaria até que desabasse para unir-se aos escombros lá embaixo.

Mensagens da família eram rabiscadas em prédios eviscerados para dizer ao filho que voltava da Frente que estavam todos bem e abrigados em outro lugar. Cartazes do Partido Nazista avisavam: "Saqueadores serão punidos com a morte!"

Os ataques aéreos eram tão frequentes, com os britânicos à noite e os americanos durante o dia, que os berlinenses sentiam que passavam mais tempo em porões e abrigos antiaéreos do que em suas próprias camas. A falta de sono contribuía para a estranha mistura de histeria contida e fatalismo. Pouquíssimas pessoas pareciam ter medo de serem denunciadas à Gestapo por derrotismo, como indicava a onda de piadas. Dizia-se que as onipresentes iniciais LSR, de *Luftschutzraum*, ou abrigo antiaéreo, significavam *"Lernt schnell Russisch"*: "Aprenda russo depressa." A maioria dos berlinenses abandonara inteiramente a saudação *"Heil Hitler!"*. Quando Lothar Loewe, membro da Juventude Hitlerista que estivera fora da cidade, usou-a ao entrar em uma loja, todos se voltaram e o olharam, espantados. Foi a última vez em que pronunciou as palavras sem estar de serviço. Loewe descobriu que a saudação mais comum passara a ser *"Bleib übrig!"* – "Sobreviva!".

O humor também refletia as imagens grotescas, às vezes surrealistas, da época. A maior construção antiaérea de Berlim era o *bunker* do Zoológico, uma vasta fortaleza de concreto armado da era totalitária, com baterias antiaéreas no telhado e enormes abrigos embaixo, nos quais multidões de berlinenses se apinhavam quando soavam as sirenes. Em seu diário, Ursula von Kardorff descreveu-o como "um palco montado para a cena da prisão na ópera *Fidélio*". Enquanto isso, casais amorosos se abraçavam nas escadarias de concreto em espiral, como se tomassem parte numa "paródia de baile à fantasia".

Havia uma atmosfera generalizada de queda iminente, tanto na vida pessoal quanto na existência da nação. As pessoas gastavam descuidadamente seu dinheiro, supondo que logo não teria mais valor. E contavam-se casos, embora difíceis de confirmar, de meninas e moças entregando-se a desconhecidos em cantos escuros nos arredores da estação do Zoológico e no Tiergarten. Dizem que o desejo de pôr de lado toda a inocência tornou-se ainda mais desesperado mais tarde, quando o Exército Vermelho se aproximou de Berlim.

Os próprios abrigos antiaéreos, iluminados com luzes azuis, podiam ser, na verdade, uma antecipação do inferno claustrofóbico quando as pessoas se acumulavam, envoltas nas roupas mais quentes e levando pequenas maletas de papelão contendo sanduíches e garrafas térmicas. Em teoria, todas as necessidades básicas eram atendidas nos abrigos. Havia um *Sanitätsraum* com uma enfermeira, onde mulheres podiam parir. O parto parecia se acelerar com as vibrações das explosões das bombas, que pareciam vir tanto do centro da Terra quanto do nível do solo. O teto era pintado com tinta luminosa para as frequentes ocasiões, durante os ataques aéreos, em que as luzes falhavam, primeiro diminuindo e depois se apagando. O suprimento de água cessou quando os encanamentos foram atingidos e os *Aborte*, ou lavatórios, logo ficaram nojentos, uma verdadeira angústia em uma nação preocupada com a higiene. Muitas vezes, os lavatórios eram lacrados pelas autoridades porque havia muitos casos de pessoas deprimidas que, depois de trancar a porta, cometiam suicídio.

Para uma população de cerca de 3 milhões de habitantes, Berlim não tinha abrigos suficientes e, assim, eles costumavam ficar superlotados. Nos corredores principais, salas de estar e beliches, o ar ficava viciado com o excesso de uso e o vapor se condensava e pingava do teto. O complexo de abrigos sob a estação Gesundbrunnen do U-Bahn fora projetado para 1.500 pessoas, mas, em geral, mais do triplo deste número se acumulava nele. Usavam-se velas para medir a queda do nível de oxigênio. Quando a vela colocada no chão se apagava, as crianças eram levantadas e mantidas nos ombros. Quando a vela colocada em uma cadeira se apagava, começava a evacuação do andar. E se uma terceira vela, colocada na altura do queixo, começava a tremular, todo o *bunker* era evacuado, por pior que fosse o ataque lá em cima.

Os trabalhadores estrangeiros de Berlim, 300 mil deles, identificados com uma letra pintada nas roupas para indicar seu país de origem, estavam simplesmente proibidos de entrar nos porões e *bunkers* subterrâneos. Isto era, em parte, extensão da política nazista de impedir que eles se misturassem intimamente com a raça alemã, mas a maior preocupação das autoridades era salvar a vida de alemães. Os trabalhadores forçados, principalmente os "*Ostarbeiter*", ou trabalhador oriental, a maioria dos quais havia sido recolhida na Ucrânia e na Bielorrússia, eram considerados descartáveis. Mas muitos trabalhadores estrangeiros, tanto forçados quanto voluntários, gozavam de um grau de liberdade muito maior que os infelizes enviados para os campos. Os que trabalhavam nas fábricas de armas em torno da capital, por exemplo, tinham criado seu próprio refúgio e uma subcultura boêmia com boletins de notícias e peças de teatro nas profundezas da estação Friedrichstrasse. Sua animação aumentava visivelmente conforme o Exército Vermelho avançava, enquanto a de seus exploradores diminuía. A maioria dos alemães olhava os trabalhadores estrangeiros com apreensão. Viam neles a guarnição de um Cavalo de Troia pronta a atacar e vingar-se assim que os exércitos inimigos se aproximassem da cidade.

Os berlinenses sofriam de um medo atávico e visceral do invasor eslavo do Oriente. O medo facilmente se transformava em ódio. Conforme o Exército Vermelho se aproximava, a propaganda de Goebbels insistia repetidamente nas atrocidades de Nemmersdorf, quando soldados do Exército Vermelho invadiram o Sudeste da Prússia Oriental no outono anterior e estupraram e assassinaram habitantes daquela aldeia.

Algumas pessoas tinham suas próprias razões para não se abrigar durante os bombardeios. Um homem casado que costumava visitar a amante regularmente no distrito de Prenzlauerberg não podia descer para o porão comunal porque teria levantado suspeitas. Certa noite, o prédio foi diretamente atingido e o adúltero azarado, que estava sentado no sofá, ficou enterrado até o pescoço em escombros. Depois do ataque, um garoto chamado Erich Schmidtke e um trabalhador tcheco cuja presença ilegal no porão fora tolerada ouviram gritos de dor e correram para o andar de cima, na direção do som. Depois de desenterrá-lo e levá-lo para receber cuidados médicos, Erich, de 14 anos, teve de ir contar à esposa do ferido que o marido fora gravemente atingido no apartamento de outra mulher. Ela começou a gritar de raiva. O fato de que ele estivera com outra deixou-a mais nervosa que sua desgraça. As crianças, às vezes, recebem uma dura introdução à realidade do mundo adulto.

O GENERAL Günther Blumentritt, como a maioria dos que tinham autoridade, estava convencido de que os ataques aéreos à Alemanha produziam uma verdadeira *"Volksgenossenschaft"*, ou "camaradagem patriótica". Isso pode ter sido verdade em 1942 e 1943, mas no final de 1944 o efeito tendia a polarizar a opinião entre os linhas-duras e os cansados da guerra. Berlim fora a cidade com maior proporção de oponentes ao regime nazista, como indicam os resultados das eleições anteriores a 1933. Mas, com exceção de uma minúscula e corajosa minoria, a oposição aos nazistas limitava-se, em geral, a sarcasmos e resmungos. A maioria ficara verdadeiramente horrorizada com a tentativa de assassinato contra Hitler em 20 de julho de 1944. E, quando as fronteiras do Reich foram ameaçadas, tanto no Leste quanto no Oeste, beberam da torrente de mentiras de

Goebbels sobre as novas "armas maravilhosas" que o Führer lançaria contra seus inimigos, como se estivesse para assumir o papel de um Júpiter enraivecido disparando raios como símbolo de seu poder.

Uma carta escrita pela esposa ao marido em um campo francês de prisioneiros revela a mentalidade engajada e a disposição de acreditar na propaganda do regime. "Tenho tanta fé em nosso destino", escreveu ela, "que nada pode abalar a confiança que nasce de nossa longa história, de nosso passado glorioso, como diz o Dr. Goebbels. É impossível que as coisas aconteçam de outra maneira. Podemos ter atingido um ponto muito baixo agora, mas temos homens que são decisivos. O país inteiro está pronto para marchar de arma na mão. Temos armas secretas que serão usadas no momento escolhido e temos, acima de tudo, um Führer que podemos seguir de olhos fechados. Não se deixe abater, de jeito nenhum, por nenhum preço."

A ofensiva das Ardenas, lançada em 16 de dezembro de 1944, inebriou os seguidores de Hitler com um moral renovado. Tinham finalmente virado a mesa. A crença no Führer e nas *Wunderwaffen*, as armas milagrosas como a V-2, cegaram-nos para a realidade. Espalharam-se boatos de que o Primeiro Exército dos Estados Unidos fora completamente cercado e aprisionado em decorrência de gás anestésico. Pensaram que podiam manter o mundo como refém e vingar-se de tudo o que a Alemanha sofrera. Os sargentos e cabos veteranos pareciam os mais amargurados. Paris estava a ponto de ser recapturada, diziam entre si com júbilo feroz. Muitos lamentavam que a capital francesa tivesse sido poupada da destruição no ano anterior, enquanto Berlim era deixada em ruínas pelas bombas. Exultavam com a ideia de que, agora, a história podia ser corrigida.

O alto-comando do Exército alemão não partilhava desse entusiasmo pela ofensiva no Ocidente. Os oficiais do estado-maior alemão temiam que o golpe estratégico de Hitler contra os americanos nas Ardenas enfraquecesse a Frente Oriental em um momento decisivo. O plano, de qualquer modo, era imensamente ambicioso. A operação seria liderada pelo Sexto Exército Panzer SS do Oberstgruppenführer Sepp Dietrich e pelo Quinto Exército Panzer do general Hasso von Manteuffel. Mas a falta de combustível tornava extremamente improvável que chegassem a atingir seu objetivo: Antuérpia, principal base de suprimento dos aliados ocidentais.

Hitler estava preso aos sonhos de reverter dramaticamente a sorte na guerra e forçar Roosevelt e Churchill a um armistício. Rejeitara com determinação todas as propostas de paz à União Soviética, em parte pela boa razão de que Stalin só estava interessado na destruição da Alemanha nazista, mas também havia um impedimento fundamental. Hitler sofria de atroz vaidade pessoal. Não podia imaginar-se pedindo paz enquanto a Alemanha estava perdendo. Uma vitória nas Ardenas era, portanto, vital por todos os motivos. Mas a obstinação americana na defesa, especialmente em Bastogne, e o emprego maciço do poderio aéreo aliado, assim que o tempo melhorou, detiveram o ímpeto do ataque em uma semana.

Na véspera de Natal, o general Heinz Guderian, chefe do OKH, supremo comando do exército, foi no grande Mercedes do estado-maior até o quartel-general do Führer no Ocidente. Depois de abandonar o *Wolfsschanze*, ou "Toca do Lobo", na Prússia Oriental, em 20 de novembro de 1944, Hitler foi para Berlim para uma pequena operação na garganta. Depois deixou a capital na noite de 10 de dezembro em seu trem blindado particular. Seu destino era outro complexo secreto e camuflado nos bosques perto de Ziegenberg, a menos de 40 quilômetros de Frankfurt am Main. Chamado de *Adlerhorst*, ou "Ninho da Águia", foi o último de seus quartéis-generais de campo a ser conhecido por um nome de código que recendia a fantasia pueril.

Guderian, o grande teórico da guerra de blindados, conhecera os perigos dessa operação desde o início, mas tinha pouca voz no caso. Embora o OKH fosse responsável pela Frente Oriental, nunca recebera carta branca. O OKW, alto-comando da Wehrmacht (todas as Forças Armadas), era responsável pelas operações fora da Frente Oriental. Ambas as organizações ficavam sediadas logo ao sul de Berlim, em complexos subterrâneos vizinhos em Zossen.

Apesar do temperamento tão inflamado quanto o de Hitler, o ponto de vista de Guderian era muito diferente. Tinha pouco tempo para uma estratégia internacional inteiramente especulativa enquanto o país era atacado dos dois lados. Em vez disso, baseava-se no instinto de soldado para identificar o ponto de perigo máximo. Não havia dúvida de onde ficava. Sua pasta continha a análise do serviço de informações do general Reinhard Gehlen, líder do Fremde Heere Ost, departamento de informações militares da Frente Oriental. Gehlen calculara que por volta de 12 de janeiro o Exército Vermelho lançaria um ataque maciço partindo da linha do rio Vístula. Seu departamento estimara que o inimigo tinha uma superioridade de 11 para um na infantaria, sete para um em blindados e vinte para um na artilharia e também na aviação.

Guderian entrou na sala de reuniões do *Adlerhorst* para se ver enfrentando Hitler e seu estado-maior militar, e também Heinrich Himmler, o Reichsführer* SS que, após a conspiração de julho, também fora nomeado comandante do Exército de Reserva. Cada um dos membros do estado-maior militar de Hitler fora escolhido por sua lealdade sem questionamentos. O marechal de campo Keitel, chefe do OKW, era famoso pelo pomposo servilismo a Hitler. Oficiais do Exército exasperados

---

*Nas SS, este posto correspondia ao de marechal de campo, segundo tabela existente nos anexos do livro em http://www.antonybeevor.com. (*N. da T.*)

referiam-se a ele como "garagista do Reich" ou "burrinho de presépio". O general Jodl, que tinha um rosto duro e frio, era muito mais competente que Keitel, mas dificilmente se opunha às tentativas desastrosas do Führer de controlar cada batalhão. Quase foi demitido no outono de 1942 por ter ousado contradizer seu senhor. O general Burgdorf, principal ajudante de ordens militar de Hitler e chefe do departamento de pessoal do Exército, que controlava todas as promoções, substituíra o dedicado general Schmundt, mortalmente ferido pela bomba de Stauffenberg no *Wolfsschanze*. Burgdorf foi o homem que entregou o veneno ao marechal de campo Rommel, com o ultimato para cometer suicídio.

Usando as descobertas do departamento de informações de Gehlen, Guderian descreveu a concentração do Exército Vermelho para uma enorme ofensiva no Leste. Avisou que o ataque aconteceria em três semanas e requisitou, já que a ofensiva das Ardenas fora detida, que o máximo possível de divisões fossem retiradas para se redesdobrarem na frente do Vístula. Hitler interrompeu-o. Declarou que tais estimativas da força do inimigo eram absurdas. As divisões de infantaria soviéticas nunca tiveram mais que 7 mil homens cada. Seus corpos blindados mal tinham tanques.

– Esta é a maior impostura desde Gêngis Khan – gritou, pondo-se de pé. – Quem é o responsável pela produção de todo este lixo?

Guderian resistiu à tentação de responder que fora o próprio Hitler que falara de "exércitos" alemães que não passavam do tamanho de um único corpo e de "divisões de infantaria" reduzidas ao efetivo de um batalhão. Em vez disso, defendeu os números de Gehlen. Para seu horror, o general Jodl argumentou que a ofensiva no Oeste deveria continuar com novos ataques. Como era exatamente isto o que Hitler queria, Guderian ficou tolhido. Para ele, foi provocação ainda maior ter de ouvir,

45

durante o jantar, o veredicto de Himmler, que se deliciava em seu novo papel de líder militar. Fora recentemente nomeado comandante de um grupo de exércitos no Alto Reno, além de suas outras responsabilidades.

– Sabe, meu caro general – disse a Guderian –, não acredito mesmo que os russos cheguem a atacar. Isso tudo é um enorme blefe.

Guderian não teve alternativa senão voltar ao quartel-general do OKH em Zossen. Enquanto isso, as perdas no Ocidente aumentavam. A ofensiva das Ardenas e suas operações auxiliares custaram 80 mil baixas aos alemães. Além disso, consumiram grande parte das reservas de combustível da Alemanha, que diminuíam rapidamente. Hitler recusou-se a aceitar que a batalha das Ardenas era seu equivalente do *Kaiserschlacht*, o último grande ataque alemão na Primeira Guerra Mundial. Rejeitava obsessivamente quaisquer paralelos com 1918. Para ele, esse ano simbolizava apenas a "façada nas costas" revolucionária que derrubara o Kaiser e reduzira a Alemanha a uma derrota humilhante. Mas Hitler tinha momentos de clareza naqueles dias.

– Sei que a guerra está perdida – disse, em certo fim de noite, ao coronel Nicolaus von Below, seu ajudante de ordens da Luftwaffe. – A superioridade do inimigo é grande demais.

Mas continuou a lançar sobre os outros toda a culpa da sequência de desastres. Eram todos "traidores", especialmente os oficiais do Exército. Suspeitava que muitos deles tinham simpatizado com os assassinos fracassados, mas ainda assim apreciavam receber dele medalhas e condecorações.

– Nunca nos renderemos – disse. – Podemos cair, mas levaremos o mundo conosco.

Horrorizado com o novo desastre que se prefigurava no Vístula, Guderian voltou ao *Adlerhorst*, em Ziegenberg, duas outras vezes em rápida sucessão. Para piorar as coisas, ouviu dizer que Hitler, sem avisá-lo, estava transferindo tropas Panzer

SS da Frente do Vístula para a Hungria. Hitler, convencido, como sempre, de que só ele conseguia ver as questões estratégicas, decidira repentinamente lançar um contra-ataque na região, dizendo que os campos de petróleo tinham de ser retomados. Na verdade, queria chegar a Budapeste, que fora cercada pelo Exército Vermelho na véspera do Natal.

A visita de Guderian no dia de ano-novo coincidiu com a procissão anual dos grandes do partido e chefes de estado-maior, para transmitir ao Führer em pessoa seus "votos de um ano-novo cheio de êxitos". Naquela mesma manhã, a Operação Vento Norte, principal ação suplementar para prolongar a ofensiva das Ardenas, foi lançada na Alsácia. O dia acabou se transformando em uma catástrofe para a Luftwaffe. Göring, num gesto grandioso de irresponsabilidade característica, prometeu quase mil aviões para atacar alvos em terra na Frente Ocidental. Esta tentativa de impressionar Hitler levou à destruição final da Luftwaffe como força eficaz. Deu aos aliados total supremacia aérea.

A Grossdeutscher Rundfunk, Radiodifusora da Grande Alemanha, transmitiu o discurso de ano-novo de Hitler naquele dia. Não houve menção à luta no Oeste, o que sugeria fracasso ali, e surpreendentemente pouco se falou das *Wunderwaffen*. Várias pessoas acreditaram que o discurso fora pré-gravado ou mesmo forjado. Hitler não era visto em público havia tanto tempo que boatos malucos circulavam. Alguns afirmavam que ele enlouquecera completamente e que Göring estava em uma prisão secreta porque tentara fugir para a Suécia.

Alguns berlinenses, temerosos do que o ano poderia trazer, sequer ousaram fazer tilintar os copos quando chegou a hora de brindar "*Prosit Neujahr!*" (Feliz ano-novo). A família Goebbels convidou o coronel Hans-Ulrich Rudel, ás dos Stukas e oficial mais condecorado da Luftwaffe. Sentaram-se para uma ceia de sopa de batatas, como símbolo de austeridade.

O feriado de ano-novo terminou na manhã de 3 de janeiro. A devoção alemã ao trabalho e ao dever permaneceu inquestionada, apesar das circunstâncias improváveis. Muitos tinham pouco a fazer em seus escritórios e fábricas, devido à escassez de matérias-primas e peças, mas, ainda assim, partiam a pé pelos escombros ou no transporte coletivo. Mais uma vez, haviam sido feitos milagres para consertar os trilhos do U-Bahn e do S-Bahn, ainda que poucos vagões tivessem janelas inteiras. Fábricas e escritórios também congelavam, devido às janelas quebradas e ao pouco combustível para aquecimento. Os que estavam resfriados ou gripados tinham de aguentar. Não fazia sentido procurar um médico, a menos que se estivesse gravemente enfermo. Quase todos os médicos alemães haviam sido mandados para o exército. As cirurgias e os hospitais locais dependiam quase inteiramente de estrangeiros. Até o principal hospital-escola de Berlim, o Charité, tinha médicos de quase meia dúzia de países em sua equipe, incluindo holandeses, peruanos, romenos, ucranianos e húngaros.

A única indústria que parecia florescer era a produção de armamentos, dirigida pelo *Wunderkind* – menino-prodígio – e arquiteto pessoal de Hitler, Albert Speer. Em 13 de janeiro, Speer fez uma apresentação aos comandantes de corpos de exército no acampamento de Krampnitz, nos arredores de Berlim. Enfatizou a importância do contato entre os comandantes da Frente e a indústria bélica. Speer, ao contrário de outros ministros nazistas, não insultou a inteligência da plateia. Desdenhava, usando eufemismos sobre a situação, e não se furtou a mencionar as "perdas catastróficas" sofridas pela Wehrmacht nos últimos oito meses.

A campanha aliada de bombardeios não era o problema, argumentou. A indústria alemã produzira 218 mil fuzis apenas em dezembro. Isto era quase o dobro da produção mensal média conseguida em 1941, ano em que a Wehrmacht invadira a União Soviética. A fabricação de armas automáticas subira quase quatro vezes e a produção de tanques quase quintuplicara. Em dezembro de 1944 haviam produzido 1.840 veículos blindados em um único mês, mais da metade do que haviam feito em todo o ano de 1941. Isso também incluía tanques muito mais pesados. "O problema mais traiçoeiro", avisou-lhes, era a falta de combustível. Surpreendentemente, pouco falou sobre as reservas de munição. Fazia pouco sentido fabricar todas essas armas se a produção de munições não conseguisse acompanhar o ritmo.

Speer falou durante mais de quarenta minutos, desenrolando suas estatísticas com tranquilo profissionalismo. Não insistiu no fato de que tinham sido as derrotas maciças nas Frentes oriental e ocidental nos últimos oito meses que reduziram a Wehrmacht a tamanha escassez de todo tipo de arma. Exprimiu a esperança de que as fábricas alemãs conseguissem alcançar o nível de produção de 100 mil submetralhadoras por mês na primavera de 1946. O fato de que essas empresas utilizavam em grande medida trabalhadores escravos capturados pelas SS não foi, claro, mencionado. Speer também deixou de citar o desperdício deles – milhares de mortes por dia. E os territórios de onde vinham estavam para diminuir ainda mais. Naquele mesmo instante, os exércitos soviéticos, com mais de 4 milhões de homens, estavam concentrados na Polônia, ao longo do rio Vístula, logo ao sul da fronteira da Prússia Oriental. Começava a ofensiva que Hitler desdenhara como impostura.

2
O "castelo de cartas" do Vístula

As estimativas do efetivo soviético do general Gehlen com certeza não eram exageradas. Pelo contrário, estavam bem abaixo da verdade nos setores ameaçados. O Exército Vermelho tinha 6,7 milhões de homens numa Frente que se estendia do Báltico ao Adriático. Isto era o dobro do efetivo da Wehrmacht e seus aliados quando invadiram a União Soviética em junho de 1941. A convicção de Hitler naquele verão de que o Exército Vermelho estava a ponto de entrar em colapso mostrou-se um dos erros de cálculo mais catastróficos da História.

"Estamos perdidos", reconheceu um sargento alemão em janeiro de 1945, "mas lutaremos até o último homem." Os combatentes enrijecidos na batalha da Frente Oriental passaram a acreditar que tudo acabaria em morte. Qualquer outro resultado parecia impensável depois do que já acontecera. Sabiam o que tinham feito nos territórios ocupados e que o Exército Vermelho pretendia vingar-se. A rendição significava trabalhar até a morte nos campos de trabalho forçado na Sibéria como um *Stalinpferd*, um "cavalo de Stalin". "Não lutamos mais por Hitler, pelo nacional-socialismo nem pelo Terceiro Reich", escreveu um alsaciano, veterano da Divisão *Grossdeutschland*, "nem mesmo por nossas noivas, mães ou famílias presas em cidades devastadas pelas bombas. Lutamos por simples medo (...) Lutamos por nós mesmos, para não morrermos em buracos cheios de lama e neve; lutamos como ratos."

Os desastres do ano anterior, acima de tudo o cerco e a destruição do Grupo de Exércitos Centro, eram difíceis de esquecer. Os oficiais da liderança nacional-socialista, imitação nazista do comissário soviético, tentaram elevar o moral de combate do soldado raso alemão, o *Landser*, com promessas e ameaças de execução para quem quer que desertasse ou batesse em retirada sem ordem para isso. "Vocês não precisam temer a ofensiva russa", diziam-lhes. "Se o inimigo começar o ataque, nossos tanques estarão aqui em quatro horas." Mas os soldados mais experientes sabiam o que estavam enfrentando.

Embora os oficiais do Estado-Maior de Guderian em Zossen tivessem uma ideia bastante exata da data do ataque, parece que esta informação não se filtrou até a linha de frente. O cabo Alois K., da 304ª Divisão de Infantaria, capturado como informante por uma patrulha soviética, disse aos oficiais do serviço de informações da Primeira Frente Ucraniana que tinham esperado um ataque antes do Natal e que depois lhes disseram que o ataque aconteceria em 10 de janeiro, pois supostamente era este o aniversário de Stalin.

Em 9 de janeiro, depois de uma visita urgente às três principais frentes orientais – Hungria, Vístula e Prússia Oriental –, o general Guderian, acompanhado de seu ajudante de ordens, major-barão Freytag von Loringhoven, fora novamente visitar Hitler em Ziegenberg. Apresentou as estimativas mais recentes das forças do inimigo, tanto a compilação de Gehlen quanto as do comandante da Luftwaffe, general Seidemann. O reconhecimento aéreo indicava que havia 8 mil aviões soviéticos concentrados nas frentes do Vístula e da Prússia Oriental. Göring interrompeu o chefe do estado-maior do exército.

– *Mein* Führer, não acredite nisso – disse a Hitler. – Não são aviões de verdade. São apenas simulacros.

Keitel, numa demonstração subserviente de firmeza, bateu com o punho na mesa.

– O Reichsmarschall está certo – declarou.

A reunião prosseguiu como uma farsa deplorável. Hitler repetiu sua opinião de que os números do serviço de informações eram "completamente idiotas" e acrescentou que o homem que os compilara devia ser trancado num hospício. Guderian retorquiu irritado que, já que concordava inteiramente com eles, era bom interná-lo também. Hitler negou de imediato os pedidos do general Harpe, da frente do Vístula, e do general Reinhardt, da Prússia Oriental, de retirar suas tropas mais expostas para posições mais defensáveis. Também insistiu que os 200 mil soldados alemães cercados na península da Curlândia, na Letônia, deveriam permanecer ali e não ser evacuados por mar para defender as fronteiras do Reich. Guderian, nauseado com a "estratégia de avestruz" do quartel-general do Führer, preparou-se para partir.

– A Frente Oriental – disse Hitler, tentando repentinamente tranquilizá-lo – jamais teve reservas tão fortes quanto agora. Isto é obra sua. Agradeço-lhe.

– A Frente Oriental – retorquiu Guderian – é como um castelo de cartas. Se a Frente for rompida em um só ponto, todo o resto cairá.

É irônico que Goebbels tenha usado exatamente a mesma comparação em 1941 a respeito do Exército Vermelho.

Guderian voltou a Zossen "preocupadíssimo". Ponderava se a falta de imaginação de Hitler e Jodl tinha algo a ver com o fato de ambos virem de regiões do Reich – Áustria e Baviera –, que não estavam ameaçadas. Guderian era prussiano. Sua pátria estava a ponto de ser invadida e, provavelmente, perdida para sempre. Hitler, para recompensar seu grande líder de Panzers pelo sucesso no início da guerra, dera-lhe de presente a propriedade, tomada aos antigos donos, de Deipenhof, no Warthegau, região da Polônia ocidental que os nazistas haviam ocupado e incorporado ao Reich. Mas agora a ofensiva iminente pelo Vístula também a ameaçava. Sua esposa ainda estava lá. Vigiada de perto pelos chefes do Partido Nazista local, não poderia partir senão no último instante.

Passadas apenas 24 horas, o Estado-Maior de Guderian em Zossen recebeu a confirmação de que o ataque aconteceria dali a horas, e não dias. Sapadores do Exército Vermelho estavam limpando os campos minados à noite e os corpos blindados eram levados para as cabeças de ponte. Hitler ordenara que as reservas Panzer da Frente do Vístula se adiantassem, apesar dos avisos de que isso as deixaria ao alcance da artilharia soviética. Alguns oficiais superiores começaram a cogitar se, subconscientemente, Hitler queria perder a guerra.

O Exército Vermelho parecia ter como hábito atacar com péssimo clima. Os veteranos alemães, acostumados a este padrão, costumavam falar em "tempo de russos". Os soldados soviéticos estavam convencidos de que tinham vantagem inequívoca na guerra de inverno, no gelo ou na lama. Seu nível comparativamente baixo de pé de trincheira era atribuído ao uso tradicional, pelo exército russo, de bandagens de linho grosso nos pés, em vez de meias. As previsões do tempo tinham anunciado um "inverno atípico". Depois do duro frio de janeiro, estavam previstas "chuvas intensas e neve úmida". Emitiu-se uma ordem: "As botas de couro devem ser remendadas."

O Exército Vermelho melhorara em muitos aspectos – seu armamento pesado, o profissionalismo de seu planejamento, a camuflagem e o controle de operações que tantas vezes pegaram os alemães desprevenidos –, mas algumas fraquezas permaneciam. A pior delas era a falta caótica de disciplina, que parece espantosa num estado totalitário. Parte do problema vinha do atrito terrível entre os oficiais jovens.

Era realmente uma escola difícil para subtenentes de 17 e 18 anos da infantaria. "Naquela época", escreveu o romancista e correspondente de guerra Konstantin Simonov, "os jovens tornavam-se adultos em um ano, em um mês ou mesmo no decorrer de uma batalha." Muitos, claro, não sobreviviam àquela primeira batalha. Determinados a mostrar-se merecedores de comandar veteranos, alguns dos quais com idade para ser seus pais, exibiam coragem temerária e sofriam por isso.

A indisciplina também vinha do modo desumano como os soldados do Exército Vermelho eram tratados por suas próprias autoridades. E, naturalmente, as forças e fraquezas do complexo caráter nacional também tiveram seu papel. "O infante russo", como explicou um escritor, "é robusto, pouco exigente, descuidado e fatalista convicto (...) São estas características que o tornam incomparável." Um soldado raso numa divisão de infantaria fez, em seu diário, um resumo das mudanças de humor dos camaradas. "Primeiro estado: soldado sem chefes por perto. É um resmungão. Ameaça e se exibe. Está pronto para embolsar alguma coisa ou pegar alguém em uma discussão estúpida. Dá para ver por esta irritação que a vida do soldado é difícil. Segundo estado: soldado na presença dos chefes: submisso e incapaz de falar. Concorda prontamente com o que lhe dizem. Acredita em qualquer promessa. Fica envaidecido quando é elogiado e se apressa a admirar o rigor dos oficiais, de quem zomba pelas costas. Terceiro estado: trabalhando juntos ou na batalha: aqui ele é um herói. Não abandona o camarada em perigo. Morre em silêncio, como se isso também fosse seu trabalho."

As guarnições dos blindados do Exército Vermelho estavam particularmente de bom humor. Depois de tão desmoralizadas quanto a aviação soviética na primeira parte da guerra, começavam a gozar da posição de heróis. Vasili Grossman, outro romancista e correspondente de guerra, agora achava os "tanquistas" tão fascinantes quanto achara os atiradores de tocaia de Stalingrado. Descreveu-os admiravelmente como "cavalarianos, artilheiros e mecânicos, tudo junto num só". Mas a maior força do Exército Vermelho era a ideia candente de que, afinal, o Reich estava ao seu alcance. Os violadores da

Pátria Soviética iriam descobrir o significado verdadeiro do provérbio "Quem semeia vento colhe tempestade".

O CONCEITO BÁSICO da campanha fora decidido em linhas gerais no final de outubro de 1944. O *Stavka*, supremo quartel-general soviético, era dirigido pelo marechal Stalin, posto ao qual se promovera depois da batalha de Stalingrado. Stalin pretendia manter o controle total. Permitia aos comandantes um raio de ação que seus colegas alemães invejavam e, diversamente de Hitler, escutava com atenção os argumentos contrários. Ainda assim, não tinha intenção alguma de permitir que os comandantes do Exército Vermelho se excedessem enquanto o momento da vitória se aproximava. Interrompeu a prática costumeira de nomear "representantes do *Stavka*" para supervisionar as operações. Em vez disso, assumiu ele mesmo o papel, ainda que ainda não pretendesse ir a lugar algum perto da frente de batalha.

Stalin também decidiu sacudir os principais comandos. Se resultassem ciúmes e "embaraços", isso não lhe desagradaria em nada. A principal mudança foi substituir o marechal Konstantin Rokossovski, comandante em chefe da Primeira Frente Bielorrussa, o mais importante grupo de exércitos no eixo do avanço sobre Berlim. Rokossovski, cavalariano alto, elegante e de boa aparência, apresentava um contraste notável com a maioria dos comandantes russos, muitos dos quais eram atarracados, de pescoço grosso e cabeça raspada. Era diferente também de outro modo. Nascido Konstanty Rokossowski, era meio polonês, neto e bisneto de oficiais da cavalaria polonesa. Isso o tornava perigoso aos olhos de Stalin. O ódio de Stalin pelo país começara durante a guerra polaco-soviética de 1920, quando fora parcialmente culpado pela derrota desastrosa do Exército Vermelho no ataque a Varsóvia.

Rokossovski ficou ultrajado ao saber que seria transferido para comandar o grupo de exércitos da Segunda Frente Bielorrussa para atacar a Prússia Oriental. O marechal Gueorgui Jukov, o comandante atarracado e duríssimo que organizou a defesa de Moscou em dezembro de 1941, tomaria seu lugar.

– Por que esta desgraça? – perguntou Rokossovski. – Por que estou sendo transferido do eixo principal para outro de importância secundária?

Rokossovski suspeitava que Jukov, que já considerara um amigo, o sabotara, mas na verdade Stalin não queria que um polonês tivesse a glória de conquistar Berlim. Era natural que Rokossovski alimentasse suspeitas. Fora preso durante o expurgo do Exército Vermelho em 1937. As surras dos carrascos de Beria exigindo confissões de traição eram suficientes para deixar até a pessoa mais equilibrada levemente paranoica. E Rokossovski sabia que Lavrenti Beria, chefe do NKVD, a polícia secreta, e Victor Abakumov, chefe da SMERSH, agência de contrainteligência, vigiavam-no de perto. Stalin deixara Rokossovski sem nenhuma dúvida de que as acusações de 1937 ainda pesavam sobre ele. Simplesmente, recebera liberdade condicional. Qualquer tropeço como comandante logo o poria de novo sob a custódia do NKVD.

– Sei muito bem do que Beria é capaz – disse Rokossovski a Jukov durante a transição do comando. – Estive em suas prisões. – Os generais soviéticos teriam de esperar oito anos para vingar-se de Beria.

As forças da Primeira Frente Bielorrussa e da Primeira Frente Ucraniana mobilizadas contra a linha de frente alemã ao longo do Vístula não eram simplesmente superiores; eram avassaladoras. Ao sul de Jukov, a Primeira Frente Ucraniana do marechal Konev atacaria na direção oeste, na direção de Breslau. Seu ataque principal partiria da cabeça de ponte de Sandomierz, o maior de todos os salientes na margem ocidental do Vístula. Diversamente de Jukov, contudo, Konev pretendia usar seus dois exércitos blindados para esmagar a linha inimiga logo no primeiro dia.

Konev, segundo o filho de Beria, tinha "olhinhos cruéis, a cabeça raspada que parecia uma abóbora e uma expressão cheia de orgulho". Era, provavelmente, o general favorito de Stalin e um dos pouquíssimos comandantes que até ele admirava por sua tenacidade. Stalin o promovera a marechal da União Soviética depois que esmagara o bolsão de Korsun, ao sul de Kiev, apenas um ano atrás. Fora um dos combates mais impiedosos de uma guerra crudelíssima. Konev ordenou que suas aeronaves lançassem bombas incendiárias na cidadezinha de Shanderovka para forçar os alemães ali abrigados a saírem para a nevasca. Enquanto eles lutavam para romper o cerco em 17 de fevereiro de 1944, Konev preparou sua armadilha. Seus tanques atacaram diretamente a coluna, disparando metralhadoras e indo ao encalço dos homens para esmagá-los sob as lagartas. Quando os alemães se espalharam, tentando fugir pela neve pesada, as três divisões de cavalaria de Konev puseram-se a persegui-los. Os cossacos os abateram sem piedade, com seus sabres, decepando, ao que parece, até os braços levantados em rendição. Cerca de 20 mil alemães morreram naquele dia.

Em 12 de janeiro, a ofensiva do Vístula começou às 5 horas da manhã, horário de Moscou, quando a Primeira Frente Ucraniana de Konev atacou, partindo da cabeça de ponte de Sandomierz. A neve era muito intensa e a visibilidade quase nenhuma. Depois que companhias *shtraf* de prisioneiros foram forçadas a passar pelos campos minados, batalhões de infantaria garantiram a linha de frente. Começou então o bombardeio de toda a artilharia, com o uso de até trezentos canhões por quilômetro, o que significa um canhão a cada 3 ou 4 metros. Os defensores alemães foram aniquilados. A maioria deles se rendeu, pálidos e tremendo. Um oficial *panzergrenadier,** que

---

Grenadier é o soldado alemão de infantaria. As tropas *panzergrenadier* eram formadas por infantes que acompanhavam os grupamentos blindados. (*N. da T.*)

observava da retaguarda, descreveu o espetáculo no horizonte como uma "tempestade de fogo" e acrescentou que era "como o céu caindo sobre a Terra". Prisioneiros da 16ª Divisão Panzer, capturados mais tarde naquele dia, afirmaram que, depois que o canhoneio começou, seu comandante, o general de divisão Muller, partiu de carro para a cidade de Kielce, abandonando seus homens.

As guarnições dos blindados soviéticos haviam pintado lemas em suas torretas: "Rumo ao covil fascista!" e "Vingança e morte aos ocupantes alemães!". Encontraram pouca resistência quando seus T-34 e os pesados tanques Stalin avançaram às 14 horas. A couraça recoberta de geada ficava bem camuflada na paisagem nevada à frente, ainda que tudo estivesse marrom à média distância, com a lama revirada pelas bombas.

Além de Breslau, os principais objetivos do Terceiro Exército Blindado de Guardas do general Ribalko e o Quarto Exército Blindado de Guardas do general Leliushenko eram as regiões industriais da Silésia. Quando Stalin instruiu Konev em Moscou, apontou para o mapa e rodeou a área com o dedo. Pronunciou uma única palavra: "Ouro." Não foi preciso mais nenhum comentário. Konev sabia que Stalin queria que as fábricas e minas fossem tomadas intactas.

NA MANHÃ SEGUINTE ao ataque de Konev, a partir da cabeça de ponte de Sandomierz, começou o avanço sobre a Prússia Oriental com a Terceira Frente Bielorrussa do general Tcherniakovski. No dia seguinte, 14 de janeiro, as forças de Rokossovski atacaram a Prússia Oriental, partindo das cabeças de ponte do rio Narew. A Primeira Frente Bielorrussa de Jukov entrou em ação nas duas cabeças de ponte do Vístula, em Magnuszew e Pulawy. Uma fina camada de neve cobria o solo e a névoa densa durou até o meio-dia. Às 8h30, a Primeira Frente Bielorrussa de Jukov abriu fogo com 25 minutos de "barragem rolante". Os batalhões de infantaria avançados, apoiados por canhões de assalto autopropulsados, tomaram as linhas de frente na cabeça de ponte de Magnuszew. O Oitavo Exército de Guardas e o Quinto Exército de Choque, com apoio da artilharia pesada, romperam a terceira linha. A principal barreira à frente era o rio Pilica. O plano de Jukov era que divisões de infantaria tomassem os pontos de cruzamento para as brigadas blindadas de guarda que seguiam atrás.

A brigada de tanques à direita do Segundo Exército Blindado de Guardas de Bogdanov foi uma das primeiras a cruzar o Pilica. Como unidade avançada, a 47ª Brigada Blindada de Guardas dispunha de bastante apoio, com sapadores, artilharia autopropulsada, canhões antiaéreos motorizados e um batalhão de infantes com submetralhadoras em caminhões. Seu objetivo era um campo de pouso logo ao sul da cidade de Sochaczew, entroncamento importante a oeste de Varsóvia. Nos dois dias seguintes a brigada prosseguiu para o norte, destruindo colunas de alemães em fuga pelo caminho e esmagando carros do estado-maior "com suas lagartas".

Levou muito mais tempo para o Primeiro Exército Blindado de Guardas, à esquerda, abrir caminho. O coronel Gusakovski, duas vezes condecorado Herói da União Soviética, estava tão impaciente depois da longa espera que, quando sua 44ª Brigada Blindada de Guardas chegou ao Pilica, recusou-se a esperar pelos pontilhões. Parecia ser um trecho raso do rio e assim, para ganhar "duas ou três horas", ordenou que os comandantes de seus tanques primeiro quebrassem o gelo com tiros de canhão e depois levassem os veículos pelo leito do rio. Os tanques, agindo como quebra-gelos, afastaram os pedaços de gelo "com um trovão terrível". Deve ter sido apavorante para os motoristas dos tanques, mas Gusakovski não parecia preocupado com tais problemas. Jukov também só estava interessado em fazer as brigadas blindadas cruzarem o rio para que pudessem cuidar da 25ª e da 19ª Divisões Panzer. Depois disso, o campo à frente estava livre.

As coisas foram igualmente bem para ele na cabeça de ponte de Pulawy em 14 de janeiro. O plano não era bombardear toda a linha, mas simplesmente abrir corredores através dela. Naquela noite, estavam bem adiantados a caminho da cidade de Radom. Enquanto isso, na extrema direita da Primeira Frente Bielorrussa, o 47º Exército começou a cercar Varsóvia pelo norte e o Primeiro Exército polonês lutava nos subúrbios.

No FIM DA TARDE de segunda-feira, 15 de janeiro, "devido ao grande avanço no leste", Hitler deixou o *Adlerhorst* em Ziegenberg para voltar a Berlim em seu trem especial. Guderian vinha requisitando com insistência o seu retorno nos últimos três dias. De início, Hitler dissera que a Frente Oriental deveria arrumar-se com o que tinha, mas afinal concordou em interromper toda a atividade no Oeste e voltar. Sem consultar Guderian nem os dois grupos de exércitos envolvidos, acabara de dar ordens ao Corpo *Grossdeutschland* de mover-se da Prússia Oriental para Kielce para reforçar a frente do Vístula, ainda que isso significasse tirá-lo da batalha durante pelo menos uma semana.

A viagem de trem de Hitler a Berlim levou 19 horas. Ele não negligenciou totalmente os assuntos domésticos. Disse a Martin Bormann que por ora ficasse em Obersalzberg, onde ele e a esposa faziam companhia a Eva Braun e sua irmã Gretl Fegelein.

Stalin, enquanto isso, estava de excelente humor. Naquela mesma noite, recebeu o chefe do Estado-Maior do general Eisenhower, marechal do ar Tedder, que finalmente chegara a Moscou depois de longo atraso no Cairo devido às más condições de voo. Tedder fora discutir a evolução futura, mas Stalin observou cheio de si que a ofensiva das Ardenas fora "muito estúpida" da parte dos alemães. Estava também muito contente porque os alemães mantiveram trinta divisões como "guarnição de prestígio" na Curlândia – os restos mortais do Grupo de Exércitos Norte, que Guderian quisera levar de volta à Alemanha.

O líder soviético fez um esforço para agradar Tedder. Queria claramente convencer o enviado de Eisenhower de que fizera todo o possível ao marcar a data da grande ofensiva do Exército Vermelho para auxiliá-los nas Ardenas. É impossível dizer se ele previra ou não que isso ajudaria a exacerbar a rixa entre os americanos e o muito mais cético Churchill.

Os historiadores soviéticos sempre tentaram sustentar que Stalin planejava iniciar o ataque em 20 de janeiro mas que, ao receber no dia 6 uma carta de Churchill pedindo ajuda, deu ordem no dia seguinte de antecipar o ataque para o dia 12, ainda que as condições climáticas fossem desfavoráveis. Esta era uma interpretação totalmente enganosa da carta de Churchill. Não era uma súplica pedindo para salvar os aliados nas Ardenas. Ele já escrevera para dizer que os aliados estavam "senhores da situação" e Stalin sabia perfeitamente bem, por seus oficiais de ligação no Ocidente, que a ameaça alemã ali havia desmoronado no Natal. Churchill simplesmente pedia informações sobre quando o Exército Vermelho começaria sua grande ofensiva de inverno, porque o Kremlin negara-se de forma resoluta a responder a tais pedidos, ainda que os oficiais de ligação soviéticos fossem mantidos a par dos planos de Eisenhower.

A ofensiva do Vístula, planejada desde outubro, fora preparada com grande antecedência: uma fonte soviética chegou a dizer que seria possível "começar o ataque entre 8 e 10 de janeiro". Stalin, portanto, estava mais que satisfeito de dar a impressão de que salvara os aliados de uma situação difícil, ainda mais por ter razões próprias para antecipar a data. Churchill estava cada vez mais preocupado com a intenção de Stalin de impor à Polônia o "governo de Lublin", títere formado por comunistas poloneses exilados e controlados pelo NKVD de Beria. A conferência da Crimeia em Ialta era iminente e Stalin queria garantir que seus exércitos estivessem no controle de toda a Polônia quando se sentasse com os líderes americanos e britânicos. Sua lei poderia ser imposta sem piedade ao território polonês, puramente porque constituiria a área de retaguarda imediata de suas tropas operacionais. Qualquer pessoa que fizesse objeções poderia ser classificada como sabotador ou agente fascista. Finalmente, havia uma razão muito mais prática para antecipar a grande ofensiva. Stalin temia que a mudança climática prevista para o início de fevereiro transformasse o solo firme em lama e assim retardasse seus tanques.

Um aspecto da reunião com Tedder é muito revelador. "Stalin enfatizou", afirma o relatório americano, "que uma das dificuldades [da ofensiva do Vístula] era o grande número de agentes alemães treinados entre os poloneses, letões, lituanos, ucranianos e russos germanófonos. Disse que estavam todos bem-equipados com rádios e, em consequência, o elemento surpresa era praticamente eliminado. Contudo, os russos foram bem-sucedidos ao eliminar amplamente esta ameaça. Ele disse considerar a limpeza das áreas de retaguarda tão importante para ele quanto a entrega de suprimentos." Esse exagero grosseiro sobre grupos treinados por alemães na retaguarda foi a justificativa antecipada da crueldade soviética na Polônia. Beria também tentava rotular a resistência não comunista, o Armia Krajowa, de "fascista", apesar de sua bravura suicida no levante de Varsóvia.

As 24 HORAS seguintes provaram que os exércitos soviéticos que haviam rompido a frente do Vístula estavam realmente avançando a toda velocidade. Pareciam competir entre si.

O avanço rápido dos exércitos blindados de Jukov devia-se, em parte, à simplicidade e à construção robusta do T-34 e suas lagartas largas, que conseguiam passar por neve, gelo e lama. Ainda assim, o talento dos mecânicos mostrou-se pelo menos tão importante quanto o ímpeto cavalariano, porque as oficinas de campanha não podiam acompanhá-los. "Ah, como era boa a vida antes da guerra", observou a Grossman um motorista. "Havia muitas peças de reposição naquela época." Quando o tempo melhorou, os bombardeiros Shturmovik, conhecidos pelos alemães como "Jabos", redução de *Jagdbomber*, puderam apoiar o impetuoso avanço, como Jukov havia prometido a seus comandantes de blindados. "Nossos tanques vão mais depressa que os trens para Berlim", gabou-se o irascível coronel Gusakovski, que abrira à força seu caminho pelo Pilica.

A PEQUENA GUARNIÇÃO alemã em Varsóvia não teve chance. Consistia de destacamentos de engenharia e quatro batalhões de fortaleza – um deles era um "batalhão de surdos", formado por soldados que haviam perdido a audição e foram reciclados de volta ao serviço. O avanço da 47ª Brigada Blindada de Guardas até Sochaczew partindo do sul e o cerco de Varsóvia pelo norte pelo 47º Exército fizeram com que a guarnição perdesse o contato com sua formação de origem, o Nono Exército.

O Estado-Maior do general Harpe no Grupo de Exércitos "A" avisou ao OKH, em Zossen, na noite de 16 de janeiro, que não seria capaz de manter a cidade. O coronel Bogislaw von Bonin, líder do departamento de operações, discutiu a situação com Guderian. Decidiram dar ao quartel-general do grupo de exércitos carta branca na decisão e Guderian assinou a cópia das mensagens com seu costumeiro "G" de tinta verde. Mas na *Nachtlage*, a conferência de Hitler sobre a situação à meia-noite, a proposta de abandonar Varsóvia foi contada ao Führer por um dos membros de seu próprio estado-maior antes que o enviado de Guderian, general Walther Wenck, abordasse o assunto. Hitler explodiu.

– É preciso parar tudo! – gritou. – A fortaleza de Varsóvia tem de ser mantida!

Mas já era tarde demais e as comunicações por rádio haviam sido interrompidas. Alguns dias depois Hitler emitiu uma ordem para que todas as instruções enviadas a um grupo de exércitos fossem antes submetidas a ele.

A queda de Varsóvia levou a outra amarga altercação entre Hitler e Guderian, que ainda estavam discutindo a decisão de Hitler de transferir o Corpo *Grossdeutschland*. Guderian ficou ainda mais furioso quando soube que Hitler estava transferindo o Sexto Exército Panzer SS não para a frente do Vístula, mas para a Hungria. Hitler, contudo, recusou-se a discutir o assunto. A retirada de Varsóvia era, a seus olhos, uma questão muito mais candente.

Na conferência do meio-dia no dia seguinte, 18 de janeiro, Guderian recebeu uma reprimenda pública, mas o pior estava por vir. "Naquela noite", contou o coronel barão von Humboldt, do OKH, "era aniversário de Bonin. Estávamos todos de pé em torno da mesa de cartografia com um copo de Sekt para cumprimentá-lo quando [o general] Meisel, segundo no comando do departamento de pessoal, chegou com dois Oberleutnants armados com submetralhadoras. 'Herr von Bonin', disse ele. 'Peço-lhe que venha comigo.'" Dois outros foram presos com Bonin, o tenente-coronel von Christen e o tenente-coronel von dem Knesebeck. Foram levados para a Prinz-Albrechtstrasse por ordem direta de Hitler para serem interrogados pela Gestapo.

Hitler viu o incidente como mais um ato de traição do exército. Além de destituir o general Harpe, também removeu o general von Luttwitz do comando do Nono Exército. Mas a verdade era que sua monstruosa vaidade não lhe permitia perder uma capital estrangeira, nem mesmo uma que destruíra totalmente. Guderian defendeu seus três oficiais de estado-maior, insistindo para que também fosse interrogado, já que a responsabilidade pela decisão era inteiramente sua. Hitler, ansioso para condenar o Estado-Maior geral, levou-o ao pé da letra. No estágio mais crítico da campanha do Vístula, Guderian foi submetido a horas de interrogatório por Ernst Kaltenbrunner, do Escritório Central de Segurança do Reich, e Heinrich Müller, chefe da Gestapo. Os dois oficiais inferiores foram libertados duas semanas depois, mas Bonin permaneceu em um campo de concentração até o fim da guerra.

No dia seguinte à prisão de Bonin, Martin Bormann chegou a Berlim. No sábado, 20 de janeiro, registrou em seu diário: "A situação no Leste está ficando cada vez mais ameaçadora. Estamos abandonando a região de Warthegau. As principais unidades blindadas do inimigo aproximam-se de Katowice." Foi o dia em que as forças soviéticas cruzaram a fronteira do Reich a leste de Hohensalza.

A esposa de Guderian abandonou Schloss Deipenhof "meia hora antes que as primeiras bombas começassem a cair". O chefe do Estado-Maior escreveu que os trabalhadores da propriedade (eram, provavelmente, alemães do Báltico repatriados) "ficaram em lágrimas ao lado do carro e muitos a teriam acompanhado de boa vontade". Embora haja pouca dúvida sobre seu desespero de partir, isto talvez não se devesse inteiramente à lealdade para com sua castelã. Boatos sobre o que estava acontecendo na Prússia Oriental já tinham começado a circular.

Era muito pouco provável que os soldados do Exército Vermelho, especialmente suas formações polonesas, sentissem mais misericórdia depois do que testemunharam na capital da Polônia. "Vimos a destruição de Varsóvia quando entramos em suas ruas vazias naquele dia memorável, 17 de janeiro de 1945", escreveu o capitão Klotchkov, do Terceiro Exército de Choque. "Nada sobrara, exceto ruínas e cinzas cobertas de neve. Residentes famintos e exaustos tentavam voltar para casa." Sobraram apenas 162 mil habitantes de uma população de 1.310.000 antes da guerra. Depois da supressão inacreditavelmente brutal do levante de Varsóvia em outubro de 1944, os alemães tinham destruído sistematicamente todos os monumentos históricos da cidade, ainda que nenhum tivesse sido usado pelos rebeldes. Vasili Grossman abriu caminho pela cidade arruinada até o gueto. Só o que sobrava era a muralha de 3,5 metros de altura, encimada por cacos de vidro e arame farpado, e o Judenrat, o prédio administrativo judeu. O resto do gueto era "um único mar vermelho e ondulante de tijolos quebrados". Grossman imaginou quantos milhares de corpos estariam enterrados embaixo. Era difícil presumir que alguém escapasse, mas um polonês levou-o até onde quatro judeus tinham acabado de sair de seu esconderijo no alto das traves do elevado esqueleto de um prédio.

3
Fogo, espada e "nobre fúria"

Quando o general Tcherniakovski lançou sua ofensiva contra a Prússia Oriental, em 13 de janeiro, os comissários políticos colocaram letreiros para estimular as tropas: "Soldado, lembre-se de que está entrando no covil da besta fascista!"

O ataque de Tcherniakovski não teve um bom começo. O comandante do Terceiro Exército Panzer, com base em informações secretas confiáveis, retirou suas tropas das trincheiras da linha de frente no último momento. Isto fez com que o canhoneio maciço fosse desperdiçado. Os alemães então lançaram alguns contra-ataques muito eficientes. E no decorrer da semana seguinte Tcherniakovski descobriu, como temera, que as obras de defesa alemãs na brecha de Insterburg custaram a seus exércitos muitíssimas baixas.

Tcherniakovski, no entanto, logo percebeu uma oportunidade. Ele era um dos mais decididos e inteligentes comandantes superiores soviéticos. O 39º Exército fazia mais progressos na extrema direita, e assim, repentinamente, ele fez o 11º Exército de Guardas dar meia-volta e mudou o peso do ataque para o flanco. Este impulso inesperado entre o rio Pregel e o Niemen causou pânico nas milícias da Volkssturm. Foi acompanhado de outro ataque cruzando o Niemen, na área de Tilsit, pelo 43º Exército. O caos aumentou na retaguarda alemã, principalmente porque os funcionários do Partido Nazista tinham proibido a evacuação de civis. Em 24 de janeiro a Terceira Frente Bielorrussa de Tcherniakovski chegou ao alcance de tiro de Königsberg, capital da Prússia Oriental.

Além de ignorar as instruções do *Stavka* quando necessário, Tcherniakovski, comandante de blindados e "mestre da ciência militar", dispunha-se também a mudar as táticas de batalha já aprovadas. "Os canhões autopropulsionados tornaram-se parte integrante da infantaria depois de cruzado o Niemen", observou Vasili Grossman. Com 37 anos, Ivan Danilovitch Tcherniakovski era muito mais jovem que a maioria dos outros comandantes em chefe soviéticos. Também fazia o tipo intelectual e costumava recitar poemas românticos com verve humorística para o escritor Ilia Ehrenburg. Tcherniakovski intrigava-se com contradições. Descrevia Stalin como exemplo vivo de um processo dialético. "É impossível entendê-lo. Só se pode ter fé." Era claro que Tcherniakovski não estava destinado a sobreviver na petrificação stalinista do pós-guerra. Talvez tenha tido sorte por ter morrido cedo em combate, com a fé intacta.

As conclamações hipnóticas de vingança à Alemanha do próprio Ilia Ehrenburg em seus artigos no jornal do Exército Vermelho, *Krásnaia Izvizdá* (*Estrela Vermelha*), tinham imenso público entre os *frontoviki*, ou soldados da linha de frente. Goebbels respondia com o ódio contra "o judeu Ilia Ehrenburg, o agitador favorito de Stalin". O ministro da Propaganda acusou Ehrenburg de incitar ao estupro de mulheres alemãs. Mas, embora Ehrenburg jamais se negasse às arengas mais sedentas de sangue, a afirmação mais famosa que ainda lhe é atribuída por historiadores ocidentais foi uma invenção nazista. Ele é acusado de ter instigado os soldados do Exército Vermelho a tomar as mulheres alemãs como "butim legítimo" e a "quebrar seu orgulho racial". "Houve uma época", retorquiu Ehrenburg no *Krásnaia Izvizdá*, "em que os alemães costumavam falsificar importantes documentos de estado. Agora rebaixaram-se a ponto de falsificar meus artigos." Mas a afirmação de Ehrenburg de que os soldados do Exército Vermelho "não estavam interessados em Gretchens, mas naqueles Fritzes que insultaram nossas mulheres", errou de longe o alvo, como logo mostraria o comportamento selvagem do Exército Vermelho. E suas referências frequentes à Alemanha como "a Bruxa Loura" com certeza não encorajavam um tratamento humano das mulheres alemãs ou mesmo das polonesas.

A SEGUNDA FRENTE Bielorrussa do marechal Rokossovski atacou rumo ao norte e ao nordeste a partir das cabeças de ponte do Narew em 14 de janeiro, um dia depois de Tcherniakovski. Sua tarefa principal era isolar a Prússia Oriental, dirigindo-se para Dantzig e a embocadura do Vístula. Rokossovski não estava à vontade com o plano do *Stavka*. Seus exércitos ficariam isolados tanto do ataque de Tcherniakovski em Königsberg quanto do avanço de Jukov a partir do Vístula.

A ofensiva contra o Segundo Exército alemão começou "num clima perfeito para o ataque", como observou tristemente o comandante do lado agredido. Uma fina camada de neve cobria o solo e o rio Narew estava congelado. A névoa clareou ao meio-dia e os exércitos de Rokossovski foram logo apoiados por constantes surtidas aéreas. O progresso ainda foi lento nos primeiros dois dias, e mais uma vez a artilharia pesada soviética e os lançadores de foguetes Katiúcha é que tornaram possíveis os primeiros rompimentos. O solo duro como aço também tornou os projetis muito mais letais, com explosões de superfície. A paisagem nevada ficou rapidamente ferida de crateras e marcas chamuscadas negras e amarelas.

Naquela primeira noite, o general Reinhardt, comandante em chefe do grupo de exércitos, telefonou a Hitler, na época ainda no *Adlerhorst*. Tentou avisá-lo do perigo para toda a Prússia Oriental caso não recebesse permissão de retirar-se. O Führer recusou-se a escutá-lo. Logo depois, às 3 horas da manhã, o quartel-general de Reinhardt recebeu a ordem de transferir o Corpo *Grossdeutschland*, única reserva efetiva da região, para a Frente do Vístula.

Reinhardt não era o único comandante no campo de batalha a fulminar seus superiores. Em 20 de janeiro o *Stavka* ordenou subitamente a Rokossovski que alterasse o eixo de seu avanço porque Tcherniakovski havia sido detido. Ele deveria agora atacar a nordeste, rumo ao centro da Prússia Oriental, e não simplesmente isolar a região ao longo do Vístula. Rokossovski estava preocupado com a vasta lacuna que se abria à sua esquerda conforme os exércitos de Jukov encaminhavam-se para oeste rumo a Berlim, mas na Prússia Oriental esta mudança de direção pegou de surpresa os comandantes alemães. No flanco direito de Rokossovski, o Terceiro Corpo de Cavalaria de Guardas moveu-se rapidamente pela paisagem congelada e entrou em Allenstein, às 3 horas da manhã de 22 de janeiro.

À sua esquerda, o Quinto Exército Blindado de Guardas de Volski avançava rapidamente na direção da cidade de Elbing, junto ao estuário do Vístula. Parte da brigada blindada avançada entrou na cidade em 23 de janeiro e foi confundida com Panzers alemães. Uma escaramuça violenta e caótica explodiu no centro da cidade e eles foram expulsos. O corpo principal do exército desbordou a cidade e avançou para a margem da grande laguna, a Frisches Haff. A Prússia Oriental estava praticamente isolada do Reich.

EMBORA AS FORÇAS Armadas alemãs esperassem o ataque à Prússia Oriental há vários meses, a desorganização e a incerteza reinavam em cidades e vilas. Nas áreas da retaguarda, a odiada polícia do Exército, a Feldgendarmerie, impunha uma ordem dura. Os *Landsers* chamavam-nos de "cães na corrente", porque a gorjeira de metal que usavam numa corrente em torno do pescoço parecia a coleira de um cachorro.

Na manhã do ataque de Tcherniakovski, 13 de janeiro, um trem com soldados de licença rumo a Berlim foi detido em uma estação pela Feldgendarmerie. Gritaram ordens para que todos os soldados pertencentes às divisões cujo número iriam chamar deviam sair e entrar em forma imediatamente. Os soldados que estavam de licença, muitos dos quais não viam a família há pelo menos dois anos, ficaram tensos, rezando para que sua divisão não fosse chamada. Mas quase todos tiveram de descer e formar fileiras na plataforma. Quem deixasse de obedecer seria executado. Um jovem soldado, Walter Beier, foi um dos poucos poupados. Mal ousando acreditar em sua sorte, continuou a viagem para ver a família perto de Frankfurt an der Oder. Mas ele viria a enfrentar o Exército Vermelho mais perto de casa do que jamais imaginara.

O homem mais culpado pelo caos era o Gauleiter Erich Koch, líder nazista já famoso por seu governo como comissário do Reich na Ucrânia. Koch tinha tanto orgulho de sua brutalidade que não parecia fazer objeções ao apelido de "segundo Stalin". Completamente imbuído da obstinação hitlerista com a defesa fixa, Koch forçara dezenas de milhares de civis a cavar trincheiras. Infelizmente, deixou de consultar os comandantes do Exército sobre onde eles as preferiam. Fora também o primeiro a alistar à força meninos e velhos na milícia Volkssturm, o exemplo mais flagrante de sacrifício inútil no Partido Nazista. Mas, pior que tudo, Koch recusara-se a aprovar a evacuação da população civil.

Ele e os chefes locais do Partido Nazista, depois de proibir a evacuação de civis como ato derrotista, escapuliram sem avisar a ninguém quando o ataque aconteceu. As consequências foram pavorosas para as esposas, filhas e crianças que tentaram escapar tarde demais pelo campo coberto com 1 metro de neve, sob temperaturas de até 20 graus negativos. Algumas trabalhadoras rurais, contudo, ficaram voluntariamente, convencidas de que estariam apenas trabalhando para novos senhores e que pouco iria mudar.

O trovão distante da artilharia, quando começou a ofensiva, provocou medo terrível nas fazendas e aldeias isoladas na paisagem em geral plana e florestada da Prússia Oriental. As mulheres da região tinham ouvido falar das atrocidades de Nemmersdorf no outono anterior, quando alguns soldados de Tcherniakovski invadiram a Prússia Oriental no fim do avanço impetuoso do verão de 1944. É possível que tivessem assistido em um cinema da cidadezinha local à filmagem terrível de 62 mulheres e moças estupradas e assassinadas. O Ministério da Propaganda de Goebbels enviara cinegrafistas à frente de batalha para registrar a atrocidade e explorá-la ao máximo. Mas parece que ainda faziam pouca ideia do grau de horror que as esperava. O mais comum para moças e mulheres de todas as idades era o estupro em grupo.

"Os soldados do Exército Vermelho não acreditam em 'ligações individuais' com mulheres alemãs", escreveu o dramaturgo Zahar Agranenko em seu diário, quando serviu como oficial dos fuzileiros navais na Prússia Oriental. "Nove, dez, doze homens de uma vez – eles as estupram coletivamente." Mais tarde descreveu como as mulheres alemãs de Elbing, numa tentativa desesperada de buscar proteção, ofereciam-se aos fuzileiros navais soviéticos.

Os exércitos soviéticos, que avançavam em colunas longas e imensas, eram uma mistura extraordinária de moderno e medieval: tropas blindadas com capacetes pretos acolchoados, seus T-34 sacudindo a terra ao afundar e revolver o chão, cavalarianos cossacos em montarias mal-ajambradas, com o produto dos saques amarrado à sela, Studebakers e Dodges dos Empréstimos e Arrendamentos puxando canhões leves de campanha, Chevrolets abertos com morteiros cobertos de lona impermeável atrás e tratores arrastando grandes obuseiros, todos finalmente seguidos por um segundo escalão em carroças puxadas a cavalo. A variedade de personalidades dos soldados era quase tão grande quanto a de seu equipamento militar. Havia aqueles que viam até os menininhos alemães como homens das SS em embrião e acreditavam que tinham de ser todos mortos antes que crescessem e invadissem a Rússia de novo, e havia aqueles que poupavam as crianças e lhes davam de comer. Havia saqueadores que bebiam e estupravam sem pudor algum e havia comunistas austeros e idealistas e membros da *intelligentsia* genuinamente horrorizados com tal comportamento. O escritor Lev Kopelev, na época comissário político, foi preso pelo serviço de contrainformações SMERSH por ter se "envolvido na propaganda do humanismo burguês, da piedade com o inimigo". Kopelev também ousara criticar a ferocidade dos artigos de Ilia Ehrenburg.

Os primeiros avanços dos exércitos de Rokossovski foram tão rápidos que as autoridades alemãs de Königsberg enviaram vários trens de refugiados para Allenstein, sem saber que esta havia sido capturada pelo Terceiro Corpo de Cavalaria de Guardas. Para os cossacos, os trens de refugiados eram concentrações ideais de mulheres e pilhagem caindo em suas mãos.

Beria e Stalin, lá em Moscou, sabiam perfeitamente o que estava acontecendo. Por um relatório, foram informados de que "muitos alemães declararam que todas as alemãs da Prússia Oriental que ficaram para trás foram estupradas por soldados do Exército Vermelho". Davam-se numerosos exemplos de estupros em grupo – "inclusive de meninas com menos de 18 anos e as idosas". De fato, as vítimas podiam ter até 12 anos. "O grupo do NKVD ligado ao 43º Exército descobriu que mulheres alemãs que ficaram para trás em Schpaleiten tentaram cometer suicídio", continuava o relatório. "Interrogaram uma delas, chamada Emma Korn. 'Em 3 de fevereiro', ela contou, 'as tropas da linha de frente do Exército Vermelho entraram na cidade. Invadiram o porão onde estávamos escondidas, apontaram as armas para mim e para as duas outras mulheres e nos mandaram ir para o pátio. No pátio, 12 soldados se revezaram me estuprando. Outros fizeram o mesmo com minhas duas vizinhas. Na noite seguinte, seis soldados bêbados invadiram o nosso porão e nos estupraram na frente das crianças. Em 5 de fevereiro, vieram mais três e, em 6 de fevereiro, oito soldados bêbados também nos estupraram e surraram.'" Três dias depois as mulheres tentaram matar as crianças e a si mesmas cortando todos os pulsos, mas, evidentemente, não souberam fazê-lo direito.

A ATITUDE DO Exército Vermelho para com as mulheres se tornara abertamente possessiva, em especial depois que o próprio Stalin interveio para permitir aos oficiais manter uma "esposa de campanha". (Eram conhecidas como PPJ, ou pê-pê-já, porque o nome completo, "*pohódna-poliévaia jená*", era muito parecido com o da PPSh, ou pê-pê-shá, submetralhadora padrão do Exército Vermelho.) Essas moças, escolhidas como amantes pelos oficiais superiores, costumavam ser sinaleiras do quartel-general, secretárias ou enfermeiras – jovens militares que usavam boinas caídas para trás da cabeça em vez do *pilotka*, ou bibico.

A vida de uma esposa de campanha não era fácil quando a luxúria masculina era ao mesmo tempo intensa e indiscriminada. "Pois é assim, Vera", escreveu à amiga uma jovem soldada chamada Músia Anenkova, do 19º Exército. "Veja como é o 'amor' deles! Parecem ser carinhosos com a gente, mas é difícil saber o que lhes vai na alma. Não têm sentimentos sinceros, só paixão passageira ou amor com sentimentos animalescos. Como é difícil encontrar um homem realmente fiel aqui."

O MARECHAL ROKOSSOVSKI emitiu a ordem nº 006 na tentativa de dirigir "os sentimentos de ódio para o combate ao inimigo no campo de batalha" e ressaltar a punição por "saque, violência, roubo, fogo desnecessário e destruição". Parece ter tido pouco efeito. Houve também algumas tentativas arbitrárias de exercer autoridade. Dizem que o comandante de uma divisão de infantaria "matou pessoalmente um tenente que arrumava em fila um grupo de seus homens diante de uma alemã deitada no chão com as pernas e os braços abertos". Mas ou os oficiais estavam também envolvidos ou a falta de disciplina tornou muito perigoso restaurar a ordem com soldados bêbados armados com submetralhadoras.

Até o general Okorokov, chefe do departamento político da Segunda Frente Bielorrussa, opôs-se, em uma reunião em 6 de fevereiro, ao que via como "recusa de vingar-se do inimigo". Em Moscou, as autoridades estavam menos preocupadas com estupro e assassinato do que com a destruição despropositada. Em 9 de fevereiro, o *Krasnaia Izvizdá* declarou, num editorial, que "toda quebra da disciplina militar só enfraquece o vitorioso Exército Vermelho (...) Nossa vingança não é cega. Nossa raiva não é irracional. Num momento de fúria cega alguém pode destruir uma fábrica do território inimigo conquistado – uma fábrica que seria valiosa para nós".

Os comissários políticos esperavam adaptar esta abordagem também à questão do estupro. "Quando alimentamos o verdadeiro sentimento de ódio num soldado", declarou o departamento político do 19º Exército, "este não tentará fazer sexo com uma mulher alemã, porque sentirá repulsa." Mas este sofisma inepto só serve para sublinhar o fracasso das autoridades no entendimento do problema. Até as jovens soldadas e enfermeiras do Exército Vermelho não desaprovavam o ato. "O comportamento dos nossos soldados com os alemães, particularmente com as alemãs, é absolutamente correto!", disse uma moça de 21 anos do destacamento de reconhecimento de Agranenko. Algumas pareciam achar divertido. Kopelev zangou-se quando uma de suas ajudantes do departamento político fez piada a respeito.

Os crimes alemães na União Soviética e a propaganda incansável do regime contribuíram, com toda certeza, para a terrível violência contra mulheres alemãs na Prússia Oriental. Mas a vingança só pode ser parte da explicação, ainda que depois tenha se transformado na justificativa do que aconteceu. Quando os soldados tinham álcool dentro de si, a nacionalidade da presa fazia pouca diferença. Lev Kopelev descreveu ter ouvido um "grito frenético" em Allenstein. Viu uma garota, "o cabelo louro longo e trançado todo despenteado, o vestido rasgado, dando gritos pungentes: 'Sou polonesa! Jesus, Maria, sou polonesa!'". Era perseguida por dois "tanquistas" embriagados, à vista de todos.

O tema foi tão reprimido na Rússia que até hoje os veteranos se recusam a admitir o que realmente aconteceu durante a matança em território alemão. Aceitarão ter ouvido falar de alguns excessos e em seguida vão desdenhar do assunto como resultado inevitável da guerra. Só poucos estão dispostos a admitir que testemunharam tais cenas. Esse punhadinho preparado para falar abertamente, contudo, não se arrepende de nada. "Todas elas levantaram a saia para nós e deitaram-se na cama", disse o líder do Komsomol de uma companhia blindada. Chegou a gabar-se de que "2 milhões de nossos filhos nasceram" na Alemanha.

É espantosa a capacidade dos oficiais e soldados soviéticos de convencer-se de que a maioria das vítimas estava feliz com seu destino ou pelo menos aceitava ser sua vez de sofrer o que a Wehrmacht fizera na Rússia. "Nossos camaradas estavam tão famintos de sexo", disse um major soviético a um jornalista britânico da época, "que muitas vezes estupravam velhas de 60, 70 ou mesmo 80 anos – para surpresa dessas vovós, ou, quem sabe, puro prazer."

Bebidas de todo tipo, inclusive produtos químicos perigosos tomados de laboratórios e oficinas, foram um fator importante. Na verdade, a compulsão da bebida prejudicou gravemente a capacidade de combate do Exército Vermelho. A situação ficou tão ruim que o NKVD relatou a Moscou que "o envenenamento em massa com álcool capturado está ocorrendo no território alemão ocupado". Parecia que os soldados soviéticos precisavam da coragem alcoólica para atacar uma mulher. Mas aí, com excessiva frequência, bebiam demais e, incapazes de consumar o estupro, usavam a garrafa para isso, com efeito aterrador. Várias vítimas foram obscenamente mutiladas.

Só podemos arranhar a superfície das estonteantes contradições psicológicas. Quando as mulheres estupradas por grupos em Königsberg imploraram depois aos atacantes que as libertassem de seu sofrimento, pareceu que os homens do Exército Vermelho sentiram-se ofendidos. "Soldados russos não matam mulheres", responderam. "Só os soldados alemães fazem isso." O Exército Vermelho conseguira convencer-se de que, por ter assumido a missão moral de libertar a Europa do fascismo, podia comportar-se totalmente à vontade, tanto em termos pessoais quanto políticos.

A dominação e a humilhação permeavam o tratamento concedido pela maioria dos soldados às mulheres na Prússia Oriental. As vítimas suportaram o impacto da vingança pelos crimes da Wehrmacht durante a invasão da União Soviética. Depois que a fúria inicial se dissipou, esta característica de humilhação sádica tornou-se perceptivelmente menos marcante. Quando o Exército Vermelho chegou a Berlim, três meses depois, seus soldados tendiam a ver as mulheres alemãs mais como direito ocasional de conquista do que como alvo de ódio. Com toda a certeza, o senso de dominação continuou a existir, mas talvez isso fosse, em parte, produto indireto das humilhações que eles próprios tinham sofrido nas mãos de seus comandantes e das autoridades soviéticas como um todo. "A extrema violência dos sistemas totalitários", escreveu Vasili Grossman em seu grande romance *Life and Fate*, "mostrou-se capaz de paralisar o espírito humano em continentes inteiros."

Havia, é claro, várias outras forças ou influências em ação. A liberdade sexual foi tema de animado debate nos círculos do Partido Comunista durante a década de 1920, mas na década seguinte Stalin certificou-se de que a sociedade soviética se apresentasse como praticamente assexuada. Isso nada tinha a ver com o genuíno puritanismo: era porque o amor e o sexo não se encaixavam no dogma que visava "desindividualizar" o indivíduo. As ânsias e emoções humanas tinham de ser reprimidas. A obra de Freud foi banida, o divórcio e o adultério foram alvo de forte desaprovação do partido. As sanções criminais contra a homossexualidade foram novamente adotadas. A nova doutrina chegou até à supressão completa da educação sexual. Nas artes gráficas, o contorno dos seios vestidos de uma mulher era considerado perigosamente erótico. Tinha de ser disfarçado debaixo de aventais. O regime queria, claramente, que toda forma de desejo fosse convertida em amor ao partido e, acima de tudo, ao Grande Líder.

A maioria dos soldados pouco instruídos do Exército Vermelho sofria de ignorância sexual e de atitudes nada esclarecidas frente às mulheres. Assim, as tentativas do estado soviético de suprimir a libido de seu povo criou o que um escritor russo descreveu como um tipo de "erotismo de quartel", que era muito mais primitivo e violento que "a mais sórdida pornografia estrangeira". E tudo isso se combinava à influência desumanizadora da propaganda moderna e aos impulsos atávicos e combativos de homens marcados pelo medo e pelo sofrimento.

Assim como a nacionalidade não alemã deixou de poupar as mulheres do estupro, as credenciais esquerdistas ofereciam pouca proteção aos homens. Os comunistas alemães que surgiram depois de 12 anos de crença clandestina para saudar seus libertadores fraternais viram-se, em geral, entregues à SMERSH para investigação. O sorriso de alegria pela chegada do Exército Vermelho logo congelou como descrença em seu rosto. A lógica distorcida da SMERSH conseguia sempre transformar uma história, por mais genuína que fosse, em uma conspiração de calculada traição. E havia sempre a pergunta definitiva, formulada previamente em Moscou, a ser feita a todos os prisioneiros ou não combatentes que declarassem lealdade a Stalin: "Por que você não está na Resistência?" O fato de não haver grupos de Resistência na Alemanha não era considerado desculpa válida. Esta impiedosa linha maniqueísta imposta durante os anos da guerra tendia, naturalmente, a aumentar o ódio genérico de muitos soldados soviéticos. Perguntavam a seus comissários políticos por que os operários alemães não tinham combatido Hitler e nunca receberam uma resposta direta. Não surpreende, portanto, que, quando a linha do partido mudou de repente, em meados de abril, para dizer-lhes que não deviam odiar todos os alemães, apenas os nazistas, muitos soldados mal perceberam.

A propaganda do ódio caíra em ouvidos receptivos e o grau de aversão a tudo o que fosse alemão tornara-se realmente visceral. "Até as árvores eram inimigas", disse um soldado da Terceira Frente Bielorrussa. O Exército Vermelho ficou chocado e incrédulo quando o general Tcherniakovski foi morto por uma granada perdida perto de Königsberg. Seus soldados o enterraram em um túmulo improvisado. Cortaram-se galhos de árvores. Eram o único substituto disponível das flores tradicionalmente jogadas sobre o caixão. Mas, de repente, um jovem soldado pulou na cova, montou no caixão e, num frenesi, lançou todos os ramos para fora de volta. Vinham de árvores inimigas. Estavam violando o local de descanso de seu herói.

Depois da morte de Tcherniakovski, o marechal Vasilievski, ex-chefe do Estado-Maior geral, assumiu o comando da Terceira Frente Bielorrussa por ordem de Stalin. A abordagem de Vasilievski para o problema da disciplina parece ter sido pouco diferente da dos outros comandantes. Segundo certo relato, seu chefe do estado-maior falou-lhe dos saques e danos.

– Camarada marechal – disse –, os soldados não estão se comportando bem. Quebram mobília, espelhos e pratos. Quais são suas instruções a este respeito?

Vasilievski, talvez o mais inteligente e culto de todos os comandantes soviéticos, aparentemente ficou em silêncio por alguns momentos.

– Não dou a mínima – acabou dizendo. – Agora é hora de nossos soldados fazerem sua própria justiça.

A ânsia destrutiva dos soldados soviéticos na Prússia Oriental foi realmente espantosa. Foi muito além de quebrar a mobília para acender uma fogueira. Sem pensar, puseram fogo em casas que poderiam dar-lhes calor e abrigo à noite, quando tudo congelava ao ar livre. Também ficavam furiosos por encontrar um padrão de vida dos camponeses muito mais alto do que jamais poderiam imaginar. Isso provocou ultraje com a ideia de que os alemães, que já viviam tão bem, tivessem invadido a União Soviética para saquear e destruir.

Agranenko registrou, em seu diário, o que um velho sapador sentia sobre os alemães. "Como a gente deve tratá-los, camarada capitão? Pense nisso. Estavam bem de vida, bem-alimentados, tinham animais, hortas e macieiras. E nos invadiram. Foram até meu *oblast** de Voronej. Por isso, camarada capitão, temos de estrangulá-los." Ele parou. "Tenho pena das crianças, camarada capitão. Apesar de serem filhos do Fritz."

As autoridades soviéticas, sem dúvida para poupar Stalin da responsabilidade pelo desastre de 1941, tinham conseguido inocular um sentimento de culpa coletiva no povo soviético por ter permitido que a Mãe Pátria fosse invadida. Não há dúvida de que a expiação da culpa reprimida aumenta a violência da vingança. Mas muitos motivos da violência eram bem mais diretos. Dmitri Sheglov, comissário político do Terceiro Exército, admitiu que, ao ver as despensas alemãs, ficaram "enojados com a abundância" que encontraram por toda parte. Também odiaram a arrumação organizada da vida doméstica alemã. "Adoraria destruir a socos todas essas filas arrumadinhas de latas e garrafas", escreveu. Os soldados do Exército Vermelho ficaram espantados ao ver aparelhos de rádio em tantas casas. A evidência a seus olhos indicava com toda força que talvez a União Soviética não fosse tanto assim o paraíso dos trabalhadores e camponeses, como lhes tinham dito. As fazendas da Prússia Oriental produziram uma mistura de assombro, inveja, admiração e raiva que alarmou os comissários políticos.

---

*Subdivisão administrativa da União Soviética, que corresponde a uma província ou estado independente. (*N. da T.*)

Os temores dos departamentos políticos do Exército foram confirmados por relatórios dos censores postais do NKVD, que sublinhavam os comentários negativos em azul e os positivos em vermelho. O NKVD aumentou drasticamente a censura das cartas para casa, esperando controlar a maneira como os soldados descreviam o estilo de vida dos alemães comuns e as "conclusões politicamente incorretas" formadas como consequência. O NKVD também horrorizou-se ao descobrir que os soldados estavam mandando cartões-postais alemães para casa. Alguns tinham até "citações antissoviéticas de discursos de Hitler". Isto, pelo menos, forçou os departamentos políticos a fornecer papel de escrita em branco.

Relógios, porcelana, espelhos e pianos foram estraçalhados em casas de classe média que os soldados do Exército Vermelho supuseram ser dos barões alemães. Uma médica militar escreveu de perto de Königsberg: "Você não pode imaginar quantas coisas valiosas foram destruídas pelos Ivans, quantas casas bonitas e confortáveis foram queimadas. Ao mesmo tempo, os soldados estão certos. Não podem levar tudo com eles, neste mundo nem no outro. E quando um soldado quebra um espelho do tamanho da parede, sente-se um pouco melhor. É um tipo de distração liberar a tensão geral do corpo e da mente." Nas ruas das aldeias havia tempestades de neve de travesseiros e edredons de penas eviscerados. Muita coisa também era assombrosamente nova para os soldados criados nas províncias da União Soviética, em especial os uzbeques e turcomenos da Ásia Central. Parece que ficaram espantados ao ver pela primeira vez palitos de dente ocos: "Pensamos que eram canudos para tomar vinho", disse um soldado a Agranenko. Outros, inclusive oficiais, tentaram fumar charutos saqueados, tragando como se fossem um de seus cigarros de jornal recheados do fumo negro ucraniano.

Os objetos tomados como saque costumavam ser jogados fora e pisoteados logo depois. Ninguém queria deixar nada para um "*shtabnaia krisa*" – um "rato do Estado-Maior" – ou, especialmente, um "*tilavaia krisa*" – um "rato da retaguarda", do segundo escalão. Soljenitsin descreveu cenas que pareciam um "mercado tumultuado", com soldados experimentando enormes calcinhas femininas prussianas. Alguns vestiam tantas camadas de roupa sob suas fardas que mal podiam se mover, e as guarnições dos tanques entulhavam tanta coisa pilhada em seus veículos que era espantoso que a torreta ainda conseguisse girar. O suprimento de projetis de artilharia também foi reduzido, porque muitos veículos estavam carregados de saques variados. Os oficiais balançavam a cabeça de desespero com o que seus homens escolhiam como butim, como smokings, para enviar para casa no malote mensal. O idealista Kopelev desaprovava totalmente isso tudo. Via a permissão especial de um malote de 5 quilos como "incitamento direto e inconfundível ao saque". Os oficiais receberam permissão de mandar o dobro. Para os generais e os oficiais da SMERSH mal havia um limite, mas os generais na verdade não precisavam rebaixar-se na pilhagem. Seus oficiais lhes traziam oferendas selecionadas. Até Kopelev escolheu um elaborado fuzil de caça e um conjunto de gravuras de Dürer para o general Okorokov, seu chefe no departamento político da Segunda Frente Bielorrussa.

Um pequeno grupo de oficiais alemães pró-soviéticos foi levado a visitar a Prússia Oriental. Ficaram horrorizados com o que viram. Um deles, o conde von Einsiedel, vice-presidente do Comitê Nacional pela Alemanha Livre, controlado pelo NKVD, disse aos colegas, quando voltou, que "os russos são absolutamente loucos por vodca e todas as bebidas alcoólicas. Estupram mulheres, embebedam-se até desmaiar e põem fogo nas casas". Isso foi logo contado a Beria. Ilia Ehrenburg, o mais feroz de todos os propagandistas, também ficou profundamente abalado com uma visita, mas isso não o fez moderar-se em sua ferocidade na imprensa.

Os soldados do Exército Vermelho nunca foram bem-alimentados durante a guerra. Na maior parte do tempo, ficaram permanentemente famintos. Se não fossem as imensas remessas de carne enlatada e trigo americanos, muitos deles chegariam perto de morrer de fome. Era inevitável que recorressem a viver da terra, embora esta política nunca tivesse sido oficial no Exército Vermelho, como acontecera na Wehrmacht. Na Polônia, roubaram as sementes de milho dos fazendeiros e mataram para comer os poucos animais restantes deixados pelos alemães. Na Lituânia o desejo desesperado de açúcar fez os soldados atacarem colmeias: em suas fileiras, no outono anterior, foram visíveis muitos rostos e mãos dramaticamente inchados pelas picadas de abelhas. Mas as fazendas bem-arrumadas e bem-supridas da Prússia Oriental ofereciam um butim além de seus sonhos. Vacas mugindo de agonia com os úberes repletos porque os que as ordenhavam tinham fugido eram frequentemente mortas a tiros de fuzil ou metralhadora para virarem churrascos improvisados. "Fugiram e deixaram tudo para trás", escreveu um soldado, "e agora temos montes de carne de porco, comida e açúcar. Temos tanta comida agora que podemos escolher."

Embora as autoridades soviéticas soubessem muito bem da retribuição terrível havida na Prússia Oriental, pareciam enraivecidas, na verdade quase ofendidas, ao descobrir que os civis alemães estavam fugindo. As cidades e o campo estavam praticamente despovoados. O chefe do NKVD da Segunda Frente Bielorrussa contou a G. F. Aleksandrov, principal ideólogo do comitê central, que havia "poucos alemães restantes (...) muitos povoados estão completamente abandonados". Deu exemplos de aldeias onde sobrava meia dúzia de pessoas e cidadezinhas com mais ou menos 15 habitantes, quase todos com mais de 45 anos. A "nobre fúria" estava provocando a maior migração em pânico da História. Entre 12 de janeiro e meados de fevereiro de 1945, quase 8,5 milhões de alemães fugiram de suas casas nas províncias orientais do Reich.

Na Prússia Oriental, muitos foram esconder-se nas florestas, especialmente os homens da Volkssturm e as mulheres vulneráveis, rezando para a fúria passar. A imensa maioria, no entanto, começara a fugir logo antes da invasão. Algumas deixaram mensagens para os parentes. "Querido papai!", viu Dmitri Sheglov rabiscado às pressas com giz, com letra infantil, em uma porta. "Vamos fugir para Alt-P. de carroça. Dali para o Reich de barco." Dificilmente algum deles voltaria a ver seu lar. Foi a destruição abrupta e total de toda uma região, com seu próprio caráter e cultura marcantes, enfatizada talvez por ter sido sempre a extremidade da Alemanha na fronteira eslava. Stalin já planejara tomar a metade norte, com Königsberg, como parte da União Soviética. O restante seria entregue a uma Polônia transformada em satélite, como compensação parcial pela anexação de todos os seus territórios orientais como "Bielorrússia Ocidental" e "Ucrânia Ocidental". A Prússia Oriental propriamente dita seria varrida do mapa.

Depois que o Quinto Exército Blindado de Guardas de Rokossovski abriu caminho até a Frisches Haff, as únicas rotas de saída eram por mar, partindo de Pillau, na ponta Sudoeste da península de Samland, ou cruzando o gelo até a Frische Nehrung, a longa ponta de areia que fechava a laguna pelo lado de Dantzig. Talvez os fugitivos mais infelizes tenham sido os que correram para Königsberg, que logo foi isolada por terra. A fuga da cidade não se mostrou nada fácil, principalmente porque as autoridades nazistas não fizeram preparativos para a evacuação de civis e levou algum tempo até que os primeiros navios chegassem a Pillau. Enquanto isso, o cerco da capital da Prússia Oriental tornou-se um dos mais terríveis da guerra.

Os refugiados que chegaram a Frische Nehrung, a ponta de areia da laguna, única rota ainda aberta para o Oeste, receberam pouca piedade dos oficiais da Wehrmacht. Forçaram-nos a sair da estrada, insistindo que esta era para uso exclusivamente militar. Os que tinham transporte tiveram de abandonar suas carroças e pertences e cambalear pelas dunas. Muitos nunca chegaram a Frische Nehrung. No continente, as colunas blindadas soviéticas simplesmente esmagavam quaisquer carroças de camponeses refugiados que ficassem no caminho e varriam os comboios com fogo de metralhadora. Quando um destacamento de tropas blindadas alcançou uma coluna de refugiados em 19 de janeiro, "os passageiros das carroças e veículos foram chacinados".

Embora na Prússia Oriental não existisse nenhum dos campos de concentração mais famosos dos nazistas, um destacamento do NKVD que verificava uma área de florestas perto da aldeia de Kumennen encontrou cem cadáveres de civis em três grupos, na neve. Presumivelmente, eram vítimas de uma marcha da morte. Himmler ordenara a evacuação dos campos quando o Exército Vermelho se aproximou. "Na maioria são mulheres entre 18 e 35 anos", dizia o relatório, "vestidas com roupas esfarrapadas com números e uma estrela de seis pontas na manga esquerda e na frente das roupas. Algumas usavam tamancos. Canecas e colheres estavam presas aos cintos. Os bolsos continham comida – pequenas batatas, rutabagas, grãos de trigo etc. Uma comissão especial de investigação formada por médicos e oficiais determinou que foram mortas à queima-roupa, e todas as mulheres executadas estavam meio mortas de fome." É significativo que não foram identificadas pelas autoridades soviéticas como judias, apesar da menção às estrelas de seis pontas costuradas em suas roupas, mas como "cidadãs da URSS, da França e da Romênia". Os nazistas mataram cerca de 1,5 milhão de judeus soviéticos simplesmente por serem judeus, mas Stalin não queria que nada desviasse a atenção do sofrimento da Mãe Pátria.

4
A grande ofensiva de inverno

Quando os generais alemães dirigiam-se aos seus homens com um tom familiar, chamavam-nos de "*Kinder*" – crianças, filhos. Isto vinha de um sentimento prussiano de paternalismo que se estendia a todo o Estado. "O soldado é o filho do povo", disse o general von Blumentritt no fim da guerra, mas qualquer ideia de vínculo familiar entre a sociedade militar e a civil era, na época, no máximo um excesso de otimismo.

Crescia a raiva pelos sacrifícios inúteis. Agora as pessoas se dispunham a abrigar desertores. Um fazendeiro polonês que estivera em Berlim em 24 de janeiro viu mulheres gritando para os oficiais, sargentos e cabos que conduziam uma coluna de soldados alemães pelas ruas: "Deixem nossos maridos voltarem! Mandem os Faisões Dourados [nazistas importantes] lutar no lugar deles!" Os oficiais do Estado-Maior geral, com suas fardas com largas faixas vermelhas na lateral das calças, pareciam atrair gritos de "Vampiro!" quando avistados por civis. Mas isto não significava que a revolução estivesse no ar, como em 1918, ano que tanto obcecava os nazistas. O adido militar sueco observou que só haveria revolta depois que a comida acabasse. Isso era reconhecido numa frase popular em Berlim: "A luta não vai parar enquanto Göring não couber nas calças de Goebbels."

Poucos tinham ilusões sobre o que estava por vir. O departamento de saúde de Berlim ordenou que os hospitais fornecessem mais 10 mil leitos para civis e outros 10 mil para uso militar como "leitos de catástrofe". Este decreto era típico da burocracia nazista: não levava em conta o efeito do bombardeio e a escassez de recursos e de pessoal médico treinado. Uma coisa era fornecer leitos, mas os médicos e as enfermeiras já estavam desesperadamente sobrecarregados e não havia pessoal suficiente para levar os pacientes para abrigos durante os ataques aéreos. Enquanto isso, os administradores de hospitais tinham de perder tempo negociando com departamentos diferentes do Partido Nazista para conseguir que seus funcionários fossem dispensados da convocação para a Volkssturm, a milícia popular.

A própria Volkssturm nascera no outono anterior, saída da ideologia nazista e das mesquinhas lutas pelo poder. As suspeitas de Hitler de que os líderes do Exército eram, ao mesmo tempo, traiçoeiros e derrotistas, o fez decidir que o controle desta milícia de massas ficaria longe de suas mãos. Himmler, líder das Waffen SS e comandante em chefe do Exército de Reserva desde a conspiração de julho, era o candidato óbvio, mas o ambicioso Martin Bormann tinha decidido que a Volkssturm seria organizada localmente pelos Gauleiters do Partido Nazista, que estavam sob suas ordens. Como quase todos os alemães entre 17 e 45 anos já tinham sido convocados, a Volkssturm era um amálgama de adolescentes e idosos.

Goebbels, agora também comissário de Defesa do Reich em Berlim, lançou uma campanha de propaganda com slogans como "O chamado do Führer é nossa ordem sagrada!" e "Creia! Lute! Vença!". Os cinemas mostravam documentários de homens marchando, idosos e jovens ombro a ombro, destacamentos da Volkssturm recebendo *panzerfaust**, ou granadas propulsadas por foguetes, e depois o juramento de lealdade ao Führer em fileiras agrupadas. A câmera demorava-se no rosto dos que ouviam o discurso de Goebbels. Houve muitos crédulos, ignorantes da realidade militar, que se convenceram com essa mostra de determinação. "Todos os povos do mundo urdiram uma trama contra nós, mas vamos mostrar a eles do que somos capazes", escreveu uma esposa a seu marido soldado. "Ontem houve aqui o juramento de fidelidade de todos no distrito. Você devia ter visto. Nunca vou esquecer a impressão

---

*Arma utilizada durante a Segunda Guerra Mundial. *(N. do E.)*

de força e orgulho. Ainda não sabemos quando serão mandados para a batalha."

O moral dos soldados na Frente, contudo, não se elevou com tudo isso. Muitos ficaram horrorizados ao saber, pelas cartas vindas de casa, que o pai, em alguns casos o avô, ou um irmão mais novo, estavam praticando ordem-unida e treinando tiro todo domingo. Na verdade, a maioria dos alemães, com seu respeito inato pela especialização profissional, estava profundamente cética. "O povo era predominantemente da opinião", contou mais tarde o general Hans Kissel a seus captores, "que, se a Wehrmacht era incapaz de cuidar da situação, a Volkssturm também não conseguiria fazê-lo."

Muitos membros da Volkssturm adivinhavam que seriam lançados inutilmente à batalha com propósitos simbólicos e não tinham esperança de causar algum efeito sobre a matança soviética. Cerca de quarenta batalhões da Volkssturm, formados na Silésia, foram alocados para defender suas fronteiras de Leste e Nordeste. Algumas organizações defensivas de concreto foram construídas, mas como quase não tinham armas antitanque, as forças blindadas soviéticas passaram direto por elas.

NAS ÁREAS INDUSTRIAIS da Alta Silésia, o centro do "ouro" apontado por Stalin, os diretores das empresas alemãs estavam cada vez mais nervosos. Temiam uma revolta dos 300 mil trabalhadores estrangeiros, principalmente poloneses e escravos trazidos da União Soviética, e insistiam em "medidas de segurança contra trabalhadores estrangeiros inimigos" antes que o avanço do Exército Vermelho os encorajasse a sublevar-se. Mas os tanques do marechal Konev estavam mais perto do que eles pensavam.

Os avanços soviéticos também provocaram a evacuação dos campos de prisioneiros de guerra, assim como dos campos de concentração. Guardas e prisioneiros arrastavam-se pela paisagem soturna e coberta de neve sem qualquer ideia de direção ou objetivo. Certo fim de tarde uma coluna de prisioneiros de guerra britânicos passou por um grande grupo de prisioneiros soviéticos com trapos enrolados nos pés nus. "Seus rostos brancos e esfaimados", escreveu Robert Kee, "contrastavam horrivelmente com a barba negra e crescida que os cobria. Só os olhos brilhavam como coisa humana, angustiados e furtivos, mas ainda assim humanos, lampejando um último SOS desesperado da pessoa presa ali dentro." Os britânicos pegaram o que tinham nos bolsos, fosse sabão ou cigarro, e jogaram para eles. Um dos maços de cigarro caiu no chão. Quando um prisioneiro russo curvou-se para pegá-lo, um guarda da Volkssturm correu para pisar em seus dedos estendidos. Depois chutou o homem e começou a golpeá-lo com a coronha do fuzil. Isso provocou "uma gritaria selvagem de fúria" da coluna britânica. "O guarda parou de bater no russo e levantou os olhos, espantado. Obviamente, ficara tão acostumado com a brutalidade que não lhe ocorria mais que seres humanos tivessem o direito de protestar." Então, começou a urrar e balançar a arma de modo ameaçador, mas eles berraram e vociferaram ainda mais. Os guardas dos britânicos chegaram batendo para restaurar a ordem e empurrar o homem da Volkssturm de volta a seus próprios prisioneiros. "Meu Deus!", disse um dos companheiros de Kee. "Perdoarei aos russos qualquer coisa que façam a este país quando chegarem. Qualquer coisa mesmo."

Com Göring totalmente desacreditado, a principal luta pelo poder entre os líderes nazistas era, principalmente, entre Bormann e Himmler. A conspiração de julho aumentara muito o poder de Himmler. Estava encarregado das únicas organizações, as Waffen SS e a Gestapo, que podiam controlar o Exército. Com o estado físico e mental de Hitler gravemente abalado pelo mesmo evento, estava em ótima posição para sucedê-lo como Führer, mas se tinha as qualidades para ser, junto a Hitler, o que Stalin fora para Lenin, como alguns temiam, era outra questão.

Himmler não tinha a aparência certa para o papel. Suas principais características físicas eram queixo reduzido, maxilares pesados e olhos que mais pareciam envidraçados que necessitados de óculos. Para um homem tão frio, tão avesso a qualquer tipo de humanidade, era de espantar que o Reichsführer SS pudesse ser tão ingênuo e complacente. Himmler, certo de que era o segundo na linha da sucessão, subestimou gravemente Martin Bormann, o secretário de pescoço taurino e rosto redondo que planejara seu caminho para conquistar a confiança de Hitler e agora controlava o acesso a ele. Bormann desprezava Himmler secretamente e referia-se a ele com sarcasmo como "Tio Heinrich".

Bormann há muito suspeitava que Himmler, o improvável criador das Waffen SS, no fundo sonhava em ser comandante militar por mérito próprio. Oferecer-lhe os meios de satisfazer esta fantasia era uma boa forma de tirá-lo de Berlim e afastá-lo do centro do poder. No início de dezembro, quase certamente por sugestão de Bormann, Hitler nomeou Himmler comandante em chefe de um pequeno grupo de exércitos no Alto Reno. O Reichsführer SS recusou-se a admitir que o marechal de campo von Rundstedt, comandante em chefe do Ocidente, fosse seu superior. Mas, enterrado na Floresta Negra, no sudoeste da Alemanha, Himmler não percebeu que perdia rapidamente o poder em Berlim. Kaltenbrunner, o líder do Escritório Central de Segurança do Reich que ele mesmo promovera depois do assassinato de Heydrich em Praga, fora conquistado por Bormann, que lhe deu acesso direto a Hitler para receber em pessoa suas instruções. Himmler também não percebeu que seu oficial de ligação no quartel-general do Führer, o SS Gruppenführer Hermann Fegelein, também se passara secretamente para o lado de Bormann.

ENQUANTO OS LÍDERES nazistas tramavam entre si, a Frente do Vístula desmoronara por completo, como Guderian previra. As brigadas blindadas soviéticas não paravam ao anoitecer. Prosseguiam durante as horas de escuridão, explicou um comandante, porque eram "menos vulneráveis no escuro e nossos tanques são atemorizantes à noite".

Unidades soviéticas específicas avançavam às vezes 60 ou 70 quilômetros por dia. "O general alemão", afirmava o coronel Gusakovski, "depois de verificar as posições inimigas no mapa, despia as calças e ia pacificamente para a cama. Atingíamos esse general à meia-noite." Mesmo descontando certo grau de exagero fanfarrão, não há dúvida de que o ímpeto do avanço soviético transtornou o sistema de Estado-Maior alemão. Os relatórios da posição do inimigo na noite anterior, passados pela cadeia de comando, chegavam ao quartel-general do grupo de exércitos às 8 da manhã. O OKH tinha de preparar seu resumo e o mapa da situação a tempo para a conferência de Hitler ao meio-dia. Esta podia durar um bom tempo. Freytag von Loringhoven, assistente militar de Guderian, lembrava-se de uma que durou sete horas. Assim, as ordens dadas com base nas instruções de Hitler só chegavam às unidades da linha de frente 24 horas depois de seus relatórios sobre a situação.

Nesse teatro de política de poder, a contribuição de estranhos às discussões operacionais raramente era construtiva. Costumavam ser em proveito próprio, ainda mais se houvesse oportunidade de marcar pontos contra um rival em disputa. Göring agora parecia desprovido de fineza maquiavélica. Não tinha nenhuma ideia de estratégia militar, mas discursava longamente, o corpanzil inclinado sobre a mesa dos mapas, deixando-a invisível para todos. Depois de dar o seu vexame, recolhia-se a uma cadeira próxima. Hitler, espantosamente resignado, não o repreendia quando caía no sono à vista de todos os presentes. Certa ocasião, Freytag von Loringhoven observou Göring adormecido numa cadeira. A cópia do mapa dobrada sobre seu rosto deixava-o parecido com um caixeiro-viajante de antes da guerra cochilando num trem.

Os MOTORISTAS DOS blindados soviéticos estavam tão exaustos que também adormeciam com frequência, mas um tanque T-34 ou Stalin podiam aguentar bem mais que um veículo comum caso batesse em alguma coisa. Com certeza, os capacetes acolchoados de couro ou lona dos tanquistas eram necessários dentro dos balouçantes monstros de aço. As guarnições mantinham-se acordadas, em boa parte, pela euforia da perseguição. A visão de equipamento alemão abandonado provocava um prazer feroz. "Eles não vão ter chance de descansar", juravam. Exultavam, acima de tudo, com a surpresa que estavam provocando na retaguarda alemã.

Ao mais leve sinal de resistência determinada, os comandantes soviéticos preparavam a artilharia pesada. Vasili Grossman observou "disciplinados prisioneiros alemães" marchando para a retaguarda, alguns ainda sob o choque dos bombardeios maciços da artilharia. "Um deles estica o dólmã e cumprimenta qualquer carro que passe", rabiscou em seu caderno.

Os EXÉRCITOS DE JUKOV continuaram seu avanço para nordeste, praticamente sem oposição, durante a terceira semana de janeiro. O Segundo Exército Blindado de Guardas e o Quinto Exército de Choque continuaram sua parceria à direita, enquanto o Primeiro Exército Blindado de Guardas e o Oitavo Exército de Guardas cooperavam intimamente à esquerda. Nem o quartel-general da Primeira Frente Bielorrussa conseguia acompanhar seu progresso, dando às vezes ordens de tomar objetivos que já tinham sido conquistados. Quando o general Vasili Tchuikov e seu Oitavo Exército de Guardas avistaram a cidade industrial de Lodz, em 18 de janeiro, cinco dias antes do prazo marcado, decidiu atacar sem consultar o quartel-general da Frente. Mas quando suas divisões de infantaria se desdobraram para o ataque pela manhã, quase foram bombardeadas pela aviação do Exército Vermelho. À noite, a cidade estava em suas mãos. Os soldados alemães mortos nas ruas tinham sido, em muitos casos, vítimas de patriotas poloneses que efetuavam "suas execuções impiedosas, mas justas".

Em 24 de janeiro, Tchuikov, considerado o melhor general para combate urbano como resultado de sua experiência em Stalingrado, recebeu ordens de tomar Poznam (Posen). Ao receber a mensagem, perguntou-se se o quartel-general de Jukov sabia alguma coisa sobre aquela maciça fortaleza da Silésia.

A Primeira Frente Ucraniana de Konev, ao sul, tivera um avanço muito mais curto até a fronteira do Reich. Para começar, conseguiram surpreender os alemães em Cracóvia e libertar a cidade sem maiores danos. Mas a rapidez do avanço produziu também complicações inesperadas. Os exércitos de Jukov e de Konev tinham capturado dezenas de milhares de soldados alemães, muitos dos quais fugiram à captura e tentavam desesperadamente abrir caminho para oeste, escondendo-se nas florestas durante o dia. Alguns deles emboscavam homens de passagem do Exército Vermelho só para tomar-lhes os embornais. Meshik, chefe do NKVD da Primeira Frente Ucraniana de Konev, informou a Beria que seus regimentos de infantaria, encarregados da segurança da retaguarda, envolviam-se em escaramuças com grupos de até duzentos soldados inimigos extraviados.

Grandes colunas, de formações principalmente motorizadas, também retiravam-se rumo ao Reich, tentando encontrar um caminho pela massa de exércitos soviéticos. Eram conhecidas como "caldeirões ambulantes", combatendo para abrir caminho ou escapulindo de um cerco a outro, canibalizando veículos para continuar em frente e destruindo impiedosamente canhões e equipamento que não podiam mais ser usados. O mais forte e conhecido deles baseava-se no Corpo Panzer do general Nehring. Absorvia soldados e unidades extraviados e destruía os veículos que enguiçavam ou ficavam sem combustível. Chegou até a sacrificar dois tanques para improvisar uma ponte sobre a qual os veículos mais leves passaram correndo antes que desmoronasse. Nehring, auxiliado pela escolha acidental de uma rota que passava mais ou menos pelo limite entre os exércitos de Jukov e os de Konev, conseguiu evitar grandes engajamentos. Numa rápida mensagem pelo rádio, Nehring soube que o Corpo *Grossdeutschland* do general von Saucken tentaria fazer contato com eles. Isso foi conseguido sob forte neblina em 21 de janeiro. O grupo, então, retirou-se para a segurança do outro lado do Oder, em 27 de janeiro.

No mesmo dia em que Nehring cruzou o Oder, o crime quase inacreditável do regime nazista foi revelado 200 quilômetros a sudeste. O 60º Exército de Konev descobriu a rede de campos em torno de Auschwitz. Tropas de reconhecimento da 107ª Divisão de Infantaria, algumas a cavalo, com submetralhadoras penduradas às costas, saíram das florestas cobertas de neve para descobrir o símbolo mais sinistro da História Moderna.

Os oficiais soviéticos, ao perceberem o que tinham encontrado, convocaram todas as equipes médicas disponíveis para cuidar dos 3 mil prisioneiros doentes, muitos perto demais da morte para serem salvos. Estavam fracos demais para andar quando as SS começaram a evacuar os campos por nove dias. Os oficiais soviéticos começaram a interrogar alguns dos presos. Adam Kurilowicz, ex-presidente do sindicato dos ferroviários poloneses, que estivera no campo desde junho de 1941, disse-lhes como foram realizados os primeiros testes das recém-construídas câmaras de gás em 15 de setembro de 1941, com oitenta prisioneiros do Exército Vermelho e seiscentos poloneses. O professor Mansfeld, cientista húngaro, falou-lhes das "experiências médicas", que incluíam injeções de ácido carbólico, método usado para matar 140 meninos poloneses. As autoridades do Exército Vermelho estimaram que mais de 4 milhões de pessoas foram mortas, embora depois se tenha comprovado que esta era uma considerável superestimação. Um fotógrafo do Exército foi convocado para registrar o portão Arbeit-Macht-Frei coberto de neve, as crianças mortas com a barriga inchada, as meadas de cabelo humano, os cadáveres de boca aberta e os números tatuados nos braços dos esqueletos vivos. Tudo isso foi mandado para Aleksandrov, diretor de propaganda do Exército Vermelho em Moscou. Mas, além de um relatório publicado em 9 de fevereiro no jornal do Exército Vermelho *Stalinskoie Znâmia* (*Bandeira de Stalin*), a União Soviética suprimiu qualquer notícia sobre Auschwitz até 8 de maio, quando a guerra acabou.

Um oficial soviético também descobriu uma ordem de Himmler concordando em "retardar a execução dos prisioneiros russos enviados aos campos que estejam em condições físicas suficientemente boas para quebrar pedras". Naquele inverno, prisioneiros russos, "muitos vestidos com camisas do exército ou só com roupa de baixo e sem chapéu", foram arrastados para fora com cassetetes e chicotes sob a temperatura de 25 graus negativos. Os pouquíssimos que voltaram vivos sofriam de congelamento extremo. Não poderiam sobreviver sem tratamento médico, que era inexistente. O fato de que a Wehrmacht estivera entregando prisioneiros de guerra sob sua responsabilidade para extermínio pelas SS só poderia endurecer ainda mais o coração do vingativo Exército Vermelho. Descobriram até, com um intérprete do Estado-Maior alemão, que, em pelo menos um campo para soldados do Exército Vermelho, "todos os prisioneiros, ao chegarem, tinham ordem de despir-se: os declarados judeus eram mortos ali mesmo". Mais uma vez, as autoridades soviéticas só estavam interessadas em crimes contra cidadãos e soldados soviéticos. No entanto, para os soldados do Exército Vermelho as evidências diante de seus olhos passaram uma mensagem clara. Não fariam prisioneiros.

SE AQUELES DIAS de janeiro foram desastrosos para a Wehrmacht, foram muito mais terríveis para os vários milhões de civis que tinham fugido de seus lares na Prússia Oriental, na Silésia e na Pomerânia. Famílias de lavradores que haviam sobrevivido durante séculos aos invernos mais duros agora percebiam com horror como eram vulneráveis. Enfrentaram um clima impiedoso com a casa queimada e a despensa saqueada ou destruída na retirada. Poucos admitiam, contudo, que há pouco tempo fora este o destino dos camponeses poloneses, russos e ucranianos nas mãos de seus próprios irmãos, filhos e pais.

As "marchas" que partiam das regiões ao longo da costa do Báltico – Prússia Oriental, Prússia Ocidental e Pomerânia – dirigiam-se para o Oder e para Berlim. As que vinham mais do sul, da Silésia e do Wartheland, rumavam para o Neisse, ao sul de Berlim. A imensa maioria dos refugiados era de mulheres e crianças, já que quase todos os homens haviam sido alistados na Volkssturm. A variedade de meios de transporte ia de carrinhos de mão e de bebê para os que iam a pé até todo tipo de carroça, charrete e até um ou outro landau, exumado dos estábulos de algum castelo. Dificilmente se via algum veículo a motor, porque a Wehrmacht e o Partido Nazista já os tinham requisitado, assim como todo o combustível. O avanço era dolorosamente lento, e não só devido à neve e ao gelo. As colunas iam parando porque as carroças estavam sobrecarregadas e os eixos quebravam. Carroças de feno, cheias de objetos domésticos, presuntos, barriletes e potes de comida, eram transformadas em carros cobertos com uma armação tosca e tapetes jogados por cima. Colchões lá dentro forneciam algum alívio para mulheres grávidas e mães em aleitamento. Nas superfícies geladas, os cavalos mal-alimentados trabalhavam duro. Algumas carroças eram puxadas por bois, cujos cascos não ferrados desgastavam-se totalmente pelas estradas, deixando manchas de sangue na neve. E quando um animal morria, o que era bem frequente, raramente havia tempo de carneá-lo para comer. O medo do inimigo impelia os refugiados.

À noite as colunas dirigiam-se a aldeias próximas, onde muitas vezes deixavam-nas acampar nos celeiros e estábulos das casas senhoriais. Os proprietários recebiam bem os colegas aristocratas que fugiam da Prússia Oriental, como se fossem hóspedes extras que chegassem para uma festa de caça. Perto de Stolp, na Pomerânia Oriental, o barão Jesko von Puttkamer matou um porco para alimentar refugiados famintos em fuga. Um funcionário nazista "de pernas curtas e barrigudo" apareceu para avisá-lo que matar um animal sem permissão era "um crime grave". O barão gritou para que ele saísse de sua propriedade ou o mataria também.

Os que escaparam da Prússia Oriental de trem não estavam em melhores condições. Em 20 de janeiro um trem de carga sobrecarregado de gente parou lentamente na estação de Stolp. "Formas amontoadas, rígidas de frio, incapazes ainda de ficar de pé e descer; roupas leves, a maioria em farrapos, alguns cobertores sobre ombros curvados; rostos cinzentos e ocos." Ninguém falava. Pacotinhos duros foram removidos dos vagões e deixados na plataforma. Eram crianças que tinham morrido congeladas. "Do silêncio vieram os gritos de uma mãe que não queria entregar o que tinha perdido", recordou uma testemunha. "Fui tomada de horror e pânico. Nunca vira tanto sofrimento. E por trás dessa imagem, uma visão aterrorizante e poderosa se elevou: éramos essas pessoas; era isto que nos esperava."

O clima iria piorar muito mais na semana seguinte, com temperaturas caindo, à noite, de dez graus abaixo de zero para trinta. Além disso, outro meio metro de neve caiu na última semana de janeiro, criando bancos que às vezes nem os tanques conseguiam ultrapassar. Mas a migração em pânico aumentou. Enquanto as forças soviéticas rumavam para Breslau, capital da Silésia que Hitler transformara em fortaleza a ser defendida até o último homem e a última bala, camionetes com alto-falantes ordenavam aos civis que abandonassem a cidade o mais depressa possível. Refugiados morreram pisoteados na corrida aos trens. Não havia como evacuar feridos ou doentes. Receberam, cada um, uma granada para usar em si e nos russos. Os trens não eram sempre os meios de transporte mais garantidos. Viagens que costumavam demorar três horas "em épocas normais", como observou um relatório sobre os refugiados, estavam levando 21 horas.

Ilse, irmã de Eva Braun que morava em Breslau, foi uma das que fugiram de trem. Um carro oficial pegou-a na Schlesischer Bahnhof em Berlim, na manhã de 21 de janeiro, e levou-a ao hotel Adlon, onde Eva morava. Jantaram juntas naquela noite na biblioteca da Chancelaria do Reich. Eva, que não tinha noção do tamanho do desastre no Leste, conversou como se a irmã pudesse voltar a Breslau depois de umas feriazinhas. Ilse não conseguiu controlar-se. Descreveu os refugiados fugindo pela neve com medo do inimigo. Estava tão zangada que disse a Eva que Hitler estava arrastando o país inteiro para o abismo. Eva ficou profundamente chocada e furiosa. Como ela podia dizer essas coisas sobre o Führer, que fora tão generoso e até se oferecera para abrigá-la no Berghof? Merecia ser levada ao paredão e fuzilada.

Em 29 de janeiro as autoridades nazistas calcularam que "cerca de 4 milhões de pessoas das áreas evacuadas" dirigiam-se ao centro do Reich. Esta era, claramente, uma subestimação. O número subiu para 7 milhões em 15 dias e para 8,35 milhões em 19 de fevereiro. No final de janeiro, 40 mil a 50 mil refugiados chegavam por dia a Berlim, principalmente de trem. A capital do Reich não deu boas-vindas a suas vítimas. "A Friedrichstrasse Bahnhof* tornou-se a estação central do destino da Alemanha", escreveu uma testemunha. "Cada novo trem que chega descarrega uma massa de sofrimento amorfo na plataforma." Em sua dor, podem não ter notado o letreiro que ali proclamava: "Cães e judeus não têm permissão de usar a escada rolante!" Logo medidas enérgicas foram tomadas pela Cruz Vermelha alemã para fazer os refugiados partirem da Anhalter Bahnhof o mais depressa possível ou para forçar os trens a contornar Berlim. As autoridades temiam "doenças infecciosas como o tifo" e uma epidemia na capital. Outras doenças que receavam que os refugiados disseminassem eram disenteria, paratifo, difteria e escarlatina.

Um bom exemplo do caos encontrava-se nos números de Dantzig. Em 8 de fevereiro estimava-se que havia, na cidade, de 35 mil a 40 mil refugiados, mas que deveria esperar 400 mil. Dois dias depois, decidiu-se que o número de 400 mil já tinha, na verdade, sido atingido. Sem terem se preparado para o desastre que Hitler recusara-se a admitir, as autoridades nazistas tinham agora de recuperar o tempo perdido caso desejassem reter alguma autoridade. Fizeram muito estardalhaço sobre o uso de Junkers 88 da Luftwaffe para lançar suprimentos para colunas famintas e presas na neve, mas queixavam-se, reservadamente, de que isso era "um desgaste terrível" de suas reservas de combustível.

Criaram-se depósitos de alimentos para refugiados em torno de Dantzig, que logo foram saqueados por soldados alemães com rações reduzidas. Mas a área com necessidade mais urgente de ajuda ainda era a Prússia Oriental, onde o primeiro navio para evacuar refugiados só chegou em 27 de janeiro, 14 dias depois do ataque de Tcherniakovski. Outras embarcações com suprimentos de pão e leite condensado para os civis só

---

*Estação ferroviária (*Bahnhof*) da rua Friedrich (*Friedrichstrasse*). (*N. da T.*)

partiram no início de fevereiro. Inevitavelmente, parte do auxílio nunca chegou. Uma aeronave com 2 mil latas de leite condensado foi abatida em uma das primeiras tentativas de enviar suprimentos pelo ar.

Os DOIS GRUPOS de exércitos de Tcherniakovski e Rokossovski tinham empurrado os remanescentes dos três exércitos alemães que defendiam a Prússia Oriental para três bolsões de costas para o mar. Os exércitos do flanco esquerdo de Rokossovski tinham capturado as cidades-fortaleza dos Cavaleiros Teutônicos na margem oriental do Vístula e Marienburg, no Nogat. Isso obrigou o Segundo Exército alemão a voltar para o estuário do Vístula, embora ainda mantivesse a restinga de Frische Nehrung. E com uns 30 centímetros de gelo na laguna de Frisches Haff, os refugiados ainda podiam alcançar a pé o continente e daí seguir para Dantzig. Enquanto isso, o flanco direito de Rokossovski teve de reorganizar-se rapidamente para enfrentar a tentativa alemã de romper o cerco rumo a oeste.

Hitler estava obcecado com a ideia de manter a linha de defesa dos lagos da Masúria. Ficou incandescente de fúria quando soube que o general Hossbach, comandante do Quarto Exército, abandonara sua pedra fundamental, a fortaleza de Lötzen, em 24 de janeiro. Até Guderian ficou abalado com a notícia. Mas tanto Hossbach quanto seu superior, o general Reinhardt, estavam decididos a romper o cerco de Rokossovski e evitar outra Stalingrado. Seu ataque, um aríete que permitisse aos civis escapar também, começou na noite clara e gelada de 26 de janeiro. A ofensiva súbita esmagou o 48º Exército soviético e quase chegou a Elbing, que o Segundo Exército alemão conseguira manter depois da primeira escaramuça de tanques nas ruas. Mas em três dias de combates num frio feroz e neve profunda os exércitos de Rokossovski detiveram o avanço. Hitler destituiu Reinhardt e Hossbach, cujas divisões foram então empurradas para trás no que ficou conhecido como o

100

Kessel, ou caldeirão de Heiligenbeil, um quadrilátero irregular de costas para a Frisches Haff. Mais de 600 mil civis também ficaram presos ali.

A Terceira Frente Bielorrussa, enquanto isso, cercara inteiramente Königsberg por terra. A grande guarnição da cidade, do Terceiro Exército Panzer, ficou assim isolada da península de Samland, que levava ao pequeno porto báltico de Pillau, na boca da laguna. Quase 200 mil civis também ficaram presos na cidade, com pouco para comer. Essa política forçou 2 mil mulheres e crianças por dia a realizar a arriscada jornada a pé, sobre o gelo, para a já desesperadamente superpopulosa Pillau. Centenas chegaram a caminhar pela neve rumo às tropas soviéticas para pedir comida e entregar-se à sua duvidosa misericórdia. O primeiro vapor de Pillau, levando 1.800 civis e 1.200 feridos, só chegou a lugar seguro em 29 de janeiro. O Gauleiter Koch, depois de condenar os generais Reinhardt e Hossbach por tentarem abrir caminho para fora da Prússia Oriental e ordenar aos defensores de Königsberg que lutassem até o último homem, fugiu de sua própria capital. Depois de uma visita a Berlim, voltou para a muito mais segura Pillau, onde montou um grande espetáculo para organizar a evacuação marítima, usando as comunicações por rádio da Kriegsmarine, antes de mais uma vez escapulir.

Pillau não podia abrigar navios muito grandes, e assim o principal porto marítimo para evacuações do litoral do Báltico era Gdynia (ou Gotenhafen), logo ao norte de Dantzig. O almirante Dönitz só deu as ordens da Operação Aníbal – evacuação em massa de refugiados usando quatro grandes navios – em 21 de janeiro. Em 30 de janeiro, o *Wilhelm Gustloff*, maior navio de cruzeiro da Alemanha, da "Força pela Alegria", projetado para levar 2 mil passageiros, zarpou levando entre 6.600 e 9 mil pessoas a bordo. Naquela noite, escoltado por uma única lancha-torpedeira, foi perseguido por um submarino soviético da Frota do Báltico. O capitão A. I. Marinesco disparou três torpedos. Todos acertaram o alvo. Refugiados exaustos, despertos de seu sono, entraram em pânico. Houve uma corrida desesperada para chegar aos barcos salva-vidas. Muitos ficaram isolados nos porões quando o mar gelado invadiu: a temperatura do ar do lado de fora era de 18 graus abaixo de zero. Os salva-vidas lançados foram virados por refugiados em desespero que pulavam da amurada. O navio afundou em menos de uma hora. De 5.300 a 7.400 pessoas perderam a vida. Os 1.300 sobreviventes foram salvos por embarcações lideradas pelo cruzador pesado *Almirante Hipper*. Foi o maior desastre marítimo da História.

Os historiadores russos, até hoje, ainda se agarram à versão soviética oficial e afirmam que o navio levava "mais de 6 mil hitleristas a bordo, dos quais 3.700 eram tripulantes de submarinos". O principal interesse da Rússia parece ser não o destino das vítimas, mas o do triunfante comandante de submarino A. I. Marinesco. A recomendação de torná-lo Herói da União Soviética foi negada pelo NKVD porque ele tivera um caso com uma cidadã estrangeira, crime pelo qual escapou por pouco do julgamento e da condenação automática ao Gulag. Só em 1990, "às vésperas do 45º aniversário da vitória", ele foi, póstuma e finalmente, elevado a Herói da União Soviética.

UM DOS EFEITOS colaterais da migração em massa foi uma crise de combustível e de meios de transporte na Alemanha. O fornecimento de carvão foi interrompido pela necessidade de carroças para levar refugiados pela Pomerânia. Em alguns lugares, os padeiros ficaram incapacitados de assar seu pão. A situação geral era, então, tão desesperada que, "para salvar o Reich", a prioridade total dos trens de carga foi tomada dos refugiados e devolvida à Wehrmacht e à distribuição de combustível. Esta decisão foi tomada em 30 de janeiro, 12º aniversário da chegada do Partido Nazista ao poder.

Alguns generais viam os refugiados civis não com piedade, como principais vítimas da vingança soviética à invasão da Wehrmacht, mas apenas como um grave incômodo. Um dos comandantes prediletos de Hitler, o general Schörner, dera ordens para que uma zona de 30 quilômetros na margem Leste do alto Oder fosse reservada para operações militares. Também queixou-se aos brados que os refugiados estavam atrapalhando a atividade militar e requisitou do marechal de campo Keitel uma ordem para que as "evacuações agora cessem". Isto significava, presumivelmente, que estava pronto a tomar medidas punitivas contra civis que fugiam do Exército Vermelho.

As autoridades nacional-socialistas às vezes tratavam os refugiados alemães quase tão mal quanto os prisioneiros de campos de concentração. Os administradores locais, os Kreisleiters, fugiam à responsabilidade por eles, especialmente se estivessem doentes. Três trens de carga levavam refugiados entulhados em vagões abertos para Schleswig-Holstein. Só um deles levava 3.500 pessoas, na maioria mulheres e crianças. "Essas pessoas estavam num estado pavoroso", afirmava um relatório. "Estavam infestadas de piolhos e tinham muitas doenças, como sarna. Depois da longa viagem ainda havia muitos mortos caídos nos vagões. Muitas vezes o conteúdo dos trens não era descarregado em seu destino, mas enviado para outro Gau.* Fora isso, tudo está em ordem em Schleswig-Holstein."

O próprio Hitler decidiu que seria boa ideia encher o "Protetorado" da Tchecoslováquia ocupada com refugiados alemães. "Ele é da opinião", explicou um funcionário, "que se os tchecos virem a miséria não serão tentados a entrar para um movimento de resistência." Este acabou sendo mais um erro de cálculo, na intenção e no efeito. Menos de três semanas depois,

---

*Distrito. (*N. da T.*)

103

chegou um relatório avisando que os tchecos, ao verem essa prova da derrota alemã, não perderam tempo para preparar seu próprio governo, a ser liderado por Benes.

A CRISE DO nacional-socialismo não deixou de afetar o exército. Hitler convenceu-se de que tudo daria certo caso um líder militar suficientemente impiedoso e ideológico fosse nomeado para defender o Reich no Leste. O general Guderian mal pôde acreditar no que ouvia quando Hitler decidiu, em 24 de janeiro, que Himmler, o Reichsführer das SS, comandaria o novo Grupo de Exércitos do Vístula entre a Prússia Oriental e os restos do abalado grupo de exércitos de Reinhardt na Silésia. A decisão de Hitler, sem dúvida, também foi influenciada por sua ameaça a Guderian, alguns dias antes, de esmagar o "sistema do Estado-Maior geral" e vingar-se de um "grupo de intelectuais" que pretendiam "impor suas opiniões aos superiores".

Naquela tarde, o coronel Hans Georg Eismann, do Estado-Maior geral, recebeu ordens para dirigir-se a Schneidemühl. Passaria a ser o principal oficial de operações no quartel-general do Grupo de Exércitos do Vístula. Eismann nunca ouvira falar desse grupo de exércitos. O general encarregado de nomear os oficiais do estado-maior explicou-lhe que acabara de ser constituído. Eismann ouviu com o mesmo espanto de Guderian que Himmler seria seu comandante em chefe.

Eismann não tinha escolha senão partir para o leste naquela noite num Kübelwagen, o pesado equivalente alemão do jipe. Enquanto passavam pela noite gelada ao longo da Reichsstrasse 1, "toda a extensão de caos e sofrimento" ficou clara para ele. "Em todas as estradas podiam-se ver comboios intermináveis de refugiados vindos do leste." A maioria dava uma impressão exaustiva de falta de objetivo.

Eismann esperava fazer uma ideia mais clara da situação quando chegasse a seu destino mas, como logo descobriu, o quartel-general do Grupo de Exércitos do Vístula era diferente

104

de todos os outros. Em Schneidemühl perguntou o caminho a um controlador do tráfego militar, mas, evidentemente, sua localização era um segredo cuidadosamente guardado. Felizmente avistou o major von Hase, que conhecia, e finalmente recebeu informações.

O quartel-general ficava a bordo do trem especial de Himmler, o *Sonderzug* Steiermark*, uma linha negra e longa de carros-dormitório com vagões antiaéreos engatados. Sentinelas SS armados ficavam na plataforma a intervalos regulares. Num "carro-refeitório muito elegante", Eismann encontrou um jovem Untersturmführer** que o levou pelo trem para encontrar o Reichsführer das SS e comandante em chefe.

Himmler estava sentado a uma escrivaninha em seu salão. Quando se levantou para cumprimentar seu visitante, Eismann descobriu que sua mão era "macia como a de uma mulher". O novo oficial de operações, que só o vira em fotografias ou a distância, estudou-o cuidadosamente. O Reichsführer SS usava óculos e não vestia sua costumeira farda negra das SS, mas o cinza de campanha, presumivelmente para enfatizar seu papel militar. Era um pouco flácido, com a parte superior do corpo longa demais. O queixo recuado e os olhos estreitos davam-lhe uma aparência "levemente mongólica". Levou Eismann até uma mesa grande para estudar o mapa de operações. Eismann viu que estava pelo menos 24 horas desatualizado.

"O que temos para fechar esta brecha e criar uma nova Frente?", perguntou Eismann. Não eram novidade para ele as crises exacerbadas, quando não criadas, pelo quartel-general do Führer. Em dezembro de 1942, fora ele o oficial enviado até

---

*Sonderzug: trem especial. (*N. da T.*)
**Nas SS, corresponde ao segundo-tenente do Exército britânico, segundo tabela existente nos anexos do livro em http://www.antonybeevor.com. (*N. da T.*)

o cerco de Stalingrado, por ordem do marechal de campo von Manstein, para discutir a situação com o general Paulus.

Himmler respondeu com todos os clichês sem sentido de seu mestre: "contra-ataque imediato", "golpear seu flanco" e assim por diante. Suas respostas eram destituídas de qualquer conhecimento militar básico. Eismann teve a impressão "de que era um cego falando de cores". Perguntou, então, que formações em condições de combate estavam à disposição. Himmler não tinha ideia. Parecia ignorar o fato de que o Nono Exército praticamente só existia no nome. Só uma coisa estava clara. O Reichsführer das SS não apreciava perguntas diretas, ao estilo do Estado-Maior geral.

Acontece que ao quartel-general do Grupo de Exércitos do Vístula faltavam não só oficiais com instrução de Estado-Maior como organização de suprimentos e transporte e um destacamento de sinaleiros. O único meio de comunicação era o telefone do chefe do Estado-Maior. E além do mapa rodoviário que Eismann trouxera em sua viagem de Berlim, o quartel-general só tinha um outro mapa. Até os oficiais do Estado-Maior geral que tinham sofrido desastres anteriores achavam difícil avaliar o grau de incompetência e irresponsabilidade da "Kamarilla de Hitler".

Himmler, ainda decidido a realizar um contra-ataque, queria juntar alguns restos de regimentos e batalhões. Eismann sugeriu um comandante de divisão que tivesse pelo menos um estado-maior e comunicações para organizá-lo, mas Himmler insistiu num comandante de corpo para que ficasse mais impressionante. Escolheu o Obergruppenführer* Demmlhuber. (Os oficiais do Exército tinham apelidado Demmlhuber de

---

*Nas SS, correspondia ao tenente-general do Exército britânico, segundo tabela existente nos anexos do livro em http://www.antonybeevor.com mas não há correspondências com os postos do Exército brasileiro. (*N. da T.*)

"Tosca", por causa de um conhecidíssimo perfume com aquele nome que suspeitavam que usasse.) Foi montado para o corpo um estado-maior improvisado e no dia seguinte Demmlhuber assumiu. Ele, que tinha mais experiência que Himmler, não ficou muito contente com a tarefa a ele confiada. A operação, se é que merecia este nome, foi um completo fracasso, e Demmlhuber tornou-se um dos pouquíssimos generais das Waffen SS a ser destituído. Talvez isto tenha provocado piadas dos amantes da ópera no Estado-Maior do Exército, porque "Tosca" talvez tivesse sido empurrado, mas pelo menos não teve de pular.*

Outro oficial das Waffen SS chegou para assumir o cargo de chefe do estado-maior do grupo de exércitos. Era o Brigadeführer** Lammerding, ex-comandante da Divisão Panzer SS *Das Reich*. Embora comandante respeitado, tinha pouca experiência de estado-maior e nenhuma tendência a fazer concessões. Enquanto isso, o avanço soviético sobre Schneidemühl forçou o quartel-general do Grupo de Exércitos do Vístula a retirar-se para o norte, rumo a Falkenburg. Schneidemühl, considerada por Hitler uma fortaleza, assim como Poznan, foi abandonada a seu destino, com oito batalhões de Volkssturm, alguns engenheiros e pouca artilharia de fortaleza. O dogma de Hitler, "De onde já esteve, o soldado alemão nunca se retira", continuava a ser a senha.

Um batalhão pomerânio da Volkssturm, a caminho de Schneidemühl em um trem vindo de Stolp, passou pelo *Steiermark* de Himmler. Este chamado "batalhão" era comandado pelo barão Jesko von Puttkamer, proprietário de terras que ameaçara o funcionário nazista barrigudo. Ele e seus

---

*No final da ópera *Tosca*, a heroína que dá nome à obra, depois de assistir ao fuzilamento de seu amado, lança-se do parapeito da torre onde estava. (*N. da T.*)

**Nas SS, correspondia ao brigadeiro do Exército britânico, segundo tabela existente nos anexos do livro em http://www.antonybeevor.com. (*N. da T.*)

oficiais, vestindo seus uniformes da Primeira Guerra Mundial, tinham trazido as antigas pistolas de serviço. Seus homens, na maioria fazendeiros e lojistas, não tinham arma alguma, só braçadeiras da Volkssturm. Deveriam receber armas em Schneidemühl. De repente, o trem caiu sob o fogo dos tanques soviéticos. O maquinista conseguiu parar e reverter com prontidão notável.

Assim que ficaram bem longe do perigo, Puttkamer ordenou a seus homens que saíssem do trem. Então conduziu-os de volta a Stolp marchando pela neve que chegava aos joelhos, com os mais fortes na frente para abrir caminho para o restante. Recusou-se a permitir que morressem à toa. Ao voltarem, os habitantes da cidade receberam-no como herói na Stephansplatz, em frente à prefeitura. Mas o barão von Puttkamer retirou-se para casa com a alma ferida e guardou a antiga farda, que fora desonrada "por esses Hitlers e Himmlers".

5
O avanço para o Oder

Na quarta semana de janeiro Berlim aparentava um estado de "histeria e desintegração". Havia dois alertas de ataques aéreos por noite, um às 8 horas e o seguinte às 11. Os refugiados dos territórios orientais faziam relatos terríveis do destino daqueles pegos pelo Exército Vermelho. A Hungria, última aliada da Alemanha nos Bálcãs, alinhava-se agora abertamente com a União Soviética, e boatos do rápido avanço dos exércitos blindados soviéticos levavam a previsões de que toda a Frente Oriental estava se desintegrando. Soldados rasos torciam para

que o inimigo só matasse oficiais e SS e trabalhadores e pequenos funcionários tentavam convencer-se de que os russos não
lhes fariam mal.

As notícias mais exatas da situação da Frente Oriental eram
passadas pelos ferroviários. Muitas vezes sabiam até onde o
inimigo avançara antes do Estado-Maior geral. Cada vez mais
alemães se arriscavam ouvindo a BBC para descobrir o que
estava mesmo acontecendo. Caso denunciados à Gestapo por
um vizinho, cumpririam pena em um campo de concentração.
Mesmo assim, muitos que eram fiéis a Hitler e Goebbels ainda
acreditavam apaixonadamente em cada palavra das notícias na
versão do "Promi", o Ministério da Propaganda.

O transporte público ainda era consertado e as pessoas
continuavam sua luta para trabalhar todos os dias entre as
ruínas. Mas cada vez mais gente dava um jeito de passar a
noite em apartamentos mais próximos ao trabalho. O saco
de dormir tornara-se um equipamento dos mais essenciais.
Camas de campanha também eram necessárias para parentes
e amigos que fugiam do leste ou que haviam sido bombardea-
dos em Berlim. Os que tinham boas ligações discutiam formas
diferentes de escapar da capital. Boatos sobre donos de terras
fuzilados sumariamente por soldados soviéticos na Prússia
Oriental os convenceram de que as classes superiores, como
um todo, seriam alvos. A propaganda soviética visava quase
tanto a erradicação do "militarismo dos Junkers" quanto a do
nacional-socialismo.

Os que tentavam partir tinham de ser cuidadosos, porque
Goebbels declarara que sair de Berlim sem permissão equivalia a deserção. Em primeiro lugar, precisavam de uma permissão de viagem, que só podia ser obtida com algum histórico
de trabalho essencial fora da capital. Muitos dos que tinham de
fato alguma viagem oficial a fazer para fora de Berlim recebiam o conselho sussurrado por colegas invejosos: "Não volte.
Fique lá." Quase todo mundo sonhava em procurar proteção

em algum canto tranquilo do campo onde as fazendas ainda tinham comida. Alguns chegaram a investigar a possibilidade de comprar passaportes falsos, e diplomatas estrangeiros viram-se repentinamente cercados de amigos. Os funcionários dos ministérios tiveram sorte. Foram evacuados para o sul nas semanas seguintes.

O mais ameaçador de tudo era a onda de execuções realizadas pelas SS por ordem de Himmler. Em 23 de janeiro, com o Exército Vermelho já invadindo as antigas fronteiras do Reich, vários membros da resistência alemã, ligados à conspiração de julho, foram executados na prisão de Plötzensee. Entre as vítimas estavam o conde Helmuth James von Moltke, Eugen Bolz e Erwin Planck, filho do físico Max Planck, ganhador do prêmio Nobel.

O novo slogan de Goebbels, "Venceremos porque precisamos vencer", provocou desprezo e desespero nos que não eram nazistas, mas a maioria dos alemães ainda não pensava em questioná-lo. Mesmo que agora apenas fanáticos acreditassem na "vitória final", a maioria ainda resistia porque não conseguia pensar em outra coisa a fazer. A estratégia da propaganda incansável de Goebbels, desde que a guerra no Leste se voltara contra a Alemanha, fora minar qualquer noção de escolha ou alternativa.

Goebbels, tanto como Comissário do Reich para a Defesa de Berlim quanto como ministro da Propaganda, estava em seu elemento como principal defensor da guerra total: visitava tropas, fazia discursos, passava em revista colunas da Volkssturm e falava-lhes. O grosso da população nada via de Hitler. Ele desaparecera dos noticiários e só se ouvira a última transmissão de Hitler, em 30 de janeiro, que marcara os 12 anos do governo nazista. Sua voz perdera toda a força e soava completamente diferente. Não surpreende que circulassem tantos boatos sobre sua morte ou prisão. Não se dizia ao público se ele estava em Berchtesgaden ou em Berlim. E enquanto Goebbels visitava as vítimas do bombardeio, auferindo, como resultado, considerável popularidade, Hitler recusava-se sequer a olhar sua capital gravemente danificada.

A invisibilidade do Führer devia-se, em parte, ao seu próprio afastamento da vida pública e, em parte, à dificuldade de ocultar as mudanças dramáticas em sua aparência. Oficiais do estado-maior em visita ao *bunker* da Chancelaria do Reich, que não o tinham visto desde antes da explosão da bomba de 20 de julho, ficaram abalados. "Às vezes ele ficava tão curvado", disse o assessor de Guderian, major Freytag von Loringhoven, "que parecia quase corcunda." Os olhos que já haviam sido brilhantes estavam opacos, a pele clara tinha agora um tom acinzentado. Arrastava a perna esquerda ao entrar na sala de reuniões e seu aperto de mão era débil. Muitas vezes, Hitler segurava a mão esquerda com a direita na tentativa de esconder seu tremor. Faltando pouco para seu 56º aniversário, o Führer tinha o ar e a aparência de um velho senil. Também perdera a espantosa capacidade de guardar detalhes e estatísticas, com a qual costumava forçar os céticos à submissão. E não tinha mais prazer algum em jogar seus seguidores uns contra os outros. Agora, via traição em toda a parte.

Os oficiais do Estado-Maior geral estavam bem conscientes da atmosfera contrária ao Exército quando visitavam o *bunker* da Chancelaria do Reich todos os dias, vindos de Zossen. A chegada de Guderian em seu grande Mercedes do Estado-Maior era saudada por sentinelas das SS apresentando armas, mas, depois de entrarem, ele e seus assessores tinham de entregar as pastas para serem revistadas. Tiravam-lhes as pistolas e tinham de ficar de pé enquanto os guardas SS examinavam-lhes os contornos da farda com olhos treinados, buscando volumes suspeitos.

Os oficiais do Exército também tinham de lembrar-se, antes de entrar na Chancelaria do Reich, que saudar da forma tradicional fora agora proibido. Todos os membros da Wehrmacht tinham de usar a "saudação alemã", como era conhecida a saudação nazista. Muitos viram-se levando a mão ao quepe e, de repente, tendo de jogar o braço todo para a frente. Freytag von Loringhoven, por exemplo, não se sentia muito à vontade em tal ambiente. Seu antecessor tinha sido enforcado como participante na conspiração de julho e seu primo, o coronel barão Freytag von Loringhoven, outro conspirador, suicidara-se.

A Chancelaria do Reich estava quase nua. Pinturas, tapeçarias e móveis haviam sido removidos. Havia imensas rachaduras no teto, janelas destruídas tinham sido tapadas com tábuas e divisórias de compensado escondiam a pior parte dos danos do bombardeio. Não há muito tempo, num dos imensos corredores de mármore que levavam à sala da situação, Freytag ficou surpreso ao ver duas moças vestidas com roupas caras e cabelos frisados com permanente. Esta frivolidade elegante parecia tão deslocada no ambiente que ele se voltou para seu companheiro, ajudante de ordens de Keitel, para perguntar quem eram.

– Era Eva Braun.

– Quem é Eva Braun? – perguntou.

– É a amante do Führer. – O ajudante de ordens de Keitel sorriu com seu espanto. – E a outra era sua irmã, que é casada com Fegelein.

Os oficiais da Wehrmacht ligados à Chancelaria do Reich haviam mantido total discrição. Dificilmente alguém de fora ouvira falar dela, mesmo aqueles que visitavam o lugar regularmente, vindos do quartel-general do alto-comando do Exército em Zossen.

Freytag, com certeza, conhecia Fegelein, oficial de ligação de Himmler. Achava-o "um homem horrivelmente vulgar, com um sotaque terrível de Munique, ar arrogante e maus modos". Fegelein costumava interromper os generais no meio da conversa, tentando envolver-se em tudo. Mas, apesar de seu intenso desagrado, Freytag juntara coragem para pedir-lhe um favor. Um amigo seu fora um dos muitos capturados após a conspiração de julho e ainda estava preso nos porões do quartel-general da Gestapo. Disse a Fegelein que estava praticamente certo de que o amigo nada tinha a ver com a conspiração e perguntou se ele poderia ao menos descobrir que acusações pesavam contra ele. Para sua surpresa, Fegelein concordou em dar uma olhada, e o amigo foi solto pouco depois.

Fegelein, comandante de cavalaria das SS que ganhara a Cruz de Cavaleiro combatendo guerrilheiros na Iugoslávia, estava enamorado de sua própria aparência, bela e bastante sinistra. Gostava, claramente, de usar sua enorme influência, vinda, em parte, de sua posição de representante de Himmler e, em parte, de sua proximidade do Führer. Ficara muito íntimo de Eva Braun, com quem dançava e passeava. Alguns suspeitavam de um romance entre eles, mas isso era improvável. Ela era genuinamente dedicada a Hitler, enquanto é provável que ele fosse ambicioso demais para arriscar-se a um caso com a amante do Führer. Em 3 de junho de 1944, às vésperas da invasão aliada, Hitler fora a principal testemunha do casamento de Fegelein com a irmã mais nova de Eva, Gretl. Foi o mais perto que alguém chegou de um casamento dinástico no nacional-socialismo.

A corte ostensivamente militar de Hitler conseguia ser, ao mesmo tempo, superficialmente austera e profundamente corrupta, contradição que a retórica do sacrifício pessoal não conseguia esconder. A incompetência e o caos de guerreiros em competição e de funcionários do partido eram encobertos por uma falsa união na lealdade ao seu deus ideológico. A mentalidade de tal congregação, apesar de todos os seus uniformes militares, saudações e duas conferências diárias sobre a situação, não poderia ser mais distante da realidade da frente de batalha. E, à medida que a saúde de Hitler deteriorava-se visivelmente, as intrigas e manobras para conquistar posições aumentavam, enquanto o Reich desmoronava. Göring, Goebbels, Himmler e Bormann viam-se, todos, como sucessores do Führer. Talvez a verdadeira medida da fantasia dos líderes nazistas fosse a própria noção de que o mundo aceitaria alguma forma de sucessão no Terceiro Reich, supondo que ainda lhe restasse algum território.

NO FINAL DA terceira semana de janeiro, a Primeira Frente Ucraniana do marechal Konev caiu sobre a Silésia, depois da captura de Cracóvia e Radom. Konev, para preservar as minas e fábricas da Alta Silésia, como instruíra Stalin, decidiu começar um semicerco da região industrial e mineira de Katowice a Ratibor, facultando uma rota de fuga para as forças alemãs deixadas na área. O Terceiro Exército Blindado de Guardas estivera se encaminhando para Breslau mas, por ordem de Konev, infletiu para a esquerda em sua marcha e voltou pela margem oriental do Oder, rumo a Oppeln. Como se organizasse uma grande caçada, Konev trouxe o 21º, o 59º e o 60º Exércitos para expulsar os alemães.

Na noite de 27 de janeiro, as divisões alemãs do 17º Exército retiraram-se e fugiram para o Oder. O Terceiro Exército Blindado de Guardas, do general Ribalko, agiu então com os canhões, pegando grande número deles na paisagem coberta de neve. Os tanques de Ribalko estavam camuflados, de forma bastante inacreditável, com o filó branco de um grande suprimento capturado em uma fábrica de tecidos da Silésia, supostamente dedicada à guerra total.

O "ouro" de Stalin foi tomado intacto nos dois dias seguintes. Foi um desastre para a Alemanha, como Guderian alertara. As previsões de Speer para a produção de armamentos, apresentadas aos comandantes de corpos em Krampnitz há apenas duas semanas, estavam em ruínas. Ele mesmo reconheceu isso, prevendo que a Alemanha agora só se aguentaria por uma questão de semanas, no máximo. A perda das minas, assim como das siderúrgicas e fábricas, foi, provavelmente, um golpe maior para a produção alemã do que todo o bombardeio aliado da região industrial do Ruhr nos últimos dois anos.

Talvez a parte mais surpreendente da operação fosse o fato de que a retirada alemã foi autorizada pelo quartel-general do Führer. Hitler repreendera o general Harpe e substituíra-o por seu comandante favorito, o general Schörner, um nazista convicto cujo lema era "Força pelo medo". Schörner só ficava satisfeito quando seus soldados tinham mais medo de serem punidos do que do inimigo.

O 17º Exército conseguiu recuar, mas relativamente poucas mulheres e crianças escaparam da Alta Silésia. Muitas, especialmente as mais velhas, ficaram por falta de opção. Às vezes, as viúvas recusavam-se a abandonar o túmulo do marido, enquanto outras não suportavam deixar as fazendas que pertenciam à família há gerações. Sentiam que, se partissem, jamais voltariam. Uma sueca que conseguiu abrir caminho pelas linhas soviéticas em uma carroça contou à embaixada sueca que, embora os soldados soviéticos "tivessem agido de maneira correta" em alguns lugares, as histórias da propaganda alemã pareciam, em sua maioria, verdadeiras. Ela acrescentou que isso não a surpreendera, depois da maneira como os alemães tinham se comportado na Rússia. Os soldados soviéticos eram igualmente impiedosos onde quer que suspeitassem de atividade "guerrilheira". Os oficiais de uma companhia de infantaria, ao encontrar o soldado russo de uma patrulha morto em uma rua, "ordenaram a seus homens que liquidassem toda a população da aldeia".

A rapidez do avanço da Primeira Frente Ucraniana criou seus próprios problemas para as autoridades soviéticas. Os regimentos de infantaria do NKVD para a repressão nas áreas de retaguarda eram, às vezes, lançados em combate contra unidades alemãs deixadas para trás. Tinham de reorganizar-se rapidamente, precisando, em alguns casos, consultar o livro de instruções do Exército Vermelho. No avanço desenfreado, o general Karpov, comandante da divisão de infantaria do NKVD que seguia as tropas combatentes, queixou-se, em 26 de janeiro, a Meshik, chefe do NKVD da Frente, que seus três regimentos "claramente não eram suficientes para esta área, que tem terreno difícil e é coberta por grandes florestas". Precisariam de ainda mais soldados e veículos para guardar suas linhas de comunicação e depósitos quando cruzassem o Oder.

No centro de Konev, enquanto isso, o Quinto de Guardas, auxiliado pelo caos alemão causado pela manobra avassaladora de Ribalko, conseguiu ocupar uma cabeça de ponte do outro lado do Oder, perto de Ohlau, entre Breslau e Oppeln. E o Quarto Exército Blindado de Guardas, de Leliushenko, à direita, tomou outra cabeça de ponte na margem Oeste do Oder, perto de Steinau, a noroeste de Breslau, ainda que a própria Steinau fosse ferozmente defendida por sargentos e cabos de uma escola de treinamento próxima. A guarnição de seus tanques parece ter aproveitado bem o tempo antes que começasse a ofensiva do Vístula. Leliushenkc fizera-os praticar intensamente tiro ao alvo em tanques Tigre capturados no outono anterior, e sua artilharia, raramente um ponto forte das formações blindadas do Exército Vermelho, melhorara. Agora começaram a praticar tiro em vapores alemães que desciam o rio vindos de Breslau.

Os alemães, enquanto isso, enviavam a 169ª Divisão de Infantaria para reforçar as defesas da capital da Silésia, que o quartel-general do Führer declarara ser a "Fortaleza Breslau". Hitler, ao saber que as tropas soviéticas haviam firmado a cabeça de ponte de Steinau, ordenou que o general von Saucken e o general Nehring contra-atacassem imediatamente, ainda que seus soldados não tivessem podido descansar nem receber reforços desde a arriscada fuga da Polônia.

Se os refugiados alemães de Breslau naufragaram ou não com os vapores afundados pelos tanques de Leliushenko, o destino das mulheres e crianças que deixaram a cidade a pé em pânico durante a evacuação foi terrível. Todos os maridos que ainda não serviam na Wehrmacht foram convocados pela Volkssturm para defender a cidade. As esposas, assim, foram deixadas totalmente por conta própria para cuidar de si mesmas. Tudo o que ouviam eram as camionetes com alto-falantes dizendo aos civis para fugirem da cidade. Embora amedrontadas, as mães que não conseguiram lugares nos trens lotados tomaram as precauções normais para cuidar dos bebês, tais como encher garrafas térmicas de leite e vesti-los da forma mais quente possível. Prepararam mochilas contendo leite em pó e comida para si mesmas. De qualquer maneira, esperavam, depois dos avisos, que a organização de bem-estar social do Partido Nazista, a NSV, tivesse preparado algum tipo de ajuda pelo caminho.

Fora de Breslau, contudo, as mulheres descobriram que estavam por sua própria conta e risco. Pouquíssimos veículos motorizados deixavam a cidade, e, assim, só algumas afortunadas conseguiram carona. A neve era funda nas estradas e, finalmente, a maioria das mulheres teve de abandonar os carrinhos e levar no colo as crianças menores. No vento gelado, também descobriram que as garrafas térmicas tinham esfriado. Só havia uma forma de alimentar um bebê faminto, mas não conseguiam encontrar abrigo para amamentar. Todas as casas estavam trancadas, já abandonadas ou pertencentes a pessoas que se recusavam a abrir a porta. Em desespero, algumas mães ofereceram o seio ao bebê do lado de fora de um alpendre ou alguma proteção contra o vento, mas de nada adiantou. A criança não mamava e a temperatura do corpo da mãe caía perigosamente. Algumas chegaram a ter o seio congelado. Uma jovem esposa, em uma carta à mãe para explicar a morte de frio de seu próprio filho, também descreveu o destino de outras mães, algumas chorando sobre um embrulho que continha um bebê morto congelado, outras, sentadas na neve, encostadas em uma árvore ao lado da estrada, com crianças maiores em volta choramingando de medo, sem saber se a mãe estava desmaiada ou morta. Naquele frio, fazia pouca diferença.

A PRIMEIRA FRENTE Bielorrussa de Jukov, enquanto isso, vinha progredindo cada vez mais depressa em seu impulso para noroeste. Ele mandou que seus dois exércitos blindados evitassem áreas de resistência e avançassem entre 70 e 100 quilômetros por dia. Mas, em 25 de janeiro, Stalin ligou para Jukov à tarde para dizer-lhe que puxasse as rédeas. "Quando chegar ao Oder", disse ele, "estará a mais de 150 quilômetros do flanco da Segunda Frente Bielorrussa. Você não pode fazer isso agora. Você tem de esperar que [Rokossovski] termine as operações na Prússia Oriental e se desdobre cruzando o Vístula." Stalin estava preocupado com um contra-ataque alemão ao flanco direito de Jukov com tropas alemãs no litoral da Pomerânia, que ficou conhecido como "balcão do Báltico". Jukov implorou a Stalin que o deixasse continuar. Se esperasse mais dez dias, até que Rokossovski terminasse sua tarefa na Prússia Oriental, isso daria aos alemães tempo para guarnecer a linha fortificada de Meseritz. Stalin concordou com muita relutância.

Os exércitos de Jukov estavam cruzando a região que os nazistas tinham batizado de Wartheland, área da Polônia ocidental tomada após a invasão de 1939. Seu Gauleiter, Arthur Greiser, era um racista inominável até pelos padrões nazistas. Sua província de Warthegau tornara-se o cenário das expulsões mais brutais. Mais de 700 mil poloneses perderam tudo, suas posses e suas casas, que foram entregues a colonos do Volksdeutsch trazidos do centro e do sudeste da Europa. Os poloneses despossuídos foram entregues ao Governo Geral, sem abrigo, comida ou esperança de trabalho. O tratamento dado aos judeus fora ainda pior. Mais de 160 mil foram acumulados no minúsculo gueto de Lodz. Os que não morreram de fome acabaram em campos de concentração. Só 850 continuavam vivos quando os tanques soviéticos entraram na cidade.

O desejo de vingança polonês era tão feroz que Serov, chefe do NKVD da Primeira Frente Bielorrussa, queixou-se a Beria que interferia com a coleta de informações. "Os soldados do Primeiro Exército polonês tratam os alemães com especial severidade", escreveu. "Muitas vezes, os oficiais e soldados alemães não chegam às áreas de reunião de prisioneiros. São fuzilados no caminho. Por exemplo, no setor do Segundo Regimento de Infantaria da Primeira Divisão de Infantaria, oitenta alemães foram capturados. Somente dois prisioneiros chegaram à área de reunião. Todos os outros foram executados. Os dois sobreviventes foram interrogados pelo comandante do regimento, mas quando os enviou para serem interrogados por seu oficial de informações, o par foi fuzilado no caminho."

A decisão de Jukov de seguir em frente com seus dois exércitos blindados deu resultado. Os alemães nunca tiveram a oportunidade de organizar uma linha de defesa. À direita, o Terceiro Exército de Choque, o 47º, o 61º e o Primeiro Exércitos poloneses avançaram paralelos ao Vístula e prosseguiram entre Bromberg e Schneidemühl para proteger o flanco exposto. No meio, o Segundo Exército Blindado de Guardas de Bogdanov foi em frente, seguido pelo Quinto Exército de Choque de Berzarin. E, à esquerda, o Primeiro Exército Blindado de Guardas de Katukov lançou-se em frente para Poznan. Mas Poznan não foi como Lodz. Ao chegar a Poznan, em 25 de janeiro, Katukov viu que ela não poderia ser capturada com um desvio da marcha e seguiu em frente, como Jukov mandara. Poznan foi deixada para que Tchuikov, que seguia de perto com o Oitavo Exército Blindado de Guardas, desse um jeito. Isso não lhe agradou e parece que só aumentou sua antipatia por Jukov.

O Gauleiter Greiser, como Koch na Prússia Oriental, fugira de sua capital, tendo ordenado que todos os outros aguentassem firmes. Recusara-se a permitir a evacuação de qualquer civil até 20 de janeiro e, em consequência, parece que em muitas áreas mais da metade da população não conseguiu escapar. Vasili Grossman, que se juntara novamente ao Oitavo Exército de Guardas de Tchuikov, ficou cada vez mais consciente do "civil alemão, observando-nos secretamente por trás das cortinas".

Havia muita coisa que ver do lado de fora. "A infantaria move-se numa imensa variedade de veículos puxados a cavalo", rabiscou Grossman em seu caderno. "Os rapazes fumam *mahorka*, comem, bebem e jogam cartas. Passa um comboio de carroças decoradas com tapetes. Os condutores sentam-se em colchões de penas. Os soldados não comem mais rações militares. Comem carne de porco, peru e galinha. Veem-se rostos rosados e bem-alimentados pela primeira vez." "Os civis alemães, já ultrapassados por nossos destacamentos blindados avançados, deram a volta e agora estão retornando. Recebem uma boa surra e seus cavalos lhes são roubados por poloneses que aproveitam qualquer oportunidade para assaltá-los." Grossman, como a maioria dos cidadãos soviéticos, tinha pouco conhecimento do que realmente acontecera em 1939 e 1940 e, portanto, das razões pelas quais os poloneses odiavam tanto os alemães. O tratado secreto de Stalin com Hitler, dividindo o país entre si, fora encoberto por um blecaute noticioso na União Soviética.

No entanto, Grossman não escondeu de si mesmo verdades impalatáveis, ainda que nunca pudesse publicá-las. "Havia 250 de nossas moças que os alemães haviam trazido dos *oblasts* de Voroshilovgrad, Kharkov e Kiev. O chefe do departamento político do Exército disse que essas moças haviam sido deixadas quase sem roupas. Estavam cobertas de piolhos e seus ventres inchados de fome. Mas um homem do jornal do Exército me contou que essas moças estavam bastante limpas e bem-vestidas até que nossos soldados chegaram e lhes tiraram tudo."

Grossman logo descobriu o quanto os homens do Exército Vermelho tiraram. "As moças soviéticas libertadas queixam-se com muita frequência de que nossos soldados as estupram", observou. "Uma moça me disse em lágrimas: 'Era um velho, mais velho que meu pai.'" Mas Grossman recusou-se a acreditar no pior sobre os verdadeiros *frontoviki*. "Os soldados da linha de frente estão avançando dia e noite debaixo de fogo, com o coração puro e santificado. Os homens do escalão da retaguarda que vêm atrás estão estuprando, bebendo e pilhando."

As batalhas de rua em Poznan constituíram uma pequena prova do que os esperava em Berlim. Grossman, que passara tanto tempo em Stalingrado durante a batalha, estava interessado em ver o que Tchuikov, que cunhara a expressão "Academia Stalingrado de Luta de Rua", iria fazer. "O princípio mais importante em Stalingrado", observou Grossman, "foi que invertemos o equilíbrio entre o poder das máquinas e a vulnerabilidade da infantaria. Mas agora o acadêmico Tchuikov é obrigado, pelas circunstâncias, a entrar no mesmo tipo de situação de Stalingrado, só que com o papel trocado. Está atacando violentamente os alemães nas ruas de Poznan, usando um enorme poder mecânico e pouca infantaria."

Ele passou algum tempo com Tchuikov durante a batalha de Poznan. "Tchuikov está sentado em uma sala fria e bem-iluminada, no segundo andar de uma *villa* requisitada. O telefone toca o tempo todo. Comandantes de unidades descrevem a luta de rua em Poznan." Entre os telefonemas, Tchuikov gabava-se de como "esmagou as defesas alemãs em torno de Varsóvia".

"Tchuikov fala ao telefone, pega o mapa e diz: 'Desculpe, acabei de colocar os óculos.'" Os óculos de leitura pareciam estranhos em seu rosto duro. "Ele lê o relatório, dá uma risadinha e um tapinha no nariz de seu ajudante de ordens com o lápis." (Quando se zangava com um oficial, Tchuikov usava com mais frequência os punhos, e não era um tapinha, segundo um membro de seu estado-maior.) "Então grita ao telefone: 'Se tentarem romper para oeste, deixe-os ir para campo aberto e vamos esmagá-los como insetos. Agora é a morte para os alemães. Não vão escapar.'"

– É mesmo espantoso – observou Tchuikov sarcasticamente em uma de suas críticas mordazes a Jukov –, quando se leva em conta nossa experiência de batalha e nosso maravilhoso serviço de informações, que não tenhamos notado um pequeno detalhe. Não sabíamos que há uma fortaleza de primeira classe em Poznan. Uma das mais fortes da Europa. Pensamos que era apenas uma cidade que conseguiríamos tomar durante a marcha, e agora estamos presos nisso.

Enquanto Tchuikov ficava para trás para cuidar da fortaleza de Poznan, o resto de seu exército e o Primeiro Exército Blindado de Guardas prosseguiam para a linha de Meseritz, a leste do Oder. Seu principal problema não era a resistência alemã, mas as linhas de suprimento. As ferrovias haviam sido destruídas pelos alemães em retirada e, além disso, a Polônia usava uma bitola diferente da União Soviética. Em consequência, o transporte de suprimentos dependia de caminhões, em sua maioria Studebakers americanos. É significativo que tenha havido pouco reconhecimento, por parte dos historiadores russos, de que, não fossem os caminhões dos Empréstimos e Arrendamentos americanos, o avanço do Exército Vermelho seria muito mais lento e os aliados ocidentais poderiam muito bem ter chegado primeiro a Berlim.

QUASE TODOS OS soldados soviéticos recordam vivamente o momento em que cruzaram a fronteira pré-1939 da Alemanha. "Marchamos para fora de uma floresta", lembrou o primeiro-tenente Klochkov do Terceiro Exército de Choque, "e vimos uma placa pregada num poste. Nela estava escrito: 'É aqui – a maldita Alemanha.' Estávamos entrando no território do Reich de Hitler. Os soldados começaram a olhar em volta com curiosidade. As aldeias alemãs são diferentes das aldeias polonesas em várias coisas. A maioria das casas é construída de tijolo e pedra. Têm árvores frutíferas bem-podadas em seus jardinzinhos. As estradas são boas." Klochkov, como tantos de seus compatriotas, não conseguia entender por que os alemães, "que não eram gente estúpida", teriam arriscado suas vidas prósperas e confortáveis para invadir a União Soviética.

Mais adiante na estrada para a capital do Reich, Vasili Grossman acompanhou parte do Oitavo Exército de Guardas enviado à frente vindo de Poznan. Seu departamento político colocara cartazes ao lado da estrada nos quais estava escrito: "Tremei de medo, Alemanha fascista, o dia do ajuste de contas chegou!"

Grossman estava com eles quando saquearam a cidade de Schwerin. Rabiscava a lápis, em um caderninho, o que quer que visse: "Tudo está em chamas (...) Uma velha pula da janela de um prédio incendiado (...) Há pilhagens (...) É claro durante a noite porque tudo está em fogo (...) No escritório do comandante [da cidade], uma alemã vestida de preto e com os lábios mortos fala numa voz fraca e sussurrada. Há uma menina com ela com manchas roxas no pescoço e no rosto, um olho inchado e feridas terríveis nas mãos. A menina foi estuprada por um soldado da companhia de sinaleiros do quartel-general. Ele também está presente. Tem o rosto cheio e vermelho e parece sonolento. O comandante interroga os três juntos."

Grossman observou o "horror nos olhos de mulheres e moças (...) Coisas terríveis estão acontecendo com as mulheres alemãs. Um alemão instruído explica com gestos expressivos e palavras russas mal pronunciadas que a esposa foi estuprada por dez homens naquele dia (...) Moças soviéticas libertadas dos campos também estão sofrendo muito. Na noite passada algumas delas se esconderam na sala concedida aos correspondentes de guerra. Os gritos nos acordaram durante a noite. Um dos correspondentes não pôde conter-se. Há uma discussão acalorada e a ordem é restaurada." Grossman então observa o que evidentemente ouviu dizer sobre uma jovem mãe. Estava sendo estuprada continuamente no alpendre de uma fazenda. Seus parentes foram até lá e pediram aos soldados que lhe permitissem uma pausa para que amamentasse o bebê, porque ele não parava de chorar. Tudo isso acontecia perto de um quartel-general e à vista dos oficiais supostamente responsáveis pela disciplina.

NA TERÇA-FEIRA, 30 de janeiro, dia em que Hitler falou ao povo alemão pela última vez, o Exército alemão percebeu repentinamente que a ameaça a Berlim era ainda maior do que temiam. As unidades de vanguarda de Jukov não só tinham ultrapassado com facilidade a zona defensiva de Meseritz como estavam à distância de tiro do Oder. Às 7h30 da manhã o quartel-general do Grupo de Exércitos do Vístula soube que a estrada de Landsberg estava "cheia de tanques inimigos". Os voos de reconhecimento aéreo decolavam a toda velocidade.

Himmler insistiu em enviar um batalhão de tanques Tigre sozinho de trem para restaurar a situação. Os protestos de seu estado-maior não tiveram efeito algum, porque o Reichsführer das SS estava firmemente convencido de que um batalhão de Tigres poderia derrotar todo um exército blindado soviético. Os monstros de cinquenta toneladas ainda estavam presos a seus vagões-plataforma quando caíram sob o fogo de três ou quatro tanques soviéticos. O batalhão sofreu pesadas baixas antes que o trem conseguisse retirar-se urgentemente para Küstrin. Himmler quis que o comandante do batalhão fosse levado à corte marcial até que acabou sendo convencido de que um tanque Tigre preso a um vagão-plataforma não está na melhor situação para lutar.

Durante esta época de crise extrema, Himmler imitou a ordem de Stalin de 1942: "Nem um passo atrás", ainda que sua versão não tivesse o mesmo tom. Intitulava-se *"Tod und Strafe für Pflichtvergessenheit"* – "Morte e punição ao fracasso no cumprimento do dever". Tentava terminar com uma nota animadora. "Depois de duras dificuldades que durarão várias semanas, chegará o dia", afirmava, "em que os territórios alemães serão livres outra vez." Outra ordem proibia as mulheres, sob pena de severa punição, de dar comida a soldados em retirada. E, em uma ordem do dia ao Grupo de Exércitos do Vístula, declarou: "O Senhor Deus nunca abandonou nosso povo e sempre ajudou os bravos em sua hora de maior necessidade." Tanto em termos históricos quanto teológicos esta era uma afirmação extremamente duvidosa.

Himmler, consciente de que as notícias da fuga de altos funcionários nazistas, especialmente os Gauleiters Koch e Greiser, espalhavam-se rapidamente, decidiu dar um exemplo em nível mais baixo. No mesmo dia de suas outras ordens, anunciou a execução do chefe de polícia de Bromberg por abandonar seu posto. Um *bürgermeister* que "abandonara sua cidade sem dar a ordem de evacuação" foi enforcado às 3 horas da tarde em Schwedt, no Oder, alguns dias depois.

O 12º ANIVERSÁRIO do regime de Hitler foi também o segundo aniversário da derrota em Stalingrado. Beria foi informado de uma conversa, captada por microfones escondidos em uma cela de prisão, entre o marechal de campo Paulus, o general Strecker, comandante que se aguentara por mais tempo no distrito fabril, e o general von Seydlitz.

"Os generais alemães capturados estão de péssimo humor", informaram a Beria. Tinham ficado horrorizados com o discurso de Churchill na Câmara dos Comuns seis semanas antes, em apoio à proposta de Stalin de compensar a Polônia com a Prússia Oriental e outras regiões. Os generais alemães sentiram que sua posição no movimento Alemanha Livre, controlado pelos soviéticos, tornara-se impossível.

– Os nazistas, nesta questão, são mais positivos do que nós – reconheceu o marechal de campo Paulus –, porque estão se agarrando ao território alemão, tentando preservar sua integridade.

Até o general von Seydlitz, que propusera o transporte aéreo de prisioneiros de guerra alemães antinazistas para começar uma revolução dentro do Reich, pensava que "despedaçar as terras alemãs para criar uma barreira de segurança não é justo". Todos os generais capturados percebiam agora que a antinazista Liga de Oficiais Alemães fora explorada pela União Soviética para seus próprios fins.

– Uma angústia terrível me atormenta – disse Seydlitz – sobre se escolhemos ou não o rumo certo. – O regime nazista o rotulara de "traidor Seydlitz" e o condenara à morte *in absentia*.

– Só o que Hitler pensa – disse Paulus – é como forçar o povo alemão a novos sacrifícios. Nunca antes na História a mentira foi uma arma tão poderosa na diplomacia e na política. Nós, alemães, fomos espertamente enganados por um homem que usurpou o poder.

– Por que Deus ficou tão zangado com a Alemanha – respondeu Strecker – para nos mandar Hitler? O povo alemão é tão ignóbil? Merece tamanha punição?

– Faz dois anos da catástrofe de Stalingrado – disse Paulus. – E agora toda a Alemanha está se transformando em uma gigantesca Stalingrado.

AS AMEAÇAS E exortações de Himmler de nada serviram para salvar a situação. Naquela mesma noite batalhões de infantaria soviéticos, liderados pelo coronel Esipenko, subcomandante da 89ª Divisão de Infantaria de Guardas, alcançou o Oder e cruzou o gelo na escuridão. Abriram-se em leque, formando uma pequena cabeça de ponte logo ao norte de Küstrin.

Os homens de Berzarin, do Quinto Exército de Choque, cruzaram o Oder congelado no início da manhã de domingo, 31 de janeiro, e entraram na aldeia de Kienitz. Tinham cruzado o gelo seguindo a trilha dos fazendeiros que pegavam lenha na margem oriental. Só o padeiro e seu ajudante estavam acordados. As tropas soviéticas, comandadas pelo coronel Esipenko, capturaram um trem com seis canhões antiaéreos, 13 oficiais e 63 jovens conscritos do Serviço de Mão de Obra do Reich. Um pequeno grupo, vestido apenas com as roupas que usavam para dormir, conseguiu escapar pelos campos nevados para avisar a cidade próxima de Wriezen do ataque repentino do inimigo. Os soldados soviéticos estavam agora a 70 quilômetros da Chancelaria do Reich.

No mesmo dia, logo ao sul de Küstrin, o esfuziante coronel Gusakovski cruzou o Oder com sua 44ª Brigada Blindada de Guardas, formando outra cabeça de ponte. Desta forma conquistou sua segunda estrela dourada de Herói da União Soviética. As tropas soviéticas das duas cabeças de ponte começaram imediatamente a cavar trincheiras no solo úmido e congelado da Oderbruch, a várzea do Oder, entre o rio e os montes Seelow. Regimentos de artilharia foram enviados às pressas para apoiá-las. Esperavam um contra-ataque rápido e furioso, mas os alemães ficaram tão abalados com o que acontecera – Goebbels ainda tentava fingir que o combate acontecia perto de Varsóvia – que demoraram para reunir forças terrestres suficientes. Os caças Focke-Wulf, contudo, estavam em ação sobre o Oder na manhã seguinte, metralhando as trincheiras recém-cavadas e as posições de canhões antitanque. A divisão antiaérea soviética, que fora prometida, não apareceu nos três dias seguintes e, assim, os homens de

Tchuikov, deixando marcas no gelo fino do rio congelado, estavam extremamente vulneráveis. Ainda assim, conseguiram puxar canhões antitanque pelo rio em esquis para defender suas posições.

A NOTÍCIA DAS cabeças de ponte soviéticas do outro lado do Oder foi um choque tão grande para os soldados quanto para os civis locais. Walter Beier, que fora poupado na triagem feita pela Feldgendarmerie entre os soldados de licença no trem oriundo da Prússia Oriental, gozava de seus últimos dias em casa em Buchsmühlenweg, entre Küstrin e Frankfurt an der Oder. "A felicidade no seio da família não durou muito", recordou. Na noite de 2 de fevereiro, um vizinho nervoso foi correndo até sua casa para dizer que cerca de oitocentos russos haviam tomado posição num bosque de carvalhos a somente 500 metros de distância.

Não havia tropas na área, exceto algumas companhias da Volkssturm armadas com nada além de fuzis e alguns *panzerfausts*. Comandados por um velho diretor de escola, mantinham-se a distância. Descobriram que atiradores soviéticos tinham subido nos carvalhos. Um batalhão de alarma de caucasianos antissoviéticos, reforçado com alguns alemães do Sexto Regimento de Fortaleza, foi mandado às pressas de Frankfurt para o local. Beier, como soldado da linha de frente, foi encarregado de um grupo por um oficial.

Enquanto Beier observava o bosque com eles de uma trincheira, um dos caucasianos apontou e disse, em mau alemão:

– Você não atira, nós não atiramos lá. Nós não atiramos em camaradas.

Beier relatou isso e os caucasianos foram desarmados e mandados de volta da linha de frente para cavar trincheiras. Seu destino, quando mais tarde foram capturados pelo

128

Exército Vermelho, não seria facilitado por essa recusa de atirar em seus compatriotas.

A força alemã improvisada foi engrossada por um grupo de soldados muito jovens, ainda em instrução, da Divisão Panzergrenadier *Feldherrnhalle*. A maioria deles tinha entre 16 e 18 anos. Começaram a disparar morteiros no bosque de carvalhos, um dos poucos trechos de floresta caducifólia da área. Havia cerca de 350 deles, numa mistura caótica de fardas. Alguns usavam capacetes de aço, outros tinham *Käppis*, ou bibicos, outros usavam quepes. Muitos só tinham suas fardas da Juventude Hitlerista. Estavam imensamente orgulhosos de sua tarefa, mas muitos deles mal podiam levantar um caixote cheio de munição e não conseguiam segurar os fuzis corretamente contra o ombro porque as coronhas eram longas demais para seus braços. Em seu primeiro ataque, os livre-atiradores soviéticos escolheram-nos com mira deliberada. O comandante da unidade caiu com uma bala na cabeça. Só um punhado de soldados voltou vivo.

Beier conseguiu escapulir de volta para a casa dos pais. Descobriu que haviam montado uma enfermaria no porão e que todos os lençóis estavam sendo rasgados para fazer bandagens.

Reforços de maior peso chegaram para atacar a cabeça de ponte enquanto os homens de Tchuikov prosseguiam para tomar o contraforte de Reitwein, posição sobranceira que dominava todo o Oderbruch até os montes Seelow, em sua borda ocidental. Em 2 de fevereiro, o 506º Batalhão de Morteiros Pesados das SS moveu-se para o norte até o limite da cabeça de ponte e em três dias e noites fez 14 mil disparos. Um batalhão do Regimento Panzer *Kurmark* também foi levado. Em 4 de fevereiro este batalhão, recentemente reequipado com tanques Pantera, foi encarregado de atacar o contraforte de Reitwein pela extremidade sul. Os tanques, contudo, fracassaram desastrosamente, porque o degelo previsto pelos meteorologistas começara e eles derraparam e escorregaram pelas encostas lamacentas.

A NOTÍCIA DE que os soldados do Exército Vermelho haviam cruzado o Oder chocou Berlim. "*Stalin ante portas!*", escreveu Wilfred von Oven, adido de imprensa de Goebbels, em seu diário em 1º de fevereiro. "Este grito de alarme corre como o vento pela capital do Reich."

A retórica nacional-socialista tornou-se fanática, para não dizer histérica. O Regimento de Guarda da Divisão *Grossdeutschland* entrou em formatura. Foi dito aos soldados que as cabeças de ponte do Oder deviam ser recapturadas em nome do Führer. Os ônibus urbanos de Berlim foram usados para levá-los a Seelow, acima do Oderbruch.

Uma nova Divisão SS também foi formada. Devia chamar-se *30 Januar* em homenagem ao 12º aniversário da tomada do poder pelos nazistas. Essa divisão recebeu um núcleo de veteranos das SS, mas muitos deles eram feridos convalescendo. Eberhard Baumgart, ex-membro do *SS Leibstandarte* num campo de recuperação, recebeu ordens de unir-se aos outros inválidos das SS. Um Obersturmführer falou-lhes da nova divisão. Sua tarefa era defender a capital do Reich. A nova divisão precisava de veteranos enrijecidos na batalha. Conclamou-os a serem voluntários e gritou-lhes o lema das SS, criado por Himmler: "*Unsere Ehre heisst Treue, Kameraden!*" – "Nossa honra chama-se lealdade".

Este fanatismo vinha se tornando raro, como os membros mais importantes das SS reconheciam com alarma. Em 12 de fevereiro, o Obergruppenführer Berger contou a Himmler que a organização estava se tornando detestada tanto pela população civil quanto pelo exército, que se ressentia muito de sua "atitude marcadamente sem camaradagem". O exército, concluiu, "não falava mais com as SS".

Até os voluntários das SS sentiram o entusiasmo dissolver-se quando chegaram ao Oderbruch, uma extensão soturna de campos e diques encharcados de água. "Estamos no fim do mundo!", anunciou um membro do grupo designado para o *30 Januar*. Ficaram ainda mais desanimados ao descobrir que esta nova formação não tinha blindados nem canhões de assalto. "Isto não é uma divisão", observou o mesmo homem, "é um amontoado que acaba de ser improvisado." Devido a seus ferimentos ainda não curados, Baumgart foi designado secretário do quartel-general da divisão, que se estabeleceu em uma casa de fazenda requisitada. A jovem esposa do fazendeiro, que servia em outro lugar, observou bestificada sua mobília ser arrastada para fora da sala de visitas e telefones e máquinas de escrever serem instalados. Os novos habitantes logo descobriram, contudo, que o telhado da casa era um alvo claramente visível para a artilharia soviética.

Baumgart viu-se curvado sobre uma das máquinas de escrever, metralhando relatórios de entrevistas com três desertores do Exército Vermelho. Aparentemente, tinham decidido cruzar as linhas alemãs depois de serem obrigados a vadear a água gelada do Oder, carregando o comandante de sua divisão nos ombros para que ele se mantivesse seco. Os intérpretes do quartel-general da divisão, alemães do Volga, leram mais tarde artigos de exemplares capturados do *Pravda*. O comunicado publicado no término da Conferência de Ialta descrevia o que os aliados pretendiam fazer com a Alemanha. A ideia da derrota chocou Baumgart e seus camaradas. "Simplesmente temos de vencer no final!", disseram a si mesmos.

Em 9 de fevereiro de 1945, o renegado general antissoviético Andrei Vlasov, encorajado por Himmler, lançou o batalhão de segurança de seu quartel-general na batalha da cabeça de ponte. O batalhão russo, como parte da Divisão *Döberitz*, atacou a 230ª Divisão de Infantaria soviética na cabeça de ponte logo ao Norte de Küstrin. O batalhão de guarda de

Vlasov lutou bem, ainda que a tentativa tenha sido malsucedida. A propaganda alemã descreveu-os combatendo com "entusiasmo e fanatismo", mostrando serem especialistas no combate a curta distância. Supostamente, foram apelidados de *"Panzerknacker"* ("Quebra-tanque") por unidades alemãs admiradas, mas isto bem pode ter sido o toque de um jornalista popular transformado em propagandista. Seu comandante, o coronel Zaharov, e quatro homens receberam a Cruz de Ferro, segunda classe, e o próprio Reichsführer SS enviou uma mensagem de congratulação a Vlasov, com "saudações camaradas" pelo fato de seu batalhão de guarda ter "lutado extremamente bem".

Tais demonstrações de favoritismo por aqueles que antes haviam sido classificados e tratados como *Untermenschen** eram boa indicação do desespero nazista, mesmo que o próprio Hitler ainda as desaprovasse. Em 12 de fevereiro, Goebbels recebeu uma delegação de cossacos "como os primeiros voluntários de nosso lado na batalha contra o bolchevismo". Foram até obsequiados com uma garrafa de *"Weissbier"*** em seu escritório. Goebbels elogiou os cossacos, chamando-os de "povo de agricultores-guerreiros amantes da liberdade". Infelizmente, seus modos amantes da liberdade no Norte da Itália levaram a Berlim queixas amargas sobre o tratamento dado à população do distrito de Friuli pelo conselheiro alemão para questões civis. Os cossacos, contudo, recusaram-se a ter qualquer relação com Vlasov e suas ideias sobre a antiga supremacia russa, como a maioria dos voluntários de minorias nacionais nas SS.

A RESPOSTA DO FÜHRER ao avanço das brigadas blindadas soviéticas sobre Berlim fora ordenar a criação de uma Divisão

---

*Sub-homens. (*N. da T.*)
**Cerveja branca. (*N. da T.*)

Panzerjagd, mas, no típico estilo nazista, esta organização de nome pomposo para destruir tanques não conseguiu ser merecedora de seu título. Consistia de companhias de ciclistas, principalmente da Juventude Hitlerista. Cada ciclista devia levar dois *panzerfausts*, ou lançadores de granadas antitanque, presos verticalmente ao guidom, um de cada lado da roda dianteira. Esperava-se que o ciclista fosse capaz de apear num instante e estar pronto para agir contra um tanque T-34 ou Stalin. Nem os japoneses esperavam que seus *kamikazes* entrassem em combate de bicicleta.

Himmler falava do *panzerfaust* como se fosse outra arma milagrosa, semelhante à V-2. Entusiasmava-se com a maravilha que era no combate a curta distância contra blindados, mas qualquer soldado em sã consciência preferiria um canhão de 88mm para atacar os blindados soviéticos à distância de meio quilômetro. Himmler ficava quase apoplético com os rumores de que o *panzerfaust* não podia perfurar a couraça do inimigo. Esta história, afirmava, era *"ein absoluter Schwindel"*, absoluta mentira.

Com o inimigo tão perto, parece que os líderes nazistas começaram a levar em conta a possibilidade de suicídio. O quartel-general de Gau Berlim ordenou que "líderes políticos" recebessem prioridade para receber documentos de porte de arma. E um alto executivo de uma empresa farmacêutica contou a Ursula von Kardorff e a um amigo dela que um "Faisão Dourado" surgira em seu laboratório exigindo um suprimento de veneno para a Chancelaria do Reich.

Hitler e seus associados agora viam-se, finalmente, mais próximos da mesma violência da guerra que haviam deflagrado. A vingança pelas execuções recentes de homens ligados à conspiração de julho chegou de forma inesperada, menos de duas semanas depois do caso. Na manhã de 3 de fevereiro, houve ataques excepcionalmente violentos da Força Aérea dos

Estados Unidos a Berlim. Cerca de 3 mil berlinenses morreram. O distrito dos jornais, assim como outras áreas, foi quase totalmente destruído. As bombas aliadas também encontraram alvos nazistas. A Chancelaria do Reich e a Chancelaria do Partido foram atingidas e tanto o quartel-general da Gestapo na Prinz-Albrechtstrasse quanto o Tribunal do Povo ficaram muito danificados. Roland Freisler, presidente do Tribunal do Povo, que gritara com os acusados da conspiração de julho, morreu esmagado ao abrigar-se no porão. A notícia alegrou rapidamente os enfraquecidos círculos de resistência, mas boatos de que campos de concentração e prisões haviam sido minados os deixaram ainda mais alarmados com os parentes e amigos detidos. Sua única esperança era que Himmler os mantivesse como trunfos para negociar. Martin Bormann escreveu em seu diário sobre o dia do ataque aéreo: "Sofreram com o bombardeio: a nova Chancelaria do Reich, a maior parte dos aposentos de Hitler, a sala de jantar, o jardim de inverno e a Chancelaria do Partido." Parece que ele só se preocupava com os monumentos do nazismo. Não havia menção às baixas civis.

O acontecimento mais importante da terça-feira, 6 de fevereiro, segundo o diário de Bormann, foi o aniversário de Eva Braun. Hitler, aparentemente, estava "com um humor radiante", vendo-a dançar com outros. Como sempre, Bormann conferenciava em particular com Kaltenbrunner. Em 7 de fevereiro o Gauleiter Koch, aparentemente perdoado por abandonar Königsberg depois de todas as ordens para fuzilar os que abandonassem seu posto, discutiu com Hitler. Naquela noite, Bormann jantou com os Fegelein. Um dos convidados foi Heinrich Himmler, que ele, Fegelein e Kaltenbrunner queriam minar. A situação na Frente era desastrosa, mas Himmler, embora comandante em chefe do Grupo de Exércitos do Vístula, sentia-se capaz de relaxar longe de seu quartel-general. Depois da ceia, Bormann e Fegelein conversaram com Eva Braun. O assunto foi, provavelmente, sua partida de Berlim, pois Hitler queria-a fora de perigo. Na noite seguinte ela deu uma festa de despedida para Hitler, Bormann e os Fegelein. Partiu para Berchtesgaden na outra noite, sexta-feira, 9 de fevereiro, com a irmã Gretl Fegelein. Hitler providenciou para que Bormann as escoltasse até o trem.

Bormann, Reichsleiter do Partido Nacional-Socialista, cujos Gauleiters, em tantos casos, impediram a evacuação de mulheres e crianças até que fosse tarde demais, nunca menciona em seu diário os que fugiam em pânico das regiões orientais. A incompetência com que cuidaram da crise dos refugiados era deprimente, mas no caso da hierarquia nazista muitas vezes é difícil dizer onde acaba a irresponsabilidade e começa a desumanidade. Num relatório da "Situação da Evacuação" de 10 de fevereiro, perceberam subitamente que, com 800 mil ainda a resgatar na costa do Báltico e com trens e barcos levando uma média de mil pessoas cada, "não há embarcações, material rodante nem veículos suficientes à nossa disposição". Mas não há menção de os líderes nazistas abandonarem seus luxuosos "trens especiais".

6
Leste e Oeste

Na manhã de 2 de fevereiro, enquanto os primeiros contra-ataques alemães eram lançados contra as cabeças de ponte do Oder, o USS *Quincy* chegou a Malta. "O cruzador que levava o presidente", escreveu Churchill, "entrou majestosamente" no Grande Porto de Valetta, "ferido em combate". Ele subiu a bordo para saudar Roosevelt. Embora Churchill não admitisse que o presidente estava mal, seus colegas ficaram abalados ao ver como parecia exausto.

A reunião entre os dois homens foi amigável, para não dizer afetuosa, mas o secretário do Exterior de Churchill, Anthony Eden, estava preocupado. A tensão continuara a crescer entre os aliados ocidentais em relação à invasão da Alemanha pelo oeste. Agora estavam a ponto de voar para Ialta, na Crimeia, para decidir com Stalin o mapa da Europa Central depois da guerra. Também estavam divididos a este respeito, enquanto o líder soviético sabia exatamente o que queria. Churchill e Eden estavam mais preocupados com a independência da Polônia. A prioridade de Roosevelt era a criação das Nações Unidas para o mundo do pós-guerra.

Em aviões separados, o presidente e o primeiro-ministro decolaram nas primeiras horas de 3 de fevereiro. Escoltados por caças Mustang de longo alcance e sem luzes visíveis na cabine, voaram para leste na direção do mar Negro, seguindo uma frota de aviões de transporte que levavam as duas delegações. Chegaram, depois de um voo de sete horas e meia, a Saki, perto de Eupatória. Lá foram recebidos por Molotov e Vishinski, ex-promotor dos julgamentos dos expurgos e na época vice-ministro do Exterior. Stalin, que sofria de um medo terrível de voar, só chegou na manhã seguinte, domingo, 4 de fevereiro. Viajara de Moscou em seu vagão ferroviário verde, ainda com algumas decorações *art nouveau* da época tsarista.

Os chefes de Estado-Maior americanos ficaram abrigados no antigo palácio do tsar. O general George C. Marshall viu-se no quarto da tsarina, com uma escada secreta supostamente usada por Rasputin. Seus colegas britânicos ficaram no Castelo de Alupka, do príncipe Vorontsov, uma extravagante mistura de estilo mouro com escocês senhorial de meados do século XIX. O presidente Roosevelt, para ser poupado de mais viagens, ficou instalado no Palácio Livadia, onde teriam lugar as principais discussões. Tanta coisa fora destruída durante o combate na Crimeia e na retirada alemã que obras volumosas, incluindo todo o encanamento novo, tinham sido executadas com grande rapidez pelas autoridades soviéticas, para tornar esses palácios habitáveis. Em meio aos terríveis danos da guerra, não se pouparam esforços para entreter os hóspedes com banquetes de caviar e champanhe do Cáucaso. Churchill não pôde resistir a chamar essa costa de palácios de verão fantasmagóricos de "Riviera do Hades". Nem mesmo ele suspeitou que todos os quartos tinham equipamento de escuta. O NKVD também instalara microfones direcionais para cobrir o jardim.

Stalin visitou Churchill naquela tarde, ansioso para dar a impressão de que o Exército Vermelho poderia estar em Berlim a qualquer momento. Depois foi apresentar seus respeitos ao presidente Roosevelt. Com Roosevelt, seus modos tornaram-se quase reverentes e sua versão dos acontecimentos mudou por completo. Desta vez Stalin enfatizou a força da resistência alemã e a dificuldade de cruzar o rio Oder. Roosevelt estava certo de que ele, e não Churchill, sabia como lidar com o líder soviético, e Stalin aproveitou-se disso. Roosevelt acreditava que tudo era apenas uma questão de conquistar a confiança de Stalin, algo que Churchill jamais conseguiria fazer. Chegou a admitir abertamente seus desacordos com os britânicos a respeito da estratégia para a invasão da Alemanha. Quando sugeriu que Eisenhower tivesse contato direto com o *Stavka*, Stalin encorajou calorosamente a ideia. O líder soviético via as vantagens da franqueza americana, enquanto cedia pouco em troca.

Os líderes americanos tinham outra razão para não se oporem a Stalin. Ainda não sabiam se a bomba atômica funcionaria e, assim, queriam desesperadamente levar Stalin à guerra contra o Japão. Parece que não lhes ocorreu que também era muito vantajoso para Stalin chegar como vencedor ao espólio depois que o combate estivesse praticamente acabado.

Na primeira sessão, que começou pouco depois, Stalin graciosamente propôs que o presidente Roosevelt presidisse as reuniões. O líder soviético usava a medalha de Herói da União Soviética com seu uniforme de marechal. As calças listradas estavam enfiadas em botas de macio couro caucasiano. Essas botas tinham salto alto, porque ele era extremamente preocupado com sua baixa estatura. Stalin também evitava luzes fortes sempre que possível, porque elas revelavam as marcas de varíola em seu rosto. Todos os retratos oficiais eram pesadamente retocados para esconder essas imperfeições.

O general Antonov, chefe do Estado-Maior soviético, fez um impressionante relato da situação, mas os chefes do Estado-Maior americano e britânico sentiram que lhe faltavam detalhes. Os britânicos, em especial, sentiram que as informações trocadas entre os aliados pareciam uma estrada de mão única. Antonov também afirmou que a data da grande ofensiva fora antecipada para ajudar os americanos e britânicos. O general Marshall, por sua vez, sublinhou o efeito do bombardeio aliado sobre a indústria bélica alemã, as comunicações ferroviárias e o suprimento de combustível, o que ajudou muito a União Soviética em seus recentes êxitos. O clima da reunião quase se estragou quando Stalin distorceu deliberadamente coisas ditas por Churchill, e Roosevelt teve de intervir.

Naquela noite, no jantar, o clima em geral amigável foi ameaçado outra vez por observações soviéticas que demonstravam total desprezo pelos direitos dos pequenos países. Roosevelt, na esperança de aliviar a atmosfera, disse a Stalin que ele era conhecido popularmente como "Tio Joe". Stalin, que claramente nunca fora informado disso por seus próprios diplomatas, ficou ofendido com o apelido que considerou vulgar e desrespeitoso. Desta vez foi Churchill que se intrometeu para salvar a situação, com um brinde aos Três Grandes – expressão de autocongratulação à qual Stalin não podia deixar de reagir. Mas ele aproveitou-a como mais uma oportunidade de enfatizar a questão de que os Três Grandes decidiriam o destino do mundo e que os pequenos países não teriam poder de veto. Nem Roosevelt nem Churchill conseguiram ver a ligação.

Na manhã seguinte, segunda-feira, 5 de fevereiro, os chefes do Estado-Maior combinado americano e britânico encontraram-se com a equipe do *Stavka*, liderada pelo general Antonov. O *Stavka* queria, especialmente, que se fizesse pressão sobre a Itália para impedir que divisões alemãs fossem retiradas para uso na Hungria. Isso era perfeitamente razoável e lógico por si só, mas também pode ter sido parte da tentativa soviética de convencer os americanos e britânicos a concentrar seus esforços mais ao sul, bem longe de Berlim. Mas tanto o general Marshall, chefe do Estado-Maior do Exército americano, quanto o marechal de campo Sir Alan Brooke, chefe do Estado-Maior Geral Imperial, avisaram ao *Stavka*, com bastante franqueza, que não podiam impedir o movimento de formações alemãs de uma frente a outra, a não ser aumentando os ataques aéreos a ferrovias e centros de comunicação.

O ponto crucial da conferência toda ficou visível naquela tarde e no dia seguinte. A discussão começou com o período do pós-guerra imediato e o tratamento a ser dado à Alemanha derrotada. Estimava-se que a vitória aconteceria a qualquer momento a partir do verão. Roosevelt falou sobre a Comissão Consultiva Europeia e as futuras zonas de ocupação. Stalin deixou claro que queria que a Alemanha fosse completamente desmembrada. Então Roosevelt anunciou, sem aviso prévio, que as forças dos Estados Unidos não ficariam na Europa mais de dois anos depois da rendição da Alemanha. Churchill ficou intimamente estarrecido. Isso só encorajaria Stalin a ser mais inflexível, e a Europa devastada pela guerra podia ficar fraca demais para resistir ao torvelinho comunista.

Stalin também deixou claro que pretendia dilapidar a indústria alemã como pagamento em gênero da reivindicação da União Soviética de 10 bilhões de dólares como reparação de guerra. Ele não tocou no assunto na conferência, mas comissões do governo, compostas de auditores soviéticos muito desajeitados em suas fardas de coronel, estavam seguindo de perto cada exército em seu avanço. Sua tarefa era "o confisco sistemático da indústria e da riqueza alemãs". Além disso, o grupo do NKVD em cada quartel-general do Exército tinha uma equipe especializada em abrir cofres, preferivelmente antes que um soldado soviético tentasse explodi-lo com um *panzerfaust* capturado, destruindo tudo o que estava dentro. Stalin estava decidido a extrair cada grama de ouro que pudesse.

A única questão que apaixonava Stalin e Churchill era a Polônia. O debate não era tanto sobre as futuras fronteiras do país, mas sobre a composição de seu governo. Churchill declarou que a Polônia totalmente independente, verdadeira razão pela qual a Grã-Bretanha fora à guerra em setembro de 1939, era uma questão de honra.

Stalin, em sua resposta, referiu-se muito obliquamente às cláusulas secretas do pacto nazi-soviético de 1939, que permitira à União Soviética invadir e ocupar a parte leste da Polônia e os estados bálticos enquanto os nazistas ficavam com a metade ocidental.

– É uma questão de honra – disse Stalin, levantando-se –, porque os russos cometeram muitos pecados contra os poloneses no passado e o governo soviético deseja reparar a situação.

Depois desta abertura desavergonhada, considerando-se a opressão soviética da Polônia já em andamento, Stalin foi ao ponto central do assunto.

– É também uma questão de segurança, porque a Polônia representa o problema estratégico mais grave da União Soviética. Em toda a História, a Polônia serviu de corredor para os inimigos que vinham atacar a Rússia. – Então argumentou que, para prevenir isso, a Polônia tinha de ser forte. – É por isso que a União Soviética está interessada na criação de uma Polônia poderosa, livre e independente. A questão polonesa é uma questão de vida ou morte para o estado soviético.

A contradição mútua e flagrante das duas últimas frases era óbvia. Embora nunca tenha sido afirmado abertamente, a União Soviética só aceitaria uma Polônia totalmente subserviente como zona-tampão. Nem Churchill nem Roosevelt podiam apreciar totalmente o choque da invasão alemã de 1941 e a determinação de Stalin de nunca mais ser surpreendido por outro inimigo. É bem possível argumentar que a origem da Guerra Fria está naquela experiência traumática.

Ainda assim, Churchill percebeu que não tinha chance quando Stalin invocou a necessidade de garantir as linhas de comunicação do Exército Vermelho na batalha de Berlim, que se aproximava. O líder soviético jogou suas cartas com muita destreza. O provisório "governo de Varsóvia", como insistia em chamá-lo – os americanos e britânicos ainda se referiam a esses comunistas controlados pelo NKVD como "governo de Lublin" –, estava em seu lugar e era, afirmou, popularíssimo. Quanto à democracia, argumentou, o governo polonês exilado em Londres não possuía mais apoio democrático do que De Gaulle gozava na França. Não se pode saber ao certo se Churchill decifrou corretamente a mensagem velada: você não deve me contradizer no caso da Polônia porque mantive o Partido Comunista francês sob controle. Suas linhas de comunicação não foram perturbadas pela atividade revolucionária do movimento de resistência dominado pelos comunistas na França.

Para insistir na questão sobre as respectivas esferas de influência, Stalin perguntou maliciosamente como estavam as coisas na Grécia. O líder soviético, com base no chamado acordo de "percentagem" do último mês de outubro, que dividia as esferas de influência nos Bálcãs, prometera não criar problemas na Grécia e respeitar o controle britânico ali. Em Ialta, Stalin parece ter insinuado que tanto a Polônia quanto a França deveriam ser consideradas como extensão do acordo de percentagem, mas o primeiro-ministro britânico não conseguiu decifrar o texto. O marechal de campo Sir Alan Brooke suspeitou, na época, que houve muita coisa que Churchill não compreendeu.

Stalin não aliviou a pressão. Afirmou que 212 soldados soviéticos haviam sido mortos por poloneses. Churchill foi obrigado a concordar que os ataques da resistência polonesa não comunista, o Armia Krajowa, ao Exército Vermelho eram totalmente inaceitáveis. O primeiro-ministro não sabia que os regimentos do NKVD encarregados da segurança da retaguarda eram, na maioria dos casos, os agressores, prendendo quaisquer membros do movimento guerrilheiro e algumas vezes usando tortura para forçá-los a revelar outros nomes e a localização de seus depósitos de armas. Roosevelt, claramente exausto e doente demais para intervir, só podia insistir em eleições livres na Polônia, mas esta era uma esperança hipócrita com a máquina toda em mãos soviéticas. Seu principal assessor, Harry Hopkins, estimou que Roosevelt provavelmente não entendeu metade do que foi dito.

Stalin estava convencido de que vencera. Assim que os delegados soviéticos sentiram que não havia mais questionamento ao seu controle da Polônia, deixaram subitamente de lado a oposição ao sistema de voto nas Nações Unidas proposto pelos americanos. A outra preocupação americana importante, de que Stalin se comprometesse com a guerra ao Japão logo após a derrota da Alemanha, foi resolvida em uma reunião fechada em 8 de fevereiro.

O líder soviético não foi generoso na vitória. Quando Churchill exprimiu, em outra reunião, seu medo de que uma mudança tão vasta das fronteiras da Polônia à custa da Alemanha causasse enorme mudança da população, Stalin retorquiu que isso não seria problema. Falou triunfante sobre a imensa onda de refugiados alemães que fugia do Exército Vermelho.

EM 13 DE FEVEREIRO, dois dias depois do fim da Conferência de Ialta, o poderio soviético foi novamente confirmado com a queda de Budapeste. O fim dessa terrível batalha pela cidade foi marcado por uma orgia de mortes, pilhagens, destruição e estupro. Mas Hitler ainda queria contra-atacar na Hungria com o Sexto Exército Panzer SS. Esperava esmagar a Terceira Frente Ucraniana do marechal Tolbuhin, mas nisto era como o jogador compulsivo que lançava na mesa as últimas fichas que lhe tinham sobrado das Ardenas.

Naquela noite, os britânicos bombardearam Dresden. Na manhã seguinte, que por acaso era Quarta-feira de Cinzas, a Força Aérea dos Estados Unidos seguiu o mesmo caminho e também atacou vários alvos menores. Este pretendia ser o rápido cumprimento da promessa feita ao *Stavka* de atrapalhar o movimento das tropas alemãs pela destruição das comunicações ferroviárias. O fato de que houve 180 ataques de bombas V à Inglaterra naquela semana, seu maior número até então, pouco fez para enternecer o coração dos planejadores. Dresden, a magnificamente bela capital da Saxônia, nunca fora gravemente bombardeada. Os habitantes da cidade costumavam brincar, quase acreditando, que Churchill tinha uma tia que morava ali e que era por isso que tinham sido poupados. Mas os ataques de 13 e 14 de fevereiro foram impiedosos. O efeito, de certa forma, foi comparável à tempestade de fogo sobre Hamburgo. Mas a população de Dresden estava inchada com até 300 mil refugiados do Leste. Vários trens cheios deles estavam presos na estação principal. A tragédia foi que, em vez de tropas que passavam por Dresden indo para a frente, como afirmara o serviço militar de informações soviético, o tráfego era de civis e seguia na direção contrária.

Goebbels aparentemente tremeu de fúria ao ouvir a notícia. Queria executar o mesmo número de prisioneiros de guerra que o de civis mortos no ataque. A ideia pareceu atraente a Hitler. Uma medida tão extrema seria rasgar a Convenção de Genebra bem na frente dos aliados ocidentais e forçar seus próprios soldados a lutar até o fim. Mas o general Jodl, com o apoio de Ribbentrop, do marechal de campo Keitel e do almirante Dönitz, finalmente convenceu-o de que tal escalada de terror acabaria sendo pior para a Alemanha. Goebbels, ainda assim, extraiu tudo o que pôde desse "ataque de terror". Prometeram-se aos soldados com parentes na cidade licenças de luto. Hans-Dietrich Genscher lembra alguns deles voltando da visita. Relutavam em falar sobre o que viram.

NA FRENTE OCIDENTAL, os americanos e britânicos não estavam avançando tão depressa quanto o Exército Vermelho. A batalha pela Renânia, que começou durante as conversações de Ialta, foi também lenta e estudada. Eisenhower não tinha pressa. Achava que as enchentes de primavera tornariam o Reno impossível de cruzar antes do início de maio. Passariam mais seis semanas antes que todos os exércitos de Eisenhower estivessem prontos na margem Oeste do Reno. Só o milagre da captura da ponte intacta do Reno em Remagen permitiu a aceleração do programa.

Eisenhower estava profundamente irritado com as constantes críticas britânicas à sua estratégia metódica de uma frente ampla. Churchill, Brooke e o marechal de campo Montgomery queriam, todos, um irrompimento reforçado para avançar sobre Berlim. Suas razões eram principalmente políticas. A captura de Berlim antes que o Exército Vermelho chegasse ajudaria a restaurar o equilíbrio de poder com Stalin. Mas também sentiam, em termos militares, que a tomada da capital do Reich causaria o maior dos golpes psicológicos à resistência alemã e encurtaria a guerra. Os argumentos britânicos a favor do impulso único rumo ao coração da Alemanha, contudo, não tiveram o apoio do insuportável marechal de campo Montgomery. No final da primeira semana de janeiro, ele tentara assumir muito mais crédito pela derrota da ofensiva alemã nas Ardenas do que lhe era devido. Este estorvo crasso e desagradável enfureceu naturalmente os generais americanos e deixou Churchill profundamente embaraçado. Com certeza, não ajudou a convencer Eisenhower a permitir que Montgomery liderasse um grande ataque pelo norte da Alemanha até Berlim.

Eisenhower, como comandante supremo, continuava a insistir que não era tarefa sua cuidar do mundo no pós-guerra. Sua tarefa era terminar a guerra com eficácia e o mínimo possível de baixas. Sentia que os britânicos estavam deixando que a política do pós-guerra dominasse a estratégia militar. Eisenhower estava genuinamente agradecido a Stalin pelo esforço feito para antecipar a data da ofensiva de janeiro, ainda que não soubesse do motivo oculto de Stalin para dominar a Polônia antes da Conferência de Ialta.

Os planejadores políticos dos Estados Unidos simplesmente não desejavam provocar Stalin de forma alguma. John G. Winant, embaixador dos Estados Unidos em Londres, enquanto discutia as zonas de ocupação na Comissão Consultiva Europeia, chegou a recusar-se a levantar a questão de um corredor terrestre até Berlim com medo de que isto estragasse o relacionamento com seu colega soviético. A política de aplacar Stalin vinha de cima e era amplamente aceita. Robert Murphy, conselheiro político de Eisenhower, ouvira de Roosevelt que "o mais importante era convencer os russos a confiar em nós". Isto não poderia ser melhor para Stalin. A afirmação de Roosevelt – "Posso lidar com Stalin" – era parte do que Robert Murphy reconhecia como "a teoria americana tão predominante" de que as amizades individuais podem determinar a política nacional. "Os diplomatas e os responsáveis pela política soviética nunca agiram segundo aquela teoria", acrescentou. O desejo americano de conquistar a confiança de Stalin cegou-os para a questão de até que ponto podiam confiar nele. E este era um homem cuja falta de respeito pela lei internacional o levara a sugerir, com toda a calma, que deveriam invadir a Alemanha pela neutra Suíça, deste modo "flanqueando a Muralha Ocidental".

O RESSENTIMENTO SOVIÉTICO baseava-se no fato de que, em comparação, os Estados Unidos e a Grã-Bretanha tinham sofrido tão pouco. A Alemanha nazista também tratara os prisioneiros aliados de modo totalmente diferente dos prisioneiros do Exército Vermelho. Um relatório da Primeira Frente Bielorrussa sobre a libertação de um campo de prisioneiros de guerra perto de Thorn ressalta o contraste com fatos. A aparência dos presos americanos, britânicos e franceses era saudável. "Pareciam mais pessoas em férias que prisioneiros de guerra", afirmava o relatório, "enquanto os prisioneiros soviéticos estavam emaciados, enrolados em cobertores." Os prisioneiros dos países aliados ocidentais não tinham de trabalhar, podiam jogar futebol e recebiam pacotes de alimentos da Cruz Vermelha. Enquanto isso, em outra parte do campo, "17 mil prisioneiros soviéticos foram mortos ou morreram de fome ou doença. O 'regime especial' para prisioneiros soviéticos consistia de 300 gramas de sucedâneo de pão e 1 litro de sopa de beterrabas forrageiras apodrecidas por dia. Os prisioneiros saudáveis eram forçados a cavar trincheiras, os fracos eram mortos ou enterrados vivos".

Eram guardados por "traidores" do Exército Vermelho, recrutados com a promessa de rações melhores. Esses voluntários tratavam "os prisioneiros de guerra soviéticos com mais crueldade que os alemães". Diziam que alguns guardas eram alemães do Volga. Ordenavam que os prisioneiros se despissem e lançavam os cães sobre eles. Aparentemente, os alemães realizaram uma tentativa de "propaganda maciça" para persuadir os prisioneiros a se unirem ao ROA, o exército de ex-soldados soviéticos com fardas da Wehrmacht do general Vlasov. "Muitos ucranianos e uzbeques venderam-se aos alemães", afirmou um prisioneiro. Foi descrito como "ex-membro do Partido" e "ex-primeiro-tenente". Isso porque os membros do Exército Vermelho foram destituídos de todas as honras simplesmente por se terem permitido aprisionar.

As punições impostas aos prisioneiros soviéticos incluíam forçá-los a fazer flexões de joelho durante até sete horas, "o que aleijava completamente a vítima". Também eram obrigados a correr subindo e descendo escadas entre guardas armados com cassetetes de borracha em cada patamar. Em outro campo, oficiais feridos eram colocados sob o chuveiro frio no inverno e deixados para morrer de hipotermia. Os soldados soviéticos eram submetidos ao "cavalo-de-pau", tortura do século XVIII que consistia em amarrar o prisioneiro montado em um enorme cavalete. Alguns eram obrigados a correr como alvos vivos para a prática de tiro dos guardas das SS. Outro castigo era conhecido como "*Achtung!*". Um prisioneiro soviético era obrigado a despir-se e ajoelhar-se ao ar livre. Treinadores com cães de ataque esperavam dos dois lados. No momento em que ele parava de gritar "*Achtung! Achtung! Achtung!*", os cães eram lançados sobre ele. Também se usavam cães quando os prisioneiros caíam depois de forçados a fazer "marchas esportivas" a passo de ganso em ritmo veloz. Podem ter sido as notícias desse tipo de castigo que inspiraram práticas semelhantes contra prisioneiros alemães capturados por soldados soviéticos em seus avanços recentes. Um prisioneiro de guerra britânico, um piloto de caça que fugiu, recolhido por uma unidade da Primeira

Frente Ucraniana e levado com ela, viu um jovem soldado das SS ser obrigado a tocar piano para seus captores russos. Deixaram claro, na linguagem de sinais, que seria executado assim que parasse. Ele conseguiu tocar durante 16 horas antes de cair aos soluços sobre o teclado. Deram-lhe um tapinha nas costas, depois o arrastaram para fora e o fuzilaram.

O EXÉRCITO VERMELHO avançou sobre o território alemão com uma mistura turbulenta de raiva e exultação. "Todo mundo parece ter gaitas alemãs", observou Grossman, "o instrumento do soldado por ser o único que se pode tocar em um veículo ou carroça chacoalhante." Também choravam seus camaradas. Iakov Zinovievitch Aronov, artilheiro, foi morto perto de Königsberg em 19 de fevereiro, Pouco antes de sua morte, escreveu para a família uma carta típica de soldado: "Estamos surrando e destruindo o inimigo, que foge de volta para o seu covil como um animal ferido. Vivo muito bem e estou vivo e com saúde. Todos os meus pensamentos são sobre surrar o inimigo e voltar para todos vocês." Outra carta era muito mais reveladora, porque foi dirigida a um colega soldado capaz de compreendê-lo. "Amo tanto a vida, ainda não vivi. Só tenho 19 anos. Vejo muitas vezes a morte à minha frente e luto com ela. Luto e até agora estou ganhando. Sou um batedor da artilharia e você pode imaginar como é. Para resumir as coisas, muitas vezes corrijo o fogo de minha bateria, e só quando as granadas atingem o alvo sinto-me alegre."

Aronov foi morto "numa enevoada manhã prussiana", escreveu seu amigo mais íntimo a Irina, irmã do rapaz morto. Os dois haviam combatido juntos desde Vitebsk até Königsberg. "Assim, Ira, a guerra separou muitos amigos e muito sangue foi derramado, mas nós, irmãos em armas, estamos nos vingando das serpentes de Hitler por nossos irmãos e amigos, por seu sangue." Aronov foi enterrado por seus camaradas "na beira da floresta". Presumivelmente, seu túmulo foi marcado como outros, com um bastão e um pedacinho de pano vermelho amarrado. Se encontrado pelos soldados da unidade de engenharia responsável, seria substituído por uma pequena placa de madeira. Havia corpos demais, espalhados demais para serem trasladados para cemitérios.

Os soldados do Exército Vermelho também ficaram marcados por seus encontros com trabalhadores escravos que tentavam voltar para casa. Muitos eram camponesas com lenços amarrados na cabeça, cobrindo a testa, e usando faixas improvisadas para aquecer as pernas. O capitão Agranenko, o dramaturgo, encontrou uma carroça cheia de mulheres na Prússia Oriental. Perguntou quem eram. "Somos russas. Russas", responderam, cheias de alegria ao ouvir uma voz amigável. Ele apertou as mãos de cada uma delas. Uma velha começou a chorar de repente. "É a primeira vez em três anos que alguém me aperta a mão", explicou.

Agranenko também encontrou uma "bela da região de Orel, chamada Tatiana Hilchakova". Estava voltando para casa com um bebê de dois meses. No acampamento alemão de trabalhadores escravos conhecera um tcheco e se apaixonara. Tinham prometido se casar, mas quando o Exército Vermelho chegou seu noivo tcheco apresentou-se imediatamente como voluntário para combater os alemães. "Tatiana não sabe seu endereço. Ele não sabe o dela. E é improvável que a guerra venha a reuni-los de novo." Talvez, por infelicidade ainda maior, ela tenha sofrido mais ainda ao voltar para casa em Orel, por ter mantido relações com um estrangeiro.

A PRINCIPAL PREOCUPAÇÃO do *Stavka* naquela época continuava a ser a grande lacuna no "balcão do Báltico", entre a Primeira Frente Bielorrussa de Jukov e o flanco esquerdo da Segunda Frente Bielorrussa de Rokossovski. Em 6 de fevereiro, Stalin ligou de Ialta para Jukov. Perguntou-lhe o que estava fazendo. Jukov respondeu que estava em uma reunião com comandantes do Exército para discutir o avanço sobre Berlim partindo das novas cabeças de ponte do Oder. Stalin retorquiu que estava perdendo tempo. Deviam consolidar a posição no Oder e depois infletir para o norte para unir-se a Rokossovski.

Tchuikov, comandante do Oitavo Exército de Guardas, que parecia irritado com Jukov desde Stalingrado, mostrou-se desdenhoso por Jukov não ter defendido com mais vigor o avanço sobre Berlim. A amarga discussão continuou durante um bom tempo nos anos do pós-guerra. Tchuikov defendia que um impulso rápido no início de fevereiro teria encontrado Berlim indefesa. Mas Jukov e outros sentiram que, com os soldados exaustos e a grave escassez de suprimentos, sem falar da ameaça de contra-ataque pelo norte a seu flanco direito exposto, o risco era grande demais.

Enquanto isso, na Prússia Oriental, as forças alemãs estavam detidas mas ainda não derrotadas. Os restos do Quarto Exército, que não conseguira escapar no final de janeiro, fora espremido no *Kessel* de Heiligenbeil, de costas para o Frisches Haff. Seu principal apoio de artilharia vinha dos canhões pesados dos cruzadores *Almirante Scheer* e *Lützow*, que disparavam do Báltico, do outro lado da restinga de Frische Nehrung e da laguna congelada.

Os remanescentes do Terceiro Exército Panzer em Königsberg haviam sido isolados da península de Samland, mas em 19 de fevereiro um ataque conjunto pelos dois lados criou um corredor terrestre que foi duramente defendido. A evacuação de civis e feridos do pequeno porto de Pillau, na ponta da península de Samland, intensificou-se, mas muitos civis temiam partir de navio depois do torpedeamento do *Wilhelm Gustloff* e de outros barcos de refugiados. Nas primeiras horas de 12 de fevereiro, o navio-hospital *General von Steuben* foi torpedeado depois de deixar Pillau com 2.680 feridos. Quase todos se afogaram.

O Segundo Exército, enquanto isso, fora forçado de volta para o baixo Vístula e seu estuário, defendendo Dantzig e o porto de Gdynia. Formou o flanco esquerdo do Grupo de Exércitos do Vístula, de Himmler. No centro, na Pomerânia oriental, formava-se o novo 11º Exército Panzer SS. O flanco direito de Himmler no Oder consistia dos remanescentes do Nono Exército do general Busse, que fora tão severamente golpeado no Oeste da Polônia.

Himmler raramente se aventurava fora de seu luxuoso trem especial, o *Steiermark*, que chamara de seu "quartel-general de campanha". O Reichsführer SS percebia agora que a responsabilidade do comando militar era bem maior do que imaginara. Sua "insegurança como líder militar", escreveu o coronel Eismann, "tornava-o incapaz de uma apresentação firme da situação operacional a Hitler, que dirá de defender-se". Himmler costumava voltar da conferência de situação do Führer com os nervos em frangalhos. Os oficiais do estado-maior não se divertiam muito com o paradoxo de que o *temido Himmler* pudesse ser tão medroso. Sua "atitude servil" frente a Hitler e seu medo de admitir o estado desastroso de suas forças "causavam grande dano e custaram enorme quantidade de sangue desnecessário".

Himmler, buscando refúgio nos clichês agressivos do próprio Führer, falava em mais contra-ataques. Depois da debacle de Demmlhuber, Himmler decidiu criar o chamado 11º Exército Panzer SS. Na verdade, todo o Grupo de Exércitos do Vístula, nos primeiros dias, só continha três divisões Panzer com efetivo reduzido. No máximo, as formações disponíveis constituíam um corpo, "mas Exército Panzer", observou Eismann, "causa melhor impressão". Himmler tinha outro motivo, no entanto. Era promover oficiais das Waffen SS no Estado-Maior e no comando de campanha. O Obergruppenführer Steiner foi designado seu comandante. Steiner, soldado experiente, era, com certeza, opção bem melhor que outros oficiais superiores das Waffen SS. Mas sua tarefa não era fácil.

O general Guderian, decidido a manter aberto um corredor até a fronteira da Prússia Oriental, argumentou em uma conferência de situação, na primeira semana de fevereiro, que era necessária uma operação ambiciosa. Estava ainda mais falador do que de costume naquele dia, após ter bebido um pouco num almoço mais cedo com o embaixador japonês. Guderian queria um movimento em pinça a partir do Oder, ao sul de Berlim, e um ataque vindo da Pomerânia para cortar os exércitos da vanguarda de Jukov. Para reunir soldados suficientes, mais divisões encurraladas inutilmente na Curlândia e em outros pontos precisavam ser trazidas de volta pelo mar e a ofensiva da Hungria, adiada. Hitler recusou mais uma vez.

– O senhor precisa acreditar em mim – persistiu Guderian – quando digo que não é só a teimosia de minha parte que me faz continuar propondo a evacuação da Curlândia. Não vejo nenhum outro caminho para acumularmos reservas, e sem reservas não temos esperança de defender a capital. Garanto-lhe que estou agindo tão somente no interesse da Alemanha.

Hitler começou a tremer de raiva ao se pôr de pé.

– Como ousa me falar assim? – gritou. – Acha que não estou lutando pela Alemanha? Toda a minha vida foi uma longa luta pela Alemanha!

O coronel de Maizière, novo oficial de operações em Zossen, jamais vira uma briga dessas e ficou ali de pé, chocado e temeroso pelo chefe do Estado-Maior. Para dar fim ao frenesi de Hitler, Göring levou Guderian para fora da sala em busca de café enquanto todos se acalmavam.

O principal temor de Guderian era que o Segundo Exército, tentando manter a ligação entre a Prússia Oriental e a Pomerânia, corresse o risco de ficar isolado. Assim, defendeu, em vez disso, um único ataque rumo ao sul, partindo do "balcão do Báltico". Esse ataque ao flanco direito de Jukov também impediria que os soviéticos tentassem atacar Berlim imediatamente. Em 13 de fevereiro, uma conferência final sobre a operação realizou-se na Chancelaria do Reich. Himmler, como comandante em chefe do Grupo de Exércitos do Vístula, estava presente, assim como o Oberstgruppenführer Sepp Dietrich. Guderian também levou seu representante extremamente capaz, o general Wenck. Guderian deixou claro, desde o início, que queria que a operação começasse dali a dois dias. Himmler opôs-se, dizendo que nem todo o combustível e a munição tinham chegado. Hitler deu-lhe apoio e logo o Führer e seu chefe do Estado-Maior do Exército estavam tendo outra rusga. Guderian insistia que Wenck deveria dirigir a operação.

– O Reichsführer SS é homem o bastante para realizar o ataque sozinho – disse Hitler.

– O Reichsführer SS não tem nem a experiência necessária nem um estado-maior suficientemente competente para controlar o ataque sozinho. A presença do general Wenck é, portanto, essencial.

– Não permito – gritou Hitler – que o senhor me diga que o Reichsführer SS é incapaz de cumprir seu dever.

A discussão continuou por muito tempo. Hitler estava literalmente enlouquecido de raiva, e gritava. Guderian afirma ter levantado os olhos para um retrato de Bismarck, o Chanceler de Ferro, com seu capacete, imaginado o que ele pensaria sobre o que acontecia no país que ajudara a criar. Para surpresa de Guderian, de repente Hitler parou de andar de um lado para outro e disse a Himmler que o general Wenck se juntaria a seu quartel-general naquela noite e conduziria a ofensiva. Então sentou-se abruptamente e sorriu para Guderian.

– Agora, por favor, continuemos a reunião. O Estado-Maior geral ganhou uma batalha hoje.

Mais tarde Guderian ignorou as admoestações de Keitel na antessala de que poderia ter causado um ataque apoplético no Führer. Temia que seu limitado triunfo tivesse vida curta.

Em 16 de fevereiro, a ofensiva da Pomerânia, conhecida como batalha de blindados de Stargard, começou sob o comando de Wenck. Mais de 1.200 tanques haviam sido alocados, mas faltavam trens para transportá-los. Até uma divisão Panzer com efetivo reduzido precisava de cinquenta trens para transportar seus homens e veículos. Era muito mais grave a escassez de munição e combustível, dos quais só havia o suficiente para três dias de operações. A lição da ofensiva das Ardenas não fora aprendida.

Os oficiais do estado-maior do Exército tinham pretendido dar à ofensiva o nome em código de "*Husarenritt*", ou Cavalgada dos Hussardos, o que por si só parecia reconhecer que ela poderia ser nada além de uma cavalgada. Mas as SS insistiram em um nome muito mais dramático: "*Sonnenwende*", ou solstício. Na ocasião não foi nem uma cavalgada de hussardos – um degelo súbito fez com que os blindados logo se atolassem na lama – nem um solstício, já que mudou bem pouca coisa. A Wehrmacht mal pôde suportar as enormes perdas de tanques quando o Segundo Exército Blindado de Guardas contra-atacou.

A baixa de mais alta patente foi o general Wenck que, voltando a seu quartel-general depois de levar informações ao Führer na noite de 17 de fevereiro, adormeceu ao volante e ficou gravemente ferido. Foi substituído pelo general Krebs, esperto oficial de estado-maior que fora adido militar em Moscou antes da Operação Barbarossa. A tentativa de reverter o contra-ataque soviético, contudo, teve de ser abandonada dois dias depois. Tudo o que se pode dizer em favor da ofensiva é que ganhou tempo. O Kremlin convenceu-se de que um avanço rápido para Berlim estava fora de questão antes que o litoral da Pomerânia estivesse ocupado.

As tentativas de Hitler de designar "cidades-fortalezas" e de recusar-se a permitir a evacuação de tropas cercadas faziam parte de um padrão suicida de sacrifício forçado e sofrimento inútil. Ele sabia que estavam condenadas porque faltava à Luftwaffe combustível e aeronaves para supri-las, mas ainda assim sua política privou o Grupo de Exércitos do Vístula de tropas experientes.

Königsberg e Breslau conseguiram manter-se, mas outras cidades designadas por Hitler como fortalezas ou quebra-mares logo caíram. No sul da Pomerânia, Schneidemühl, a menor e menos protegida, caiu em 14 de fevereiro, depois de uma defesa desesperada. Dessa vez nem mesmo Hitler queixou-se e concedeu Cruzes de Cavaleiro tanto ao comandante quanto ao segundo no comando. Quatro dias depois, em 18 de fevereiro, enquanto a Operação Sonnenwende atolava-se na lama, o general Tchuikov deu o sinal para atacar a fortaleza de Poznan. Seu Sétimo Departamento, como em Stalingrado, precedera o bombardeio com transmissões por alto-falante de música lúgubre intercalada com mensagens de que a rendição era a única maneira de salvar a vida e voltar para casa. Disseram aos alemães que não tinham esperança de escapar, já que agora estavam 200 quilômetros atrás da linha de frente.

A artilharia de sítio começara o processo de amolecimento nove dias antes, mas na manhã de 18 de fevereiro 1.400 canhões, morteiros e lançadores de foguete Katiúcha estavam prontos para o canhoneio de quatro horas. Grupos de assalto lutavam na fortaleza, cuja superestrutura fora esfacelada por granadas explosivas. Quando a resistência de um forte se mantinha, um obuseiro de 203mm era trazido e destruía as muralhas com a mira aberta. Lança-chamas eram usados e cargas explosivas jogadas nos dutos de ventilação. Os soldados alemães que tentavam render-se eram alvejados por seus próprios oficiais. Mas o fim era iminente. Na noite de 22 para 23 de fevereiro, o comandante, o general Ernst Gomell, estendeu a bandeira da suástica no chão de seu quarto, deitou-se nela e matou-se com um tiro. O restante da guarnição capitulou.

O SÍTIO DE BRESLAU seria ainda mais prolongado: a cidade se manteve firme mesmo depois que Berlim caíra. Como resultado, este foi um dos mais terríveis da guerra. O fanático Gauleiter Hanke decidira que a capital da Silésia não seria derrotada. Foi ele quem usou camionetes com alto-falantes para ordenar às mulheres e crianças que fugissem da cidade no fim de janeiro. As que morreram congeladas foram responsabilidade inteiramente sua.

A cidade tinha um bom estoque de alimentos, mas pouca munição. A tentativa de lançar munição de paraquedas foi um desperdício terrível de recursos da Luftwaffe. O general Schörner, comandante em chefe do Grupo de Exércitos Centro, decidiu então enviar parte do 25º Regimento de Paraquedistas, no final de fevereiro, para reforçar a guarnição. O comandante do regimento declarou insistentemente que não havia zona de pouso, mas em 22 de fevereiro o batalhão embarcou em aviões-transporte Junker 52 em Jüterbog, ao sul de Berlim. À meia-noite as aeronaves aproximaram-se de Breslau. "Acima da cidade", escreveu mais tarde um dos paraquedistas, "podíamos ver grandes incêndios e encontramos pesado fogo antiaéreo." Um rádio atingido deixou-os sem contato com o controle de terra e pousaram em um campo perto de Dresden. Outra tentativa foi realizada duas noites depois. O fogo antiaéreo soviético foi ainda mais intenso quando sobrevoaram em círculos a cidade em chamas durante vinte minutos, tentando encontrar um lugar para pousar. Três aeronaves se perderam: uma delas chocou-se com a chaminé de uma fábrica.

As medidas disciplinares de Hanke, apoiadas pela política de "força pelo medo" do general Schörner, foram terríveis. A execução era arbitrária. Até crianças de 10 anos foram postas a trabalhar sob o ataque de aviões e da artilharia soviéticos para limpar uma pista dentro da cidade. Qualquer tentativa de render-se daqueles que buscavam "preservar suas pobres vidas" seria punida com a sentença de morte aplicada imediatamente. "Medidas decisivas" também seriam tomadas contra suas famílias. Schörner argumentava que "quase quatro anos de uma guerra asiática" mudara completamente o soldado da frente de batalha: "Ela o endureceu e fanatizou na luta contra os bolcheviques (...) A campanha no Leste desenvolveu o soldado político."

A BRAVATA DE STALIN em Ialta de que a população da Prússia Oriental e a da Silésia tinham fugido não era verdadeira ainda. Gente demais continuava presa nas cidades sitiadas. Os civis alemães da Prússia Oriental também continuavam a sofrer, onde quer que estivessem, fosse em Königsberg ou no *Kessel* de Heiligenbeil, tentando partir de navio do porto de Pillau, fugir a pé para o oeste ou permanecer em casa. O degelo de fevereiro fez com que a camada de gelo de Frisches Haff só pudesse ser cruzada a pé, e não de carroça. A saída para Dantzig, para a Pomerânia e para oeste ainda estava aberta, mas todos perceberam que era apenas questão de tempo para que a Primeira Frente Bielorrussa chegasse até o Báltico.

Beria foi informado por um alto oficial da SMERSH que "parte significativa da população da Prússia Oriental" que fugira para Königsberg descobrira que lá havia pouco espaço e ainda menos comida. Tinham sorte quando recebiam 180 gramas de pão por dia. "Mulheres famintas com filhos estão se arrastando pela estrada", na esperança de que o Exército Vermelho as alimentasse. Por esses civis o serviço de informações do Exército Vermelho soube que "o moral da guarnição de Königsberg está gravemente abalado. Foram dadas novas ordens gerais para que qualquer alemão que não se apresente para servir na linha de frente seja morto na mesma hora (...) Os soldados vestem roupas civis e desertam. Em 6 e 7 de fevereiro, cadáveres de oitenta soldados alemães foram empilhados na estação de trem ao Norte. Um cartaz foi colocado acima deles: 'Eram covardes, mas também morreram.'"

DEPOIS DO FRACASSO da Operação *Sonnenwende*, Dantzig ficou cada vez mais ameaçada. A Kriegsmarine fez grandes esforços para salvar o máximo possível de feridos e civis. No decorrer de um único dia, 21 de fevereiro, 51 mil foram levados embora. As autoridades nazistas estimavam que só faltava evacuar 150 mil pessoas, mas uma semana depois descobriram que Dantzig tinha agora uma população de 1,2 milhão de habitantes, dos quais 530 mil eram refugiados. Esforços ainda maiores foram feitos. Em 8 de março, 34 trens de gado cheios de civis partiram da Pomerânia rumo a Mecklenburg, a oeste do Oder. Hitler queria levar 150 mil refugiados para a Dinamarca. Dois dias depois, foram dadas as instruções: "O Führer ordenou que de agora em diante Copenhague deve tornar-se um santuário." Também em 10 de março, o total estimado da fuga de refugiados alemães das províncias orientais subiu para 11 milhões de pessoas.

Ainda assim, mesmo quando a cidade de Dantzig fervilhava de refugiados apavorados e desesperados para escapar, o trabalho vil continuava no Instituto Médico-Anatômico da cidade. Depois que o Exército Vermelho conquistou a cidade, enviou-se para lá uma comissão especial para investigar a fabricação de sabão e couro com "cadáveres de cidadãos da URSS, da Polônia e de outros países, mortos em campos de concentração alemães". Em 1943 o professor Spanner e o professor-assistente Volman tinham começado as experiências. Então, construíram instalações especiais para a produção. "O exame das instalações do Instituto Anatômico revelou 148 cadáveres humanos que estavam armazenados para a produção de sabão, dos quais 126 eram cadáveres de homens, 18 de mulheres e quatro de crianças. Oitenta cadáveres de homens e dois de mulheres não tinham cabeça. Também foram encontradas 89 cabeças humanas." Os cadáveres e as cabeças estavam armazenados em contêineres de metal com solução álcool-carbólica. Parece que a maioria deles vinha do campo de concentração de Stutthof, perto da cidade. "As pessoas executadas cujos cadáveres foram usados para fazer sabão eram de diversas nacionalidades, mas na maioria poloneses, russos e uzbeques." O trabalho, evidentemente, recebera aprovação oficial, considerando a elevada patente de seus visitantes. "O Instituto Anatômico foi visitado pelo ministro da Educação, Rust, e pelo ministro da Assistência Médica, Konti. O Gauleiter de Dantzig, Albert Förster, visitou o instituto em 1944, quando o sabão já estava sendo produzido. Examinou todas as instalações do Instituto Anatômico e acho que sabia da produção de sabão com cadáveres humanos." Os aspectos mais espantosos dessa história de horror são que nada foi destruído antes que o Exército Vermelho chegasse e que o professor Spanner e seus colegas jamais tenham sido levados a juízo depois da guerra. O processamento de cadáveres não era um crime.

O campo de Stutthof continha, principalmente, prisioneiros soviéticos e certa quantidade de poloneses, uma mistura de soldados e judeus. Uns 16 mil prisioneiros morreram no campo de febre tifoide, em seis semanas. Quando o Exército Vermelho se aproximou, ordenaram aos prisioneiros que eliminassem todas as pistas. O forno crematório foi explodido e dez alojamentos, nos quais ficavam os judeus, foram queimados. Aparentemente, soldados rasos alemães tiveram de participar das execuções de prisioneiros de guerra do Exército Vermelho e de civis soviéticos.

Quer forçados pelo medo de vingança pelos crimes de guerra ou pelo medo dos bolcheviques e do trabalho escravo na Sibéria, a exausta Wehrmacht continuava a marchar e combater. "Os alemães ainda não perderam a esperança", afirmava uma análise do serviço de informações francês naquele mês de fevereiro, "eles não ousam fazê-lo." Os oficiais soviéticos explicavam de modo um pouco diferente: "O moral é baixo, mas a disciplina é forte."

7
A limpeza da retaguarda

Em 14 de fevereiro, na Prússia Oriental, um comboio de veículos militares com identificação do Exército Vermelho saiu da estrada principal que ia de Rastenburg a Angeburg. O caminho lateral levava para uma densa floresta de pinheiros. Toda a região estava imbuída de um ar melancólico.

Uma elevada cerca de arame farpado, encimada por rolos de arame, tornou-se visível da estrada. Os veículos logo atingiram uma barreira com um aviso em alemão: "Pare. Instalações militares. Entrada proibida a civis." Era a entrada do antigo quartel-general de Hitler, o *Wolfsschanze*.

Os caminhões levavam soldados da guarda de fronteira da 57ª Divisão de Infantaria do NKVD. Os oficiais no comando do comboio usavam fardas do Exército Vermelho, mas não prestavam obediência à sua hierarquia. Como membros do serviço de contra-inteligência SMERSH, eram, em teoria, responsáveis somente perante Stalin. Seus sentimentos em relação ao Exército Vermelho na época não eram de camaradagem. Os veículos dilapidados que haviam recebido vinham de unidades do Exército que aproveitaram a oportunidade para livrar-se de seu pior equipamento. Embora esta fosse uma prática comum, a SMERSH e o NKVD não a apreciavam.

Seu líder usava uma farda de general do Exército Vermelho. Era o vice-comissário de Segurança do Estado, Victor Semionovich Abakumov. Beria nomeara-o primeiro chefe da SMERSH em abril de 1943, logo depois da vitória em Stalingrado. Abakumov, às vezes, seguia o hábito de seu líder de prender moças para estuprá-las, mas a especialidade de seu chefe era participar das surras em prisioneiros com cassetetes de borracha. Para não estragar o tapete persa de seu escritório "uma passadeira suja, salpicada de sangue, era estendida" antes que o infeliz fosse levado.

Abakumov, embora ainda chefe da SMERSH, fora enviado por Beria para realizar as "necessárias medidas da polícia secreta" na retaguarda do avanço da Terceira Frente Bielorrussa na Prússia Oriental. Abakumov garantira que o efetivo de 12 mil homens do NKVD diretamente sob seu comando fosse o maior de todos os ligados aos grupos de exércitos que invadiam a Alemanha. Era ainda maior que o dos exércitos do marechal Jukov.

A neve úmida circundava tudo. A julgar pelo relatório de Abakumov a Beria, os soldados do NKVD apearam e bloquearam a estrada, enquanto ele e os oficiais da SMERSH começavam sua inspeção. Como tinham sido encontradas armadilhas na área de Rastenburg, sem dúvida eram cautelosos. À direita da barreira de entrada havia várias fortificações de pedra que continham minas e material de camuflagem. Do lado esquerdo havia alojamentos onde tinham morado os guardas. Os oficiais da SMERSH encontraram ombreiras e fardas do batalhão *Führerbegleit*. O medo de Hitler no ano anterior de ser capturado por um ataque-surpresa de paraquedistas soviéticos levou "o batalhão da guarda do Führer a transformar-se em uma brigada mista".

Seguindo a estrada mais para dentro da floresta, Abakumov viu cartazes de ambos os lados. Foram-lhe traduzidos por seu intérprete: "É proibido sair da estrada" e "Cuidado, minas!". Abakumov estava obviamente tomando notas o tempo todo para seu relatório a Beria que, ele sabia, seria passado a Stalin. O chefe tinha um interesse obsessivo por todos os detalhes da vida de Hitler.

O aspecto mais espantoso do relatório de Abakumov, contudo, é o grau da ignorância soviética que revela sobre o lugar. Isto é ainda mais surpreendente quando se leva em conta quantos generais alemães foram capturados e interrogados entre a rendição em Stalingrado e o início de 1945. Parecem ter levado quase duas semanas para encontrar esse complexo de 4 quilômetros quadrados. O disfarce visto de cima era mesmo de impressionar. Todas as estradas e aleias eram cobertas de redes verdes de camuflagem. As linhas retas eram quebradas com árvores e arbustos artificiais. Todas as luzes externas tinham lâmpadas azul-escuras. Até os postos de observação, com até 35 metros de altura na floresta, pareciam pinheiros.

Quando entraram no primeiro perímetro interno, Abakumov observou as "defesas de concreto armado, o arame farpado, os campos minados e o grande número de posições de fogo e alojamentos para guardas". No portão nº 1 todos os *bunkers* haviam sido explodidos depois da partida definitiva do Führer, em 20 de novembro de 1944, há menos de três meses, mas Abakumov, claramente, não fazia ideia de quando o complexo fora abandonado. Chegaram a uma segunda cerca interna de arame farpado, depois a uma terceira. No conjunto central encontraram *bunkers* com janelas blindadas ligados a uma garagem subterrânea capaz de abrigar 18 carros.

"Entramos com todo o cuidado", escreveu Abakumov. Encontraram um cofre, mas estava vazio. Os quartos, observou ele, eram "mobiliados com muita simplicidade". (O lugar já fora descrito como mistura de mosteiro com campo de concentração.) Os oficiais da SMERSH só tiveram certeza de que tinham encontrado o lugar certo quando descobriram uma placa em uma porta que dizia: "Ajudante de ordens da Wehrmacht do Führer." O quarto de Hitler foi identificado por uma fotografia sua com Mussolini.

Abakumov não revelou emoção alguma com o fato de finalmente estarem no lugar de onde Hitler comandara seu massacre impiedoso contra a União Soviética. Parecia muito mais preocupado com as construções de concreto armado e suas dimensões. Profundamente impressionado, parece ter imaginado que talvez Beria e Stalin gostariam de construir algo semelhante: "Creio que seria interessante que nossos especialistas inspecionassem o quartel-general de Hitler e vissem todos esses *bunkers* bem-organizados", escreveu. Apesar da vitória iminente, os líderes soviéticos não pareciam sentir-se tão mais seguros que seu arqui-inimigo.

Os destacamentos da SMERSH e as divisões do NKVD ligados às frentes eram, nas palavras do próprio Stalin, "indispensáveis" para cuidar de "todos os elementos indignos de confiança encontrados nos territórios ocupados". "As divisões não têm artilharia", contara Stalin ao general Bull, do Exército dos Estados Unidos, durante a reunião com o marechal do ar Tedder, "mas estão bem-equipadas com armas automáticas, carros blindados e blindados leves. Também devem ter recursos bem desenvolvidos para investigação e interrogatório."

Nos territórios alemães, como a Prússia Oriental e a Silésia, a prioridade dos regimentos de infantaria do NKVD era cercar ou perseguir soldados alemães extraviados e ultrapassados pelo avanço. As autoridades soviéticas definiam todo homem da Volkssturm como membro da Wehrmacht, mas como quase todos entre 15 e 55 anos foram convocados, isto incluía a maioria dos homens do local. Esses membros da Volkssturm que ficaram em casa em vez de fugir nas jornadas eram, portanto, em muitos casos, rotulados como grupos de sabotagem deixados para trás, ainda que fossem idosos. Mais de duzentos "sabotadores e terroristas" alemães foram dados como "fuzilados no local" pelas forças do NKVD, mas o número verdadeiro provavelmente foi muito mais alto.

Na Polônia, a descrição de Stalin de "elementos indignos de confiança" não se referia à minúscula minoria de poloneses que tinham colaborado com os alemães. Aplicava-se a todos os que apoiavam o governo polonês no exílio e o Armia Krajowa, que deflagrara o Levante de Varsóvia no ano anterior. Stalin via a revolta de Varsóvia contra os alemães como um "ato criminoso de política antissoviética". A seus olhos, fora claramente uma tentativa de tomar a capital polonesa em nome do "governo emigrado em Londres" logo antes da chegada do Exército Vermelho, que suportara todos os combates e todas as baixas. Sua traição vergonhosa à Polônia frente aos nazistas em 1939 e o massacre de oficiais poloneses ordenado por Beria em Katyn, evidentemente, não valia a pena considerar. Ele também ignorou o fato de que os poloneses haviam sofrido, proporcionalmente, ainda mais que a União Soviética, tendo perdido mais de 20 por cento de sua população. Stalin estava convencido de que a Polônia e seu governo eram seus por direito de conquista, e este sentimento de posse era amplamente partilhado pelo Exército Vermelho. Quando as forças soviéticas cruzaram a fronteira alemã da Polônia, muitos sentiram que "pelo menos limpamos nosso próprio território", supondo instintivamente que a Polônia era parte integrante da União Soviética.

A afirmação de Stalin em Ialta de que o governo provisório comunista gozava de grande popularidade na Polônia era, é claro, uma afirmação totalmente subjetiva. As memórias de Jukov foram bem mais reveladoras quando ele se referiu aos poloneses em geral e acrescentou: "alguns deles eram leais a nós." Os opositores do domínio soviético eram chamados de "agentes inimigos", fosse qual fosse seu histórico de resistência aos alemães. O fato de que o Armia Krajowa era uma força aliada foi ignorado. Em outra frase interessante, Jukov referiu-se à necessidade de controlar suas próprias tropas: "Tínhamos de fazer um trabalho educativo ainda mais elaborado com todos os soldados da Frente para que não houvesse nenhum ato impensado desde o início de nossa estada." Sua "estada" duraria mais de 45 anos.

O grau de controle de Beria sobre o governo provisório polonês foi indicado pela nomeação do próprio general Serov como "conselheiro" do Ministério da Segurança da Polônia em 20 de março, com o nome "Ivanov". Os conselheiros não ficavam muito acima do vice-comissário de Segurança do Estado. Serov estava especialmente bem-qualificado para o cargo. Supervisionara as deportações em massa do Cáucaso e, antes, fora encarregado da repressão de Lvov em 1939, quando a União Soviética ocupou o leste da Polônia e prendeu e matou oficiais, donos de terras, padres e professores que poderiam opor-se ao seu domínio. Cerca de 2 milhões de poloneses foram deportados para o Gulag e começou uma campanha de coletivização forçada.

A política deliberada de Stalin era confundir o Armia Krajowa com a força nacionalista ucraniana, o UPA, ou pelo menos insinuar que estavam intimamente ligados. Goebbels, enquanto isso, aproveitava todos os exemplos de resistência guerrilheira à ocupação soviética. Afirmou que havia 40 mil homens na resistência estoniana, 10 mil na Lituânia e 50 mil na Ucrânia. Chegou a citar o *Pravda* de 7 de outubro de 1944, alegando que havia "nacionalistas germano-ucranianos". Tudo isso dava mais justificativa aos regimentos do NKVD em sua "limpeza da retaguarda". Foi um bom exemplo de ambos os lados alimentando-se com vantagem da propaganda um do outro.

Outro potencial inimigo polonês também foi investigado no início de março. A SMERSH, quase imediatamente após estabelecer-se na Polônia, iniciou uma "pesquisa dos parentes de Rokossovski", presumivelmente para verificar se algum deles podia ser definido como "elemento inimigo". O marechal Rokossovski era meio polonês e essa investigação, com toda a certeza, foi realizada por ordens de Beria. Ele não esquecera que Rokossovski fugira de suas garras. Nikolai Bulganin, membro político do conselho militar de Rokossovski na Segunda Frente Bielorrussa, era o cão de guarda de Stalin.

A DETERMINAÇÃO DE STALIN de esmagar o Armia Krajowa transformou depois um incidente menor em um grande contratempo entre a União Soviética e os Estados Unidos. Em 5 de fevereiro, enquanto a Conferência de Ialta estava em andamento, o tenente Myron King da Força Aérea dos Estados Unidos fez um pouso de emergência com seu B-17 em Kuflevo. Um jovem polonês surgiu e pediu para partir com eles. Levaram-no a bordo e voaram para a base aérea soviética de Schutchin, onde poderiam consertar adequadamente a aeronave. A tripulação emprestou-lhe uma farda e quando pousaram "o civil fingiu ser Jack Smith, membro da tripulação", escreveu o general Antonov em sua queixa oficial. "Só depois da intervenção do comando soviético", continuou Antonov, "o tenente King anunciou que aquele não era membro da tripulação, mas um estranho que não conheciam e que aceitaram a bordo do aeroplano para levá-lo para a Inglaterra." "Segundo nossas informações", concluiu Antonov, "era um terrorista-sabotador trazido de Londres para a Polônia." O governo dos Estados Unidos desculpou-se efusivamente. Chegou a organizar a corte marcial de King na União Soviética, em sua base aérea emprestada perto de Poltava, e pediram a Antonov que fornecesse testemunhas de acusação. Stalin valorizou ao máximo este incidente. Disse a Averell Harriman que isto provava que os Estados Unidos estavam fornecendo os Poloneses Brancos para atacar o Exército Vermelho.

Outro incidente ocorreu em 22 de março na base aérea soviética de Mielec, onde um Liberator americano pousou devido à falta de combustível. O comandante soviético, conhecedor dos perigos após o incidente de King, colocou uma guarda no avião e obrigou a tripulação a passar a noite em uma cabana próxima. Mas a tripulação de dez homens sob o comando do tenente Donald Bridge, depois de mantida ali por dois dias, pediu permissão para buscar pertences pessoais na aeronave. Assim que se viram a bordo, ligaram os motores e decolaram, ignorando todos os sinais para parar. "O capitão-engenheiro soviético Melamedev, que aceitara a tripulação de Donald Bridge", escreveu Antonov ao general Reade em Moscou, "ficou tão indignado e desconcertado com este evento que, no mesmo dia, matou-se." Sua morte, contudo, deve ter bem mais a ver com o ultraje dos oficiais da SMERSH com a "negligência do oficial e dos guardas que haviam sido destacados para vigiar o avião". Este incidente também foi citado como "prova" de que "elementos inimigos estão usando estes pousos para transportar terroristas, sabotadores e agentes do governo polonês exilado em Londres para o território polonês".

É difícil saber se as autoridades soviéticas estavam de fato paranoicas ou se estavam entregues a uma ofensa moral que se perpetuava a si mesma. Quando um tenente-coronel americano que estivera visitando prisioneiros de guerra dos Estados Unidos libertados em Lublin voltou a Moscou, depois que seu passe expirou, o general Antonov, sem dúvida por ordem de Stalin, impediu a partida de todas as aeronaves americanas "na União Soviética e nas áreas controladas pelo Exército Vermelho".

NA PRÚSSIA ORIENTAL os relatórios referiam-se a "bandos de alemães de até mil indivíduos" que atacavam a retaguarda da Segunda Frente Bielorrussa de Rokossovski. As unidades do NKVD organizaram "varreduras da floresta para liquidá-los". Na maioria dos casos, contudo, esses bandos consistiam de grupos de homens da Volkssturm local escondidos na floresta. Às vezes, emboscavam caminhões, motociclistas e carroças de suprimentos para obter comida. Em Kreisburg, soldados do NKVD descobriram duas "padarias secretas" fazendo pão para soldados escondidos na mata. As moças que lhes levavam comida foram capturadas por patrulhas do NKVD.

Numa varredura em 21 de fevereiro o 14º Cordão do 127º Regimento da Guardas de Fronteira, liderado pelo segundo-tenente Hismatulin, vasculhava um trecho de mata fechada quando o sargento Zavgorodni percebeu meias de lã penduradas em uma árvore. "Isso fez com que suspeitasse da presença de pessoas desconhecidas. Investigaram a área e acharam três trincheiras bem-camufladas que levavam a um *bunker*, onde encontraram três soldados inimigos com fuzis."

Minas e armadilhas continuavam a ser uma grande preocupação. Para melhorar a limpeza das minas, 22 cães foram designados para cada Regimento de Guardas de Fronteira do NKVD. Cães farejadores – "cães especiais para cheirar bandidos", como explica o relatório – também foram trazidos para caçar mais alemães ocultos nas florestas da Prússia Oriental.

Muitos relatórios parecem ter sido dramatizados e exagerados pelos comandantes locais no desejo de fazer com que seu trabalho soasse mais importante. Um relatório sobre "terroristas entregues à SMERSH para interrogatório" revelava que todos esses "terroristas" nasceram antes de 1900. Tsanava, chefe do NKVD da Segunda Frente Bielorrussa, descreveu a prisão de Ulrich Behr, alemão nascido em 1906. "Ele confessou sob interrogatório que, em fevereiro de 1945, foi engajado como espião por um morador pertencente ao serviço de inteligência alemão, o Hauptmann Schrap. Sua missão era ficar na retaguarda do Exército Vermelho para recrutar agentes e realizar sabotagem, coleta de informações e atividades terroristas. No cumprimento desta tarefa, Behr recrutou 12 agentes." Em algumas ocasiões, soldados desgarrados ou membros da Volkssturm foram descritos como "deixados na retaguarda pelo serviço de inteligência alemão com a tarefa de realizar sabotagem". O incidente mais ridículo foi a "sabotagem de uma linha de transmissão de energia perto de Hindenburg", na Silésia. Após uma busca apavorante de culpados, descobriu-se que fora causada por um treino de artilharia do Exército Vermelho. Pedaços de *shrapnel** tinham rompido os cabos.

No entanto, quando o chefe da SMERSH na Segunda Frente Bielorrussa afirmou que seus homens tinham descoberto "uma escola de sabotagem alemã na aldeia de Kovalyowo", talvez estivesse certo. Os nomes dos aprendizes eram todos russos ou ucranianos. Os alemães, em seu desespero, vinham recorrendo cada vez mais ao uso de prisioneiros soviéticos. Muitos desses russos e ucranianos, provavelmente, tinham se apresentado como voluntários na esperança de encontrar um caminho fácil para casa, mas nem sua pronta rendição às autoridades militares soviéticas os salvaria, a julgar por outros casos.

Os DESTACAMENTOS DO NKVD parecem ter passado mais tempo revistando casas e estábulos do que vasculhando as imensas áreas de floresta. Um destacamento encontrou um grupo de oito mulheres alemãs sentadas em uma meda de feno. "Um sargento alerta" descobriu que não eram mulheres, mas "soldados alemães usando vestidos de mulher". Houve muitos relatos desta natureza.

Parece que as famílias camponesas da Prússia Oriental eram muitas vezes tão ingênuas quanto suas correspondentes russas. As patrulhas que revistavam casas descobriram que os habitantes não conseguiam parar de olhar para um objeto específico ou deixá-lo de lado. Em uma casa, a mulher foi sentar-se sobre uma arca. Os soldados do NKVD empurraram-na e encontraram um homem escondido dentro dela. Certa patrulha observou os olhares preocupados do proprietário da casa para a cama. Os soldados do NKVD tiraram o colchão e

---

*Estilhaços de granadas de artilharia. (*N. da T.*)

viram que o estrado era alto demais. Removeram o estrado e encontraram um homem vestido de mulher. Em outra casa, acharam um homem escondido debaixo dos casacos em um cabide. Os pés do homem estavam fora do chão porque ele se pendurara com uma correia sob as axilas. Em geral, eram usados os esconderijos mais óbvios, como galpões, celeiros e medas de feno. Cães farejadores logo os encontravam. Só uns poucos construíram refúgios subterrâneos. Às vezes, as patrulhas do NKVD não se davam o trabalho de revistar uma casa. Incendiavam-na, e os que não morriam queimados eram alvejados ao pular as janelas.

Enquanto muitos homens da Volkssturm queriam ficar perto de suas fazendas, os soldados da Wehrmacht desgarrados de suas unidades tentavam escapulir pela linha de frente, de volta à Alemanha. Em muitos casos, vestiam fardas do Exército Vermelho tiradas dos soldados que matavam. Quando pegos, eram, em sua maioria, fuzilados na mesma hora. Quaisquer prisioneiros, fossem alemães, russos ou poloneses, eram colocados em uma "prisão preliminar". Esses prédios costumavam ser apenas uma casa requisitada, com arame farpado pregado sobre as janelas e o cartaz "Cadeia: NKVD da URSS" riscado a giz em uma parede externa. Eram, então, interrogados pela SMERSH e, dependendo da confissão obtida, enviados para um campo de prisioneiros ou para batalhões de trabalho forçado.

Os chefes do NKVD também mantinham os olhos atentos em suas questões de negócios. O general Rogatin, comandante das tropas do NKVD da Segunda Frente Bielorrussa e ex-comandante do NKVD em Stalingrado, descobriu "que em algumas unidades [do NKVD] a maioria dos oficiais e soldados não está engajada no cumprimento de seu dever, mas sim ativa na coleta de propriedade pilhada (...) Determinou-se que a propriedade saqueada seria partilhada dentro dos regimentos sem o conhecimento do estado-maior da divisão. Nos regimentos há casos de venda e troca de produtos de pilhagem, açúcar, fumo, vinho e gasolina tomados de motoristas das unidades avançadas do Exército Vermelho, e motocicletas. Tal situação nos regimentos [do NKVD] e a ausência de disciplina levaram a um pronunciado aumento de eventos extraordinários. Há soldados que cumprem seu dever e há os outros que nada mais fazem além de pilhar. Os saqueadores devem agora ser postos a trabalhar junto com os que cumprem seu dever". Parece que não se fazia questão de puni-los e a expressão "sem o conhecimento do estado-maior da divisão" é muito reveladora. O quartel-general divisional ofendeu-se, provavelmente, por ter descoberto que não estava recebendo sua parte do butim.

NÃO HÁ DÚVIDA de que o Exército Vermelho irritava-se com os "ratos da retaguarda" do NKVD, mas o sentimento era mútuo. O NKVD não apreciava ter de cuidar da munição e das armas abandonadas pelos alemães e pelas unidades avançadas do Exército Vermelho. "Tudo isso leva a furtos maciços por bandidos e pela população local. Já se notou que adolescentes tomam essas armas e organizam grupos armados e aterrorizam a população. Isto cria condições favoráveis ao crescimento do banditismo." Foi também dada uma ordem que proibia o uso de granadas para pescar, esporte popular entre os homens do Exército Vermelho nos muitos lagos da Prússia Oriental e da Polônia.

Os regimentos de infantaria do NKVD tinham de cuidar não só de soldados alemães desgarrados e membros da Volkssturm que viviam como foras da lei nas florestas como também de grupos de desertores do Exército Vermelho. Em 7 de março, um grupo de "15 desertores armados" emboscou uma patrulha do NKVD da Segunda Frente Bielorrussa, perto da aldeia de Dertz. Outro grupo de oito também vivia na floresta próxima. Todos tinham desertado no fim de dezembro de 1944. Dois dias depois, o NKVD relatou ter "encontrado mais desertores voltando da Frente nas áreas de retaguarda". Outro "grupo de bandidos" formado por desertores do Terceiro Exército, liderado por um capitão ucraniano e membro do partido com a Ordem da Bandeira Vermelha, que desertara do hospital em 6 de março, vivia nas terras vizinhas a Ortelsburg. Seu grupo, armado com submetralhadoras e pistolas, era extremamente heterogêneo. Incluía homens de Tula, Sverdlovsk, Voronej e da Ucrânia, assim como um polonês, três mulheres alemãs e um alemão do distrito de Ortelsburg.

A maioria dos desertores, no entanto, em especial os bielorrussos e ucranianos, muitos dos quais eram poloneses co-optados, tentava escapulir para casa, sozinhos ou em duplas. Alguns se vestiam de mulher. Outros enrolavam-se em bandagens, iam até os entroncamentos ferroviários e roubavam os documentos de homens feridos. Um novo passe especial para feridos teve de ser criado para acabar com isso Às vezes, os homens simplesmente desapareciam, e ninguém sabia se tinham desertado ou morrido em batalha. Em 27 de janeiro, dois tanques T-34 do Sexto Corpo Blindado de Guardas na Prússia Oriental partiu em uma operação e nem os veículos nem os 16 tanquistas e infantes que os acompanhavam foram vistos de novo, vivos ou mortos.

APESAR DO GRANDE número de soldados do NKVD na retaguarda havia, espantosamente, pouco controle sobre o efetivo do Exército Vermelho. "Os líderes militares soviéticos", afirmava um relatório do serviço de inteligência alemão de 9 de fevereiro, "estão preocupados com a crescente falta de disciplina que resulta de seu avanço por uma região que, para os russos, é próspera." As propriedades eram pilhadas e destruídas e os civis necessários para o trabalho forçado eram mortos à toa. O caos também era causado pelo número de civis "cidadãos da URSS que vêm à Prússia Oriental recolher propriedades capturadas".

A morte sem sentido de um Herói da União Soviética, o coronel Gorelov, comandante de uma brigada blindada de guarda, horrorizou muitos oficiais da Primeira Frente Bielorrussa. No início de fevereiro ele tentava organizar um engarrafamento de tráfego na estrada a poucos quilômetros da fronteira alemã e foi alvejado por soldados bêbados. "Tais casos de violência sangrenta ligada à bebida não são isolados", observou Grossman. Um único regimento do NKVD teve cinco mortos e 34 feridos, atropelados por motoristas durante as dez primeiras semanas do ano.

As jovens controladoras de tráfego não usavam apitos quando tentavam restaurar a ordem nos engarrafamentos; disparavam suas submetralhadoras para o ar. Certa ocasião, na retaguarda da Segunda Frente Bielorrussa, uma jovem controladora de tráfego chamada Lídia correu até a janela do motorista de um veículo que bloqueara a estrada. Começou a gritar obscenidades. Isto não fez muito efeito. Obscenidades foram-lhe gritadas de volta. Mas nisso ela recebeu o reforço inesperado no vulto alto e impressionante do marechal Rokossovski, que pulara de seu carro do Estado-Maior, sacando a pistola de raiva. Quando o motorista viu o marechal, ficou literalmente paralisado de medo. Seu oficial perdeu por completo a cabeça. Saltou do veículo e correu para esconder-se nos arbustos.

A ENTRADA DAS FORÇAS soviéticas em território alemão fez com que os planos de Stalin para forçar os alemães a trabalharem para a União Soviética pudessem ser postos em prática. Em 6 de fevereiro foi dada a ordem de "mobilizar todos os alemães em condições de trabalhar, de 17 a 50 anos, formar batalhões de trabalho de mil a mil e duzentos homens cada e enviá-los à Bielorrússia e à Ucrânia para consertar os danos de guerra". Disseram aos alemães mobilizados que se apresentassem nos pontos de reunião com roupas quentes e boas botas. Também deviam levar roupa de cama, roupas íntimas de reserva e alimentos para duas semanas.

Com os membros da Volkssturm enviados para campos de prisioneiros de guerra, o NKVD só conseguiu alistar 68.680 trabalhadores forçados alemães até 9 de março, a vasta maioria dos quais na retaguarda dos exércitos de Jukov e Konev. Grande parte era de mulheres. De início, muitos dos chamados batalhões de trabalho foram usados localmente para limpar destroços e ajudar o Exército Vermelho. A atitude dos soldados soviéticos para com os civis alistados era de intensa *schadenfreude*.* Agranenko observou um cabo do Exército Vermelho formar uma turma de homens e mulheres, todos eles trabalhadores alemães, em quatro filas. Ele rugiu a palavra de comando em alemão esfarrapado: "Para a Sibéria, fodam-se!"

Em 10 de abril, a quantidade mandada à União Soviética para trabalhos forçados aumentou rapidamente, com 59.536 enviados para a região ocidental, principalmente à Ucrânia. Embora ainda menos do que Stalin planejara, sofreram pelo menos tanto quanto seus correspondentes soviéticos arrebanhados anteriormente pela Wehrmacht. Naturalmente, era pior para as mulheres. Muitas foram obrigadas a deixar para trás os filhos, com parentes ou amigos. Em alguns casos foram obrigadas até a abandoná-los. Suas vidas a partir daí não seriam simplesmente de sujeição ao trabalho pesado, mas também de ocasionais estupros pelos guardas, com infecções venéreas como consequência. Outros 20 mil homens foram empregados no "trabalho de desmontagem", pilhando as fábricas da Silésia.

STALIN PODE TER descrito os regimentos de infantaria do NKVD para o general Bull como "uma gendarmeria", mas ainda é espantoso como intervieram pouco para impedir sa-

---

*Satisfação com o sofrimento alheio. (*N. da T.*)

ques, estupros e o assassinato aleatório de civis. Parece só haver um exemplo de intervenção em seus relatórios. Em abril, um grupo do 217º Regimento de Guardas de Fronteira do NKVD prendeu cinco soldados que invadiram um "dormitório de polonesas repatriadas".

O pouquíssimo que os soldados do NKVD faziam para proteger os civis de todo tipo de violência revela-se indiretamente nos relatórios de seus próprios chefes a Beria. Em 8 de março, Serov, representante do NKVD na Primeira Frente Bielorrussa, relatou a onda contínua de suicídios. Em 12 de março, dois meses depois de começada a ofensiva de Tcherniakovski, o chefe do NKVD no Norte da Prússia Oriental relatou a Beria que "os suicídios de alemães, particularmente de mulheres, estão ficando cada vez mais generalizados". Para os que não tinham pistola nem veneno, a maioria dos suicídios consistia de gente que se enforcava no sótão com a corda amarrada às traves do telhado. Algumas mulheres, incapazes de se obrigarem a enforcar uma criança, cortavam, primeiro, os pulsos dos filhos e, depois, os seus.

Os regimentos de infantaria do NKVD não puniam seus próprios soldados por estupro; só os puniam caso pegassem doenças venéreas de suas vítimas, que em geral haviam sido contaminadas por um estuprador anterior. O estupro propriamente dito, num eufemismo tipicamente stalinista, era chamado de "evento imoral". É interessante que os historiadores russos de hoje ainda produzem circunlóquios evasivos. "Os fenômenos negativos no exército de libertação", escreve um deles sobre o tema do estupro em massa, "causaram danos significativos ao prestígio da União Soviética e das Forças Armadas e poderiam ter influência negativa sobre as relações futuras com os países por onde passavam nossas tropas."

Esta frase também reconhece indiretamente que houve muitos casos de estupro na Polônia. Mas muito mais chocante, do ponto de vista russo, é o fato de que os oficiais e soldados do Exército Vermelho também estupraram mulheres e moças ucranianas, russas e bielorrussas libertadas do trabalho escravo na Alemanha. Muitas moças não tinham mais de 16 anos quando levadas para o Reich; algumas, apenas 14. O estupro generalizado de mulheres tiradas à força da União Soviética solapa completamente qualquer tentativa de justificar o comportamento do Exército Vermelho com base na vingança pela brutalidade alemã na União Soviética. A prova disto, com certeza, não se restringe apenas aos cadernos não publicados de Vasili Grossman. Um relatório detalhadíssimo vai muito mais além.

Em 29 de março, o Comitê Central do Komsomol (Juventude Comunista) falou ao colega de Stalin, Malenkov, sobre um relatório da Primeira Frente Ucraniana. "Este memorando trata de jovens levados à Alemanha e libertados pelos soldados do Exército Vermelho. Tsigankov [subchefe do departamento político da Primeira Frente Ucraniana] relata numerosos fatos extraordinários que afetam a grande felicidade dos cidadãos soviéticos libertados da escravidão alemã. Os jovens expressam sua gratidão ao Camarada Stalin e ao Exército Vermelho por sua salvação."

"Na noite de 24 de fevereiro", contou Tsigankov no primeiro de muitos exemplos, "um grupo de 35 tenentes provisórios em sequência e o comandante de seu batalhão invadiram o dormitório das mulheres na aldeia de Grutenberg, 10 quilômetros a leste de Els, e estupraram-nas." Três dias depois, "um primeiro-tenente desconhecido da tropa blindada foi a cavalo até onde moças colhiam trigo. Apeou e falou com uma moça da região de Dniepropetrovsk chamada Gritsenko, Anna. De onde você é?, perguntou ele. Ela respondeu a este primeiro-tenente. Ele ordenou-lhe que se aproximasse. Ela se recusou. Então ele puxou da arma e atirou nela, mas ela não morreu. Muitos incidentes semelhantes ocorreram."

176

"Na vila de Bunslau, há mais de cem mulheres e moças no quartel-general. Moram em um prédio separado, não muito longe do *kommandantur*, mas não há segurança lá e, por causa disso, há muitas transgressões e até estupro de mulheres que vivem nesse dormitório por diferentes soldados que o invadem à noite e aterrorizam as mulheres. Em 5 de março, tarde da noite, entraram sessenta oficiais e soldados, principalmente do Terceiro Exército Blindado de Guardas. Em sua maioria, estavam bêbados e atacaram e agrediram mulheres e moças. Mesmo quando receberam ordens do comandante de sair do dormitório, o grupo de tanquistas ameaçou-o com suas armas e provocou uma briga (...) Este não é o único incidente. Acontece toda noite e, por causa disso, as que ficam em Bunslau estão assustadas e desmoralizadas, e há muita insatisfação entre elas. Uma delas, Maria Shapoval, disse: 'Esperei o Exército Vermelho dia e noite. Esperei minha libertação e agora nossos soldados nos tratam pior que os alemães. Não estou feliz de estar viva.'"

"Era muito duro ficar com os alemães", disse Klavdia Malaschenko, "mas agora é muito triste. Isto não é libertação. Eles nos tratam horrivelmente. Fazem coisas terríveis conosco."

"Há muitos casos de agressão contra elas", continuou Tsigankov. "Na noite de 14 para 15 de fevereiro, em uma das aldeias onde o gado é recolhido, uma companhia *shtraf* sob o comando de um primeiro-tenente cercou a aldeia e alvejou os soldados do Exército Vermelho que estavam ali de guarda. Foram até o dormitório feminino e começaram o estupro coletivo organizado das mulheres, que tinham acabado de ser libertadas pelo Exército Vermelho."

"Há também muitas agressões de oficiais contra mulheres. Três oficiais, em 26 de fevereiro, invadiram o dormitório do depósito de pão, e quando o major Soloviev (o comandante) tentou detê-los, um deles, um major, disse: 'Acabei de chegar da Frente e preciso de uma mulher.' Depois disso ele se satisfez no dormitório."

"Lantsova, Vera, nascida em 1926, foi estuprada duas vezes – a primeira vez quando as tropas da vanguarda passaram pelo território e depois, em 14 de fevereiro, por um soldado. De 15 a 22 de fevereiro o tenente Isaev A. A. obrigou-a a dormir com ele, batendo nela e assustando-a com ameaças de morte. Vários oficiais, sargentos e soldados dizem às mulheres libertadas: 'Há uma ordem de não permitir que voltem à União Soviética, e se deixarem algumas de vocês voltarem, terão de viver no Norte' [isto é, em campos do Gulag]. Por causa de tais atitudes para com mulheres e moças, muitas delas acham que, no Exército Vermelho e em seu país, não são tratadas como cidadãs soviéticas e que qualquer coisa pode ser feita a elas – matá-las, estuprá-las, bater nelas, e que não poderão voltar para casa."

A noção de que as mulheres e moças soviéticas levadas para o trabalho escravo na Alemanha "tinham se vendido aos alemães" era muito disseminada no Exército Vermelho, o que constitui parte da explicação de terem sido tão maltratadas. As jovens que de alguma forma conseguiram permanecer vivas sob a ocupação da Wehrmacht eram chamadas de "bonecas alemãs". Havia até uma canção de aviador a respeito:

> Mocinhas sorriem para os alemães
> Já esqueceram seus rapazes (...)
> Se os tempos são difíceis, esquecem seus falcões,
> E se vendem aos alemães, por um pedaço de pão.

É difícil determinar a origem desta suposição sobre mulheres colaborando com o inimigo. Não pode ser vinculada a observações feitas por oficiais políticos no final de 1944 ou no início de 1945, mas parece que já havia sido fomentada pelo regime a ideia geral de que qualquer cidadão soviético levado para a Alemanha, quer como prisioneiro de guerra, quer como trabalhador escravo, consentira tacitamente ao não matar-se nem "unir-se aos guerrilheiros". A noção de "honra e dignidade da moça soviética" só era concedida às jovens que serviam no Exército Vermelho ou na indústria bélica. Mas talvez seja significativo que, segundo uma oficial, as moças do Exército Vermelho passaram a ser maltratadas pelos colegas homens depois que as tropas soviéticas progrediram para território estrangeiro.

As queixas oficiais de estupro feitas a um oficial superior eram mais que inúteis. "Por exemplo, Eva Shtul, nascida em 1926, disse: 'Meu pai e meus dois irmãos alistaram-se no Exército Vermelho no início da guerra. Logo os alemães chegaram e fui levada à força para a Alemanha. Lá trabalhei em uma fábrica. Chorava e esperava pelo dia da libertação. Logo o Exército Vermelho chegou, e seus soldados me desonraram. Chorei e falei ao oficial superior sobre meus irmãos no Exército Vermelho, e ele me bateu e me estuprou. Teria sido melhor se me matasse.'"

"Tudo isso", concluiu Tsigankov, "constitui terreno fértil para estados de espírito doentios e negativos nos cidadãos soviéticos libertados; provoca descontentamento e desconfiança antes de seu retorno à pátria." Suas recomendações, contudo, não se concentram na rigidez da disciplina do Exército Vermelho. Em vez disso, ele sugeria que o principal departamento político do Exército Vermelho e o Komsomol deviam concentrar-se em "melhorar o trabalho político e cultural com os cidadãos soviéticos repatriados", para que estes não voltassem para casa com ideias negativas sobre o Exército Vermelho.

EM 15 DE FEVEREIRO, a Primeira Frente Ucraniana sozinha libertara 49.500 cidadãos soviéticos e 8.868 estrangeiros do trabalho forçado alemão, principalmente na Silésia. Mas isto só representava uma pequena percentagem do total. Pouco mais de uma semana depois, as autoridades soviéticas em Moscou estimaram que deviam preparar-se para receber e organizar um total de 4 milhões de ex-soldados do Exército Vermelho e civis deportados.

A primeira prioridade não era a assistência médica daqueles que tinham sofrido de forma aterradora nos campos alemães, e sim um processo de triagem para identificar traidores. A segunda prioridade era a reeducação política daqueles que haviam sido submetidos à contaminação estrangeira. Tanto a Primeira Frente Bielorrussa quanto a Primeira Frente Ucraniana receberam ordens de criar três campos de reunião e trânsito bem à retaguarda, na Polônia. Cada uma das equipes de reeducação tinha uma unidade móvel de cinema, um rádio com alto-falante, dois acordeões, uma biblioteca de 20 mil livretos do Partido Comunista, 40 metros de pano vermelho para decorar as instalações e um conjunto de retratos do Camarada Stalin.

Soljenitsin escreveu sobre os prisioneiros de guerra libertados, com a cabeça baixa enquanto marchavam. Temiam a retribuição simplesmente por terem se rendido. Mas a necessidade de reforços era tão grande que a imensa maioria foi enviada a regimentos da reserva para reeducação e reinstrução, de modo que estivessem prontos quando da ofensiva final a Berlim. Isto, contudo, foi apenas um alívio temporário. Outra triagem viria depois, quando a luta acabasse, e mesmo aqueles que combateram heroicamente na batalha de Berlim não estavam imunes ao envio posterior aos campos de prisioneiros.

A necessidade urgente do Exército Vermelho por mais "carne de canhão" fazia com que os ex-trabalhadores escravos sem nenhum treinamento militar também fossem imediatamente alistados. E a maioria dos "bielorrussos ocidentais" e "ucranianos ocidentais" das regiões ocupadas por Stalin em 1939 ainda se consideravam poloneses. Mas tiveram pouca opção no caso.

Assim que chegavam ao campo de triagem, os prisioneiros soviéticos libertados tinham muitas perguntas. "Qual seria sua condição? Teriam todos os direitos do cidadão ao voltarem à Rússia? Seriam privados de alguma forma? Seriam enviados aos campos de trabalho?" Mais uma vez, as autoridades soviéticas não admitiram que estas fossem perguntas pertinentes. Foram atribuídas imediatamente à "propaganda fascista, porque os alemães aterrorizaram nosso povo na Alemanha e esta propaganda falsa foi intensificada perto do final da guerra".

Os trabalhadores políticos nos campos faziam palestras, principalmente sobre os sucessos do Exército Vermelho e as conquistas da retaguarda soviética, e sobre os líderes do partido, em especial o Camarada Stalin. "Também lhes mostram filmes soviéticos", relatou o chefe do departamento político da Primeira Frente Ucraniana. "As pessoas gostam muito deles, gritam 'Hurra!' com muita frequência, especialmente quando Stalin aparece, e 'Vida longa ao Exército Vermelho', e depois do cinema saem chorando de felicidade. Entre os que foram libertados, só há alguns que traíram a Pátria." No campo de triagem de Cracóvia, só quatro foram presos como traidores, de um total de quarenta suspeitos. Mas estes números subiriam muito depois.

Há histórias, e é dificílimo saber até que ponto são verdadeiras, de que até trabalhadores forçados vindos da União Soviética foram fuzilados logo depois da libertação sem investigação alguma. Por exemplo, o adido militar sueco ouviu dizer que, depois da ocupação de Oppeln, na Silésia, cerca de 250 deles foram convocados para uma reunião política. Imediatamente depois, foram encurralados por soldados do Exército Vermelho ou do NKVD. Alguém gritou perguntando por que eles não se tinham tornado guerrilheiros e, em seguida, os soldados abriram fogo.

A EXPRESSÃO "TRAIDOR DA PÁTRIA" não incluía apenas soldados recrutados em campos de prisioneiros pelos alemães. Viria a incluir soldados do Exército Vermelho que haviam sido capturados em 1941, alguns dos quais estavam tão gravemente feridos que não puderam lutar até o fim. Soljenitsin argumentou, neste caso, que a expressão "Traidor da Pátria", em vez de "Traidor para a Pátria", era um importante ato falho freudiano. "Não eram traidores para *ela*. Eram *seus* traidores. Não foram eles, os infelizes, que traíram a Pátria, mas sua Pátria calculista que os traiu." O estado soviético traiu-os pela incompetência e pela falta de preparação em 1941. Depois, recusou-se a admitir seu pavoroso destino nos campos alemães de prisioneiros. E a traição final veio quando foram encorajados a acreditar que se tinham redimido por sua bravura nas últimas semanas da guerra, só para serem presos depois que a luta acabou. Soljenitsin sentia que "trair seus próprios soldados e declará-los traidores" foi o ato mais vil da História russa.

Poucos soldados do Exército Vermelho, fossem prisioneiros de guerra ou aqueles suficientemente felizes para nunca terem sido capturados, jamais perdoariam os que vestiram a farda alemã, em quaisquer circunstâncias. Membros do ROA* de Vlasov, conhecidos como *Vlasovtsi*, voluntários das SS, guardas ucranianos e cossacos dos campos de concentração, o corpo de cavalaria cossaca do general von Pannwitz, grupos de policiais, "destacamentos de segurança" antiguerrilha e até os desafortunados "Hiwis" (abreviatura de *Hilfsfreiwillige*, ou ajudantes voluntários) foram todos marcados com a mesma tinta.

As estimativas para todas as categorias variam entre um milhão e um milhão e meio de homens. As autoridades do Exército Vermelho insistiram que houve mais de um milhão

---

*Russkaia Osvoboditelnaia Armia (Exército de Libertação Russa). (*N. da T.*)

de Hiwis servindo na Wehrmacht. Os que foram capturados ou se renderam voluntariamente muitas vezes foram fuzilados na hora ou pouco depois. "Os *Vlasovtsi* e outros cúmplices dos nazistas costumavam ser executados no mesmo instante", afirma a mais recente história oficial russa. "Isto não surpreende. O código de batalha da infantaria do Exército Vermelho exigia que todo soldado fosse 'impiedoso com todos os vira-casacas e traidores da Pátria'." Também parece ter sido uma questão de honra regional. Descobriu-se que conterrâneos vingavam-se entre si. "O homem de Orel mata o homem de Orel e o uzbeque mata o uzbeque."

Os soldados do NKVD eram, compreensivelmente, impiedosos em sua busca de ucranianos e caucasianos que tivessem trabalhado como guardas de campos de concentração, onde, muitas vezes, mostraram-se mais violentos que seus supervisores alemães. Mas o fato de os prisioneiros de guerra do Exército Vermelho serem tratados praticamente da mesma forma que os que vestiram a farda inimiga era parte de uma atitude sistemática dentro do NKVD. "Deve haver uma única forma de ver todas as categorias de prisioneiros", foi dito aos regimentos de infantaria do NKVD na Segunda Frente Bielorrussa. Desertores, ladrões e ex-prisioneiros de guerra deviam ser tratados da mesma maneira que "aqueles que traíram nosso estado".

Embora seja extremamente difícil sentir solidariedade pelos guardas de campos de concentração, em sua imensa maioria os Hiwis tinham sido brutalmente pressionados ou levados à submissão pela fome. Das categorias intermediárias, muitos que serviram em unidades SS ou do exército alemão eram nacionalistas, quer ucranianos, bálticos, cossacos ou caucasianos, que odiavam o governo soviético de Moscou. Alguns *Vlasovtsi* não sentiram remorso de se unir ao antigo inimigo porque não tinham perdoado as execuções arbitrárias de amigos por oficiais do Exército Vermelho e pelos destacamentos de bloqueio durante 1941 e 1942. Outros eram camponeses que detestavam a coletivização forçada. Mas muitos Hiwis e soldados rasos de Vlasov eram, com frequência, incrivelmente ingênuos e mal informados. Um intérprete russo em um campo alemão de prisioneiros de guerra contou como, em um encontro de propaganda para recrutar voluntários para o exército de Vlasov, um prisioneiro russo levantou a mão e disse: "Camarada presidente, queríamos saber quantos cigarros se recebe por dia no exército de Vlasov." É evidente que para muitos um exército era apenas um exército. Que diferença fazia a farda que se usava, especialmente quando se era alimentado, em vez de passar fome e ser maltratado em um campo de concentração? Todos os que seguiram este caminho sofreriam muito mais do que tinham imaginado. Mesmo os que sobreviveram 15 ou 20 anos no Gulag depois da guerra tornaram-se homens marcados. Os suspeitos de terem cooperado com o inimigo só tiveram seus direitos civis restaurados quando do 50º aniversário da vitória, em 1995.

Encontraram-se cartas em prisioneiros de guerra russos que serviram no Exército alemão, quase certamente como Hiwis. Um, quase analfabeto, escreveu numa folha em branco arrancada de um livro alemão: "Camaradas soldados", dizia, "nós nos rendemos pedindo um grande favor. Digam por favor por que estão matando essa gente russa das prisões alemãs? Acontece que nos pegaram e depois nos levaram para trabalhar para seus regimentos, e só trabalhamos para não morrer de fome. Agora essa gente está do lado russo, de volta ao seu próprio exército, e vocês as fuzilam. Pra quê, perguntamos. É porque o comando soviético traiu essas pessoas em 1941 e 1942?"

8
A Pomerânia e as
cabeças de ponte do Oder

Em fevereiro e março, enquanto continuavam os duros combates pelas cabeças de ponte do Oder em frente a Berlim, Jukov e Rokossovski esmagavam o "balcão do Báltico", formado pela Pomerânia e pela Prússia Ocidental. Na segunda e na terceira semanas de fevereiro, os quatro exércitos de Rokossovski cruzaram o Vístula e avançaram sobre a parte sul da Prússia Ocidental. Então, em 24 de fevereiro, os exércitos do flanco direito de Jukov e o flanco esquerdo de Rokossovski forçaram o caminho para o norte, rumo ao Báltico, para dividir a Pomerânia em duas.

A formação alemã mais vulnerável era o Segundo Exército. Ainda mal conseguia manter aberta a última rota terrestre que ia da Prússia Oriental pela restinga de Frische Nehrung até o estuário do Vístula. O Segundo Exército, com seu flanco esquerdo do lado oposto do Nogat, em Elbing, e um pé no castelo de Marienburg, dos Cavaleiros Teutônicos, era o mais esgarçado de todo o Grupo de Exércitos do Vístula.

O ataque de Rokossovski começou em 24 de fevereiro. O 19º Exército avançou para noroeste, rumo à área entre Neustettin e Baldenburg, mas seus soldados ficaram abalados com a ferocidade do combate e fracassaram. Rokossovski repreendeu o comandante do exército, enviou um corpo blindado também para o ataque e forçou-os a avançar. A combinação do corpo blindado com o Segundo e o Terceiro Corpos de Cavalaria de Guardas levou à queda rápida de Neustettin, "pedra angular" da linha de defesa da Pomerânia.

A cavalaria soviética teve papel bem-sucedido na subjugação da Pomerânia. Capturou sozinha várias cidades, tais como a cidade litorânea de Leba, a maioria delas de surpresa. O Segundo Corpo de Cavalaria de Guardas, que formava a extrema direita da Primeira Frente Bielorrussa de Jukov, era comandado pelo general Vladimir Victorovitch Kriukov, um líder engenhoso casado com a cantora popular favorita da Rússia, Lídia Ruslanova.

O ataque de Jukov para o norte, a uns 50 quilômetros a leste de Stettin, começou a sério em 1º de março. Combinando o Terceiro Exército de Choque com o Primeiro e o Segundo Exércitos Blindados de Guardas, era uma força bem mais potente. As fracas divisões alemãs não tiveram chance. As brigadas blindadas de vanguarda dispararam à frente, avançando por cidades onde civis despreparados olhavam-nas com horror. O Terceiro Exército de Choque e o Primeiro Exército polonês, que vinham atrás, consolidaram suas conquistas. Em 4 de março, o Primeiro Exército Blindado de Guardas alcançou o Báltico, perto de Kolberg. O coronel Morgunov, comandante da 45ª Brigada Blindada de Guardas, primeira a alcançar o mar, enviou garrafas de água salgada a Jukov e Katukov, comandante do seu exército. Isto provou o dito de Katukov. "O sucesso do avanço", dissera ele a Grossman, "é determinado por nosso imenso poder mecanizado, que agora é maior do que nunca. A colossal rapidez do avanço significa perdas pequenas, e o inimigo fica muito dispersado."

Todo o Segundo Exército alemão e parte do Terceiro Exército Panzer estavam agora completamente isolados do Reich. E, como que para enfatizar a catástrofe do Báltico, chegaram notícias de que a Finlândia, embora sob forte pressão da União Soviética, declarara guerra ao antigo aliado, a Alemanha nazista. Entre os que ficaram isolados a leste do avanço de Jukov estava a Divisão SS *Charlemagne*, com seu efetivo de 12 mil homens já muito reduzido. Juntamente com três divisões alemãs, tinha se posicionado perto de Belgard. O general von Tettau ordenou-lhe que tentasse romper para noroeste rumo ao litoral do Báltico, na embocadura do Oder. O comandante da *Charlemagne*, Brigadeführer SS Gustav Krukenberg, acompanhou mil de seus franceses em silenciosas marchas circulares pelas florestas nevadas de pinheiros. No decorrer dos acontecimentos, parte desse grupo malsortido de intelectuais de direita, trabalhadores e aristocratas reacionários, unidos apenas por seu feroz anticomunismo, formaria a última defesa da Chancelaria de Hitler em Berlim.

Hitler, contudo, demonstrava escassa simpatia pelos defensores de seu Reich. Quando o comandante do Segundo Exército, o general Weiss, avisou ao quartel-general do Führer que o bolsão de Elbing, que já custara tanto sangue, não poderia ser mantido por muito mais tempo, Hitler simplesmente retorquiu:

– Weiss é um mentiroso, como todos os generais.

A segunda fase da campanha da Pomerânia começou quase imediatamente, apenas dois dias depois que o Primeiro Exército Blindado de Guardas atingiu o mar. O Primeiro Exército Blindado de Guardas foi temporariamente transferido para Rokossovski. Jukov telefonou-lhe para dizer que queria que o exército de Katukov "voltasse no mesmo estado em que você o recebeu". A operação consistia em um círculo amplo, flanqueando pela esquerda para contornar o Leste da Pomerânia e Dantzig a partir do oeste, enquanto a formação mais forte de Rokossovski, o Segundo Exército de Choque, atacava vindo do sul, paralelamente ao Vístula.

O comandante do Segundo Exército de Choque soviético, general Fediuninski, mantinha o olho atento no calendário. Fora ferido quatro vezes no decorrer da guerra. Toda vez isto acontecera no dia 20 do mês e, agora, ele nunca saía de seu quartel-general naquele dia. Fediuninski não acreditava que os recursos pilhados na Prússia devessem ser desperdiçados. Fez seu exército carregar animais, pão, arroz, açúcar e queijo em trens que foram enviados a Leningrado para compensar seus cidadãos pelo sofrimento durante o terrível cerco.

O avanço de Fediuninski isolou os defensores alemães no castelo de Marienburg, que tinham sido auxiliados em sua defesa pelas salvas disparadas do cruzador pesado *Prinz Eugen*, no Báltico. O castelo foi abandonado na noite de 8 de março, e dois dias depois Elbing caiu, como Weiss avisara. O Segundo Exército alemão, ameaçado pelo oeste e pelo sul, recuou para defender Dantzig e Gdynia e permitir que o máximo possível de civis e feridos fosse evacuado dos portos apinhados de refugiados.

Em 8 de março, apenas dois dias após o início do avanço para oeste sobre Dantzig, as forças soviéticas ocuparam a cidade de Stolp sem encontrar oposição e, no dia 10, o Primeiro Exército Blindado de Guardas e o 19º Exército chegaram a Lauenburg. Uma coluna de refugiados que fugia dos portos foi ultrapassada por uma brigada blindada. As mulheres e crianças fugiram, tropeçando na neve, para abrigar-se na floresta, enquanto os tanques soviéticos esmagavam suas carroças sob as lagartas. Foram mais afortunadas que outras colunas de fugitivos.

Não muito longe de Lauenburg soldados do Exército Vermelho descobriram outro campo de concentração. Este era um campo feminino, e seus médicos imediatamente puseram-se a trabalhar no cuidado das sobreviventes.

O DESTINO DAS FAMÍLIAS da Pomerânia foi semelhante às da Prússia Oriental. Himmler proibira a evacuação de civis do leste da Pomerânia, e, assim, cerca de 1,2 milhão de pessoas ficaram isoladas pelo avanço para o norte até o Báltico em 4 de março. Também foram privadas de notícias, assim como na Prússia Oriental. Mas, em sua maioria, as famílias ouviram rumores e, recusando-se a confiar nas autoridades nazistas, prepararam-se.

As famílias proprietárias de terras – "o povo das mansões", como os aldeões as chamavam – sabiam que o mais provável é que fossem fuziladas, e seus arrendatários insistiram que fugissem, para seu próprio bem. Veículos e carroças foram preparados. Perto de Stolp, Libussa von Oldershausen, enteada do barão Jesko von Puttkamer, que se recusara a sacrificar a Volkssturm local em Schneidemühl, estava grávida de nove meses. O carpinteiro da propriedade construiu uma estrutura sobre a carroça, em cima da qual seria pregado o grande tapete da biblioteca como proteção contra a neve. A futura mãe ficaria deitada lá dentro, em um colchão.

Nas primeiras horas de 8 de março, Libussa foi acordada por batidas na porta.

– Ordem de partir! – alguém gritou. – Levante-se! Depressa! Vamos partir o mais cedo possível.

Ela se vestiu o mais depressa que pôde e embrulhou suas joias. A mansão já estava cheia de refugiados e alguns deles começavam a pilhar os cômodos antes que a família partisse.

Como descobriram muitas famílias da Pomerânia e da Prússia Oriental, seus trabalhadores franceses, prisioneiros de guerra, insistiam em ir com eles, em vez de esperarem na retaguarda para serem libertados pelo Exército Vermelho. O troar do fogo de artilharia podia ser ouvido a distância, enquanto subiam na carroça adaptada e em outros veículos puxados por cavalos. Dirigiram-se para leste, para Dantzig. Mas, mesmo tendo partido cedo, suas carroças de tração animal foram alcançadas em poucos dias pelas brigadas blindadas de Katukov.

Libussa acordou no meio da noite, depois de terem ouvido dizer que não chegariam em tempo à segurança. À luz de um candeeiro, viu que o padrasto vestira a farda e as medalhas. A mãe também estava vestida. Já que o Exército Vermelho iria impedir seu avanço, tinham decidido cometer suicídio. O caso de Nemmersdorf e as histórias recentes de atrocidades na

Prússia Oriental tinham-nos convencido de que não deviam ser capturados vivos.

– É agora – disse o barão Jesko. – Os russos estarão aqui em uma ou duas horas.

Libussa acompanhou-os até o lado de fora, planejando fazer o mesmo, mas no último instante mudou repentinamente de ideia.

– Quero ir com vocês, mas não posso. Estou levando o bebê, meu bebê. Ele está chutando com tanta força! Quer viver. Não posso matá-lo.

A mãe entendeu e disse que ficaria com ela. O barão, perplexo e consternado, foi forçado a livrar-se da farda e da pistola. Sua única esperança de sobrevivência era não se distinguir dos outros refugiados quando o Exército Vermelho chegasse. Não podiam ser identificados como "senhores".

O primeiro sinal de que os soldados soviéticos tinham chegado foi um foguete de sinalização disparado de uma plantação de abetos. Foi rapidamente seguido pelo rugir do motor dos tanques. As árvores menores foram esmagadas quando os blindados surgiram como monstros da floresta. Alguns deles dispararam seu armamento principal para intimidar os aldeões, e depois soldados com submetralhadoras se espalharam para vasculhar as casas. Disparavam curtas rajadas ao entrar nos cômodos para intimidar quem estivesse lá dentro. Isso produzia uma chuva de reboco. Não eram os conquistadores que os alemães tinham esperado. Seus gastos uniformes marrons, manchados e rasgados, as botas caindo aos pedaços e os pedaços de barbante usados no lugar de bandoleiras eram muito diferentes das imagens da vitoriosa Wehrmacht projetadas nos noticiários de cinema no início da guerra.

A pilhagem foi realizada energicamente com gritos de "*Uri Uri!*", enquanto os soldados soviéticos circulavam tomando relógios de pulso. Pierre, o prisioneiro de guerra francês, declarou em vão que era um aliado. Recebeu uma coronhada de fuzil no estômago. Eles, então, revistaram a bagagem e as trouxas dos refugiados até ouvirem ordens gritadas por seus oficiais do lado de fora. Os soldados enfiaram seu butim pela frente dos casacos acolchoados e correram para juntar-se a seus blindados.

Os civis, tremendo com uma mistura de medo e alívio por terem sobrevivido a este primeiro encontro com o inimigo temido, enfrentaram de repente a segunda onda, desta vez um destacamento de cavalaria. Tinham mais tempo, o que significava tempo para estuprar. A porta foi escancarada e um pequeno grupo de soldados do Exército Vermelho entrou para escolher suas vítimas.

HITLER DESTITUÍRA O general Weiss, comandante do Segundo Exército, por ter avisado ao quartel-general do Führer que Elbing não poderia ser mantida. Para o seu lugar, nomeara o general von Saucken, ex-comandante do Corpo *Grossdeutschland*.

Em 12 de março, o general von Saucken foi convocado à Chancelaria do Reich para receber instruções sobre seu novo posto. O ex-cavalariano entrou na sala usando um monóculo e a Cruz de Cavaleiro com Espadas e Folhas de Carvalho no pescoço. Magro e elegante, Saucken era um ultraconservador que desdenhava abertamente a *"braune Bande"** dos nazistas. Hitler pediu a Guderian para informá-lo da situação de Dantzig. Depois que isso terminou, Hitler disse a Saucken que deveria receber ordens do Gauleiter Albert Förster. O general von Saucken encarou Hitler de volta.

– Não tenho a intenção – respondeu – de colocar-me sob as ordens de um Gauleiter.

Não só Saucken contradissera Hitler abertamente como deixara de tratá-lo de *"Mein Führer"*. Até Guderian, que tivera

---

*"Quadrilha de marrom." (*N. da T.*)

mais rusgas com Hitler que a maioria das pessoas, ficou abalado. Mas os assistentes ficaram ainda mais surpresos com a aquiescência de Hitler.

– Está bem, Saucken – respondeu debilmente. – Mantenha o comando.

Saucken viajou para Dantzig no dia seguinte. Estava decidido a manter os dois portos, para permitir a fuga do máximo possível de civis. Estimava-se que a população de Dantzig inchara para um milhão e meio de habitantes e que havia pelo menos 100 mil feridos. Em meio ao caos, a SS começou a prender soldados desgarrados aleatoriamente e a enforcá-los nas árvores como desertores. A comida era desesperadamente escassa. Um navio de 21 mil toneladas com suprimentos bateu em uma mina e afundou com seis dias de alimentos para Dantzig e Gdynia.

A Kriegsmarine não só demonstrou tenacidade e bravura extraordinárias na evacuação como continuou a dar apoio de fogo do mar, apesar dos ataques aéreos constantes e da ameaça dos torpedos dos submarinos soviéticos da Frota do Báltico. Os cruzadores *Prinz Eugen* e *Leipzig* e o velho couraçado *Schlesien* trovejaram com seu principal armamento sobre o envolvente Exército Vermelho. Mas em 22 de março o Exército Vermelho esmagou o perímetro de defesa Dantzig-Gdynia pelo meio, entre os dois portos. Logo ambos caíram sob um fogo certeiro de artilharia, além dos ataques intermináveis da aviação soviética.

Os caças-bombardeiros varriam de metralha as cidades e áreas portuárias. Os Shturmoviks soviéticos tratavam da mesma forma alvos civis e militares. Uma igreja era tão boa quanto um *bunker*, especialmente quando parecia que o objetivo era aplainar todos os prédios que ainda se projetavam visivelmente acima do solo. Os feridos que esperavam o embarque no cais foram crivados de balas em suas macas. Dezenas de milhares de mulheres e crianças, com pavor de perder seu lugar nas filas para fugir, eram alvos fáceis. Não havia tempo para ajudar ou sentir piedade pelos mortos e feridos. Somente as crianças, órfãs de uma hora para outra, seriam recolhidas. E com o metralhar incansável dos 88mm e das baterias de canhões antiaéreos leves, ninguém podia ouvir seus soluços.

As tripulações improvisadas da Kriegsmarine, usando qualquer embarcação disponível – tênderes, balsas, escaleres, rebocadores e pequenos veleiros –, voltavam num vaivém constante para buscar os civis e feridos e transportá-los até o pequeno porto de Hela, na ponta da península próxima. Destróieres afastados da costa davam aos barcos pequenos o máximo possível de cobertura de fogo antiaéreo. Os marinheiros dificilmente erravam, ainda que bastasse um quase erro para virar algumas das embarcações menores. Em 25 de março, uma jovem da resistência polonesa levou ao general Katukov uma planta do sistema de defesa de Gdynia. De início ele pensou que podia ser uma armadilha, mas era autêntica. Enquanto as tropas soviéticas combatiam nos arredores de Gdynia, a Kriegsmarine prosseguiu, chegando a acelerar seu ritmo para recolher o máximo possível de refugiados antes do fim. Seus barcos agora tinham de defrontar-se com outra arma. As guarnições dos blindados de Katukov tinham aprendido a adaptar seus canhões aos alvos no mar, tornando a tarefa ainda mais perigosa.

Um fragmento de pelotão do *Grossdeutschland* que escapara, em meio a cenas de pesadelo, da evacuação final de Memel, no ponto mais a nordeste da Prússia Oriental, viu-se revivendo experiência semelhante. Decididos a se abrigar em um porão vazio enquanto as tropas soviéticas combatiam rumo ao porto, encontraram um médico fazendo um parto à luz de algumas lanternas. "Embora o nascimento de uma criança costume ser um acontecimento alegre", escreveu um dos soldados, "este parto específico só parecia aumentar a tragédia geral. Os gritos da mãe não tinham mais significado em um mundo feito de gritos, e a criança que chorava parecia lamentar o início de sua vida." Os soldados esperavam, pelo bem da criança, enquanto se encaminhavam para o porto, que ela morresse. O avanço soviético sobre Gdynia foi marcado por um horizonte de chamas rubras contra a fumaça espessa e negra. Começara o ataque final, e naquela noite de 26 de março o Exército Vermelho tomou posse da cidade e do porto.

O saque de Gdynia e o tratamento dado aos sobreviventes parecem ter abalado até as autoridades militares soviéticas. "O número de eventos extraordinários está crescendo", relatou o departamento político em seu costumeiro vocabulário de eufemismos, "assim como os fenômenos imorais e os crimes militares. Em nossa tropa há fenômenos vergonhosos e politicamente danosos quando, sob o lema da vingança, alguns oficiais e soldados cometem crimes e pilhagens em vez de, com honestidade e altruísmo, cumprirem seu dever para com a Pátria."

Logo ao sul, enquanto isso, Dantzig estava igualmente sob pesado ataque do oeste. Os defensores foram forçados a recuar pouco a pouco e em 28 de março Dantzig também caiu, com consequências aterradoras para os civis remanescentes. Os soldados de Saucken que sobraram retiraram-se para leste, rumo ao estuário do Vístula, onde ficaram sitiados até o fim da guerra.

Para os oficiais alemães, em especial os da Pomerânia e da Prússia, a perda da cidade hanseática de Dantzig, com seus belos edifícios antigos caracterizados pelas típicas cumeeiras escalonadas, foi um desastre. Significou o fim da vida báltica alemã para sempre. Mas, embora lamentassem a perda de uma cultura há muito estabelecida, fecharam os olhos aos horrores do regime que tanto haviam apoiado em suas metas bélicas. Podem não ter sabido da fabricação de sabão e couro de cadáveres no Instituto Médico-Anatômico de Dantzig, mas, com certeza, sabiam do campo de concentração de Stutthof no estuário do Vístula, porque soldados da Wehrmacht, e não só das SS, estiveram envolvidos no massacre de seus prisioneiros quando o Exército Vermelho se aproximou.

A PRÚSSIA OCIDENTAL e a Pomerânia podem não ter sofrido tanto quanto a Prússia Oriental, mas ainda assim o destino dos civis foi terrível. Sua cultura também foi exterminada quando as igrejas e os prédios antigos caíram, em chamas.

O comandante soviético de Lauenburg queixou-se ao capitão Agranenko que era "absolutamente impossível conter a violência". Agranenko descobriu que os soldados do Exército Vermelho não se incomodavam com os eufemismos oficiais para o estupro, tais como "violência contra a população civil" ou "imoralidade". Usavam simplesmente a palavra "foder". Um oficial cossaco disse-lhe que as mulheres alemãs eram "orgulhosas demais". Era preciso "escancarar" suas pernas. Outros queixavam-se de que as mulheres alemãs pareciam "cavalos de tração". Em Glowitz, ele observou que as mulheres "usavam as crianças como proteção". Os soldados soviéticos mais uma vez demonstraram uma mistura totalmente desnorteante de violência irracional, luxúria bêbada e gentileza espontânea com as crianças.

As jovens, desesperadas para fugir à atenção dos soldados, esfregavam cinzas e fuligem no rosto. Amarravam lenços de camponesa bem-puxados sobre a testa, embrulhavam-se para esconder o corpo e mancavam pela estrada como velhas decrépitas. Mas este ocultamento da juventude não constituía proteção automática. Muitas mulheres idosas também foram estupradas.

As alemãs desenvolveram suas próprias fórmulas verbais para o que tiveram de passar. Muitas costumavam dizer: "Tive de ceder." Uma contava que teve de ceder 13 vezes. "Seu horror parecia conter um toque de orgulho pelo que sofrera", observou com surpresa Libussa von Oldershausen. Mas muito mais mulheres ficaram traumatizadas com sua terrível experiência. Algumas ficaram catatônicas, outras suicidaram-se. Mas, como no caso de Libussa von Oldershausen, as grávidas costumavam rejeitar esta via de escape. O dever instintivo para com seu filho não nascido tornava-se supremo.

Algumas mulheres tiveram a ideia de cobrir o rosto com pintas vermelhas para simular tifo exantemático. Outras descobriram a palavra russa que significava tifo e sua escrita cirílica para colocar cartazes na porta, significando que a casa estava infectada. Em regiões mais remotas, comunidades inteiras esconderam-se em casas de fazenda, distantes das rotas principais. Um vigia ficava sempre perto da estrada, com uma lanterna à noite ou uma camisa para abanar durante o dia, para dar o aviso de soldados soviéticos dirigindo-se ao esconderijo. Então, as mulheres corriam para ocultar-se, e as aves e os porcos eram levados para cercados escondidos na floresta. Estas precauções de sobrevivência devem ter sido usadas na Guerra dos Trinta Anos. Provavelmente, eram tão antigas quanto o próprio ato de guerrear.

De todos os sinais de luta encontrados pelos refugiados quando foram forçados a voltar para casa depois da queda de Dantzig, o pior foram os "becos da forca", onde a SS e a Feldgendarmerie executaram desertores. Tinham-lhes pendurado cartazes no pescoço, como "Estou aqui pendurado porque não acreditava no Führer". Libussa von Oldershausen e seus familiares, forçados a voltar para casa pela queda dos dois portos, também viram alguns soldados da Feldgendarmerie que haviam sido capturados e enforcados pelos soviéticos. O caminho de volta estava cheio de carroças quebradas, empurradas para as valas pelos tanques soviéticos, com bagagem pilhada espalhada por todo lado, roupa de cama, utensílios de cozinha, malas e brinquedos. Da carcaça dos cavalos e bovinos nas valas da estrada haviam sido arrancadas tiras de carne dos flancos.

Muitos pomerânios foram assassinados na primeira semana da ocupação. Perto da aldeia dos Puttkamer, um casal idoso foi perseguido até a água gelada de um laguinho, onde morreu. Um homem foi atrelado a um arado e obrigado a puxá-lo até cair. Seus torturadores, então, o eliminaram com uma rajada de submetralhadora. Herr von Livonius, dono de uma propriedade em Grumbkow, foi desmembrado, e seu corpo, atirado aos porcos. Até os proprietários de terras que tinham participado da resistência antinazista tiveram pouca sorte. Eberhard von Braunschweig e sua família, supondo que tinham pouco a temer, esperaram a chegada do Exército Vermelho em sua mansão em Lübzow, perto de Karzin. Mas sua reputação e as numerosas prisões pela Gestapo pouco lhes adiantaram. A família inteira foi arrastada para fora e fuzilada. Aldeões e prisioneiros de guerra franceses, às vezes, iam corajosamente em defesa de um senhor de terras do qual gostavam, mas muitos outros foram abandonados ao seu destino.

Nada era previsível. Em Karzin, a idosa Frau von Puttkamer foi deitar-se quando dava para ouvir o som dos disparos e dos motores dos tanques. Não demorou muito e um jovem soldado soviético abriu a porta de seu quarto, muito bêbado, após a captura da aldeia vizinha. Fez-lhe sinais para que saísse da cama e o deixasse dormir ali. Ela recusou, dizendo que era sua cama, mas que lhe daria um travesseiro e ele poderia dormir no tapete ao lado. Então, juntou as mãos e começou a rezar. Confuso demais para discutir, o jovem soldado deitou-se e dormiu onde tinha sido indicado.

LOGO APÓS A CAPTURA da Pomerânia o capitão Agranenko, sempre o dramaturgo coletando de novo material, viajou tomando notas. Observou que, quando rabiscava em seu caderninho, as pessoas olhavam-no temerosas, pensando que pudesse ser um membro do NKVD.

Em 23 de março, quando em Kolberg, exultou com a chegada súbita da primavera. "Os pássaros cantam. Os botões se abrem. A Natureza não se importa com a guerra." Observou os soldados do Exército Vermelho tentando aprender a andar nas bicicletas que haviam pilhado. Oscilavam perigosamente por toda parte. Na verdade, o comando da Frente dera uma ordem que os proibia de andar de bicicleta na estrada, já que tantos deles estavam sendo derrubados e mortos. A rápida invasão da Pomerânia libertara milhares de trabalhadores e prisioneiros estrangeiros. À noite, as estradas ficavam ladeadas com seus acampamentos. Durante o dia, partiam em sua longa caminhada para casa. A maioria deles tinha arranjado bandeiras nacionais para identificá-los como não alemães. Agranenko e alguns outros oficiais encontraram alguns lituanos exibindo sua bandeira. "Nós lhes explicamos", escreveu, "que agora sua bandeira é vermelha." Claramente, Agranenko, como a maioria dos russos, via a tomada dos estados bálticos pela União Soviética como bastante natural, ainda que não percebessem que era parte do protocolo secreto do pacto nazi-soviético.

Enquanto os trabalhadores e prisioneiros estrangeiros libertados levavam suas bandeiras, os alemães usavam braçadeiras brancas e penduravam bandeiras brancas nas casas para enfatizar sua rendição. Sabiam que qualquer sinal de resistência, ou mesmo de ressentimento, não lhes faria bem algum. O burgomestre de Köslin nomeado pelos soviéticos, um joalheiro judeu de 55 anos chamado Usef Ludinsky, usava um chapéu-coco e uma braçadeira vermelha quando lia proclamações das autoridades militares nos degraus da prefeitura. Os habitantes alemães ouviam em silêncio. Em Leba, a cavalaria que a capturara pilhara todos os relógios de parede e de pulso, e assim toda manhã o burgomestre tinha de caminhar pelas ruas tocando uma grande sineta e gritando *"Nach Arbeit!"**

---

*Para o trabalho! (*N. da T.*)

para acordar os cidadãos mobilizados para trabalhar para as autoridades soviéticas.

Em Stargard, Agranenko observou um tanquista com capacete de couro acolchoado aproximar-se dos túmulos novos na praça em frente ao tribunal. O jovem soldado leu o nome de cada sepultura, evidentemente procurando algo. Parou em uma delas, tirou o capacete e baixou a cabeça. Então, de repente, levantou sua submetralhadora e disparou uma longa rajada. Estava saudando seu comandante, enterrado ali a seus pés.

Agranenko também conversou com as jovens controladoras de tráfego. "Nosso casamento não será em breve", disseram-lhe. "Já esquecemos que somos moças. Somos apenas soldados." Pareciam sentir que fariam parte da geração condenada à vida de solteira no pós-guerra em consequência das 9 milhões de baixas do Exército Vermelho.

ENQUANTO OS EXÉRCITOS de Jukov destruíam o "balcão do Báltico", a Primeira Frente Ucraniana do marechal Konev ainda estava engajada na Silésia. Seu principal obstáculo era a cidade-fortaleza de Breslau, a cavaleiro do Oder, defendida pela liderança fanática do Gauleiter Karl Hanke. Mas Konev não queria perder a operação em Berlim e, assim, sitiou a cidade, como Jukov fizera com Poznan, e prosseguiu cruzando o Oder nas cabeças de ponte de Steinau e Ohlau. Seu objetivo era o Neisse, afluente meridional do Oder, de onde lançaria seu ataque ao sul de Berlim.

Em 8 de fevereiro, os exércitos de Konev atacaram partindo das duas cabeças de ponte de cada lado de Breslau. O impulso principal vinha da cabeça de ponte de Steinau contra o chamado Quarto Exército Panzer, cuja linha de defesa esfarelou-se rapidamente. Para apressar o avanço a partir da cabeça de ponte de Ohlau, Konev então infletiu o Terceiro Exército Blindado de Guardas de Ribalko. Em 12 de fevereiro, Breslau foi cercada. Mais de 80 mil civis ficaram presos na cidade.

O Quarto Exército Blindado de Guardas de Leliushenko progrediu para o Neisse, que atingiu em seis dias. Durante o avanço, a tropa blindada descobriu que apenas alguns habitantes haviam ficado para trás. Às vezes, o padre local vinha encontrá-los com uma carta da aldeia "para assegurar aos russos a sua amizade", e a Primeira Frente Ucraniana observou que, em várias ocasiões, médicos civis alemães "ofereceram assistência aos nossos feridos".

Leliushenko então teve uma surpresa cruel. Descobriu que os remanescentes do Corpo *Grossdeutschland* e do 24º Corpo Panzer de Nehring estavam atacando suas linhas de comunicação e os escalões da retaguarda. Depois de dois dias de combate, contudo, os alemães tiveram de recuar. O resultado foi que Konev ficou com o firme controle de mais de 100 quilômetros do Neisse. Sua linha de partida para a operação Berlim estava garantida e Breslau, cercada. Mas o combate ainda prosseguiu ao sul da cabeça de ponte de Ohlau durante o resto de fevereiro e março, contra o 17º Exército alemão.

Os nazistas pensaram que o fato de lutarem em solo alemão automaticamente tornaria a resistência fanática, mas parece que nem sempre foi assim.

– O moral está sendo completamente destruído pela guerra em território alemão – disse um prisioneiro da 359ª Divisão de Infantaria ao seu interrogador soviético. – Mandaram-nos lutar até a morte, mas é um beco totalmente sem saída.

O general Schörner teve a ideia de contra-atacar a cidade de Lauban, começando em 1º de março. O Terceiro Exército Blindado de Guardas foi pego de surpresa e a cidade foi retomada. Goebbels ficou em êxtase. Em 8 de março foi até Görlitz, seguido por fotógrafos do Ministério da Propaganda, onde encontrou Schörner. Juntos, viajaram até Lauban, onde fizeram discursos de mútua congratulação na praça do mercado com um desfile das tropas regulares, da Volkssturm e da Juventude Hitlerista. Goebbels concedeu Cruzes de Ferro a alguns jovens hitleristas para as câmeras e depois foi visitar os tanques soviéticos destruídos na operação.

No dia seguinte, a próxima operação de Schörner para recapturar uma cidade foi iniciada. Agora era a vez de Striegau, 40 quilômetros a oeste de Breslau. As forças alemãs que retomaram a cidade afirmaram ter encontrado os poucos civis sobreviventes perambulando, psicologicamente alquebrados pelas atrocidades cometidas pelos soldados de Konev. Juraram matar todo soldado do Exército Vermelho que lhes caísse nas mãos. Mas o comportamento dos soldados alemães nesta época, com certeza, não estava isento de reparos. As autoridades nazistas não se desconcertaram com relatos de prisioneiros soviéticos mortos a golpes de pá, mas ficaram chocadas com mais e mais relatos do que Bormann intitulou de "pilhagem de soldados alemães em áreas evacuadas". Deu ordens, através do marechal de campo Keitel, para que os oficiais falassem pelo menos uma vez por semana aos seus soldados sobre seus deveres para com os civis alemães

A luta na Silésia foi impiedosa, com ambos os lados impondo uma violenta disciplina de batalha a seus próprios homens. O general Schörner declarara guerra a quem se fizesse de doente ou se afastasse de sua unidade, que seria enforcado ao lado da estrada sem sequer a desculpa de uma corte marcial sumária. Segundo soldados aprisionados do 85º Batalhão de Pioneiros, 22 sentenças de morte foram executadas apenas na cidade de Neisse durante a segunda metade de março. "O número de sentenças de morte por fuga do campo de batalha, deserção, ferimentos autoinfligidos e assim por diante está aumentando a cada semana", relatou a Primeira Frente Ucraniana com base nos interrogatórios de prisioneiros. "As sentenças de morte são lidas em voz alta para todos os soldados."

Os especialistas em propaganda soviéticos do Sétimo Departamento do quartel-general da Frente logo descobriram, pelo interrogatório de prisioneiros, que o ressentimento das fileiras contra os comandantes podia ser explorado. Com as más comunicações e as retiradas súbitas, era bastante fácil fazer os soldados alemães acreditarem que seu comandante havia fugido, deixando-os para trás. Por exemplo, a 20ª Divisão Panzer, quando cercada perto de Oppeln, começou a receber folhetos que diziam: "O general Schörner deixa suas tropas de Oppeln de mãos abanando! Pega seu veículo blindado de comando e corre como louco para o Neisse." Os soldados alemães também sofriam horrivelmente com piolhos. Não trocavam a roupa de baixo nem visitavam os banhos de campanha desde dezembro. Tudo o que lhes davam era um "pó para piolhos totalmente inútil". Também não tinham pago o soldo dos meses de janeiro, fevereiro e março e a maioria dos soldados não recebia cartas de casa desde antes do Natal.

A disciplina também ficou mais dura do lado soviético. Os reveses militares eram vistos como fracasso no cumprimento da Ordem nº 5 de Stalin sobre a vigilância. O coronel V., comandante soviético em Striegau, foi acusado de "descuido criminoso" porque seu regimento fora surpreendido. Embora seus soldados lutassem bem, a cidade fora abandonada. "Este evento vergonhoso foi cuidadosamente investigado pelo conselho militar da Frente e os culpados, rigorosamente punidos." Não foi revelada a sentença do Coronel V. mas, a julgar por outro caso, pode ter sido um longo período no Gulag. O tenente-coronel M. e o capitão D. foram ambos acusados, frente a um tribunal militar, depois que o capitão deixou sua bateria de canhões de campanha perto de casas, sem assumir uma posição adequada. Depois "saiu para descansar", o que muitas vezes era um eufemismo soviético para a incapacidade causada pelo álcool. Os alemães lançaram um contra-ataque de surpresa, os canhões não puderam ser usados e o inimigo "infligiu danos graves". O capitão foi expulso do partido e condenado a dez anos no Gulag.

Tanto para oficiais quanto para soldados, o anjo do medo, na forma do destacamento da SMERSH, voejava às suas costas. Depois de todo o sofrimento, das feridas e dos camaradas perdidos, sentiam grande ressentimento contra os membros da SMERSH, que ansiavam acusá-los de traição ou covardia sem sequer enfrentar, eles mesmos, os perigos da frente de batalha. Havia uma canção clandestina sobre a SMERSH, ainda chamada com frequência por seu nome de antes de 1943, Departamento Especial:

O primeiro estilhaço abriu um furo no tanque de combustível.
Pulei do T-34, nem sei dizer como,
E então me chamaram no Departamento Especial.
"Por que não se queimou junto com o tanque, seu imbecil?"
"Pode deixar, vou me queimar no próximo ataque", respondi.

Os soldados da Primeira Frente Ucraniana estavam não só exaustos depois de todas as batalhas e avanços, estavam também sujos, cheios de piolhos e sofrendo cada vez mais de disenteria. Grande parte do problema devia-se ao fato de que a saúde e a segurança no trabalho não eram prioridade no Exército Vermelho. A roupa de baixo nunca era lavada. A água de beber raramente era fervida e não se usava cloro, apesar das instruções. Acima de tudo, a comida era preparada em condições aterradoramente anti-higiênicas. "Os animais eram mortos ilegalmente sobre a palha suja ao lado da estrada", ressaltava um relatório, "e depois levados à cantina. As linguiças eram preparadas sobre uma mesa suja e o homem que as preparava usava um casaco imundo."

Na segunda semana de março, as autoridades haviam despertado para o perigo do tifo, embora três tipos da doença tivessem sido identificados na Polônia durante o inverno. Até os soldados do NKVD estavam em mau estado. Entre um e dois terços estavam infestados de piolhos. Esta proporção, no caso dos soldados da linha de frente, deve ter sido bem mais alta. As coisas só começaram a melhorar quando a linha de frente da Silésia se estabilizou e cada regimento montou sua *bania*, ou casa de banhos, na retaguarda. Três banhos por mês eram considerados perfeitamente adequados. A roupa de baixo teve de ser tratada com um líquido especial conhecido como "SK", que, sem dúvida, continha substâncias químicas apavorantes. Foi dada ordem para vacinar todos os soldados contra tifo e pólio, mas, provavelmente, não houve tempo suficiente. Em 15 de março Konev, sob pressão de Stalin, começou seu ataque ao Sul da Silésia.

O flanco esquerdo da Primeira Frente Ucraniana isolou os 30 mil soldados alemães em torno de Oppeln com um impulso para o sul rumo a Neustadt, partindo da cabeça de ponte de Ohlau. Isto foi combinado a um ataque pelo Oder entre Oppeln e Ratibor, para completar o cerco. Em pouquíssimo tempo o 59º e o 21º Exércitos cercaram a 20ª Divisão SS estoniana e a 168ª Divisão de Infantaria. Os especialistas em propaganda do Sétimo Departamento dos exércitos soviéticos enviaram prisioneiros de guerra alemães "antifascistas" na tentativa de convencer as tropas cercadas que as prisões soviéticas não eram tão ruins como se ouvia dizer, mas muitos desses enviados foram fuzilados por ordem dos oficiais.

A única coisa que os soldados alemães achavam divertido nessa época era a maneira como os estonianos e ucranianos das SS pegavam os folhetos soviéticos impressos em alemão e mostravam-nos a *Landsers*, perguntando-lhes o que diziam. Os *Landsers* achavam engraçado porque a simples posse de um desses folhetos, mesmo que fosse para enrolar um cigarro ou limpar o traseiro, equivalia a uma sentença de morte. Em 20 de março, perto da aldeia de Rinkwitz, soldados do Exército

Vermelho prenderam e fuzilaram oficiais do Estado-Maior da 20ª Divisão SS estoniana, que apressadamente queimavam documentos. Alguns papéis semiqueimados, levados pelo vento, foram recuperados nos quintais dos camponeses. Esses relatórios incluíam ordens e sentenças executadas por tribunais militares das SS.

As tentativas alemãs de romper por fora o anel soviético em torno do *Kessel* de Oppeln foram repelidas e metade dos 30 mil alemães presos ali foram mortos. Konev foi auxiliado por um ataque da vizinha Quarta Frente Ucraniana, mais a sudeste. Em 30 de março, o 60º Exército e o Quarto Exército Blindado de Guardas tomaram Ratibor. A Primeira Frente Ucraniana controlava, agora, praticamente toda a Alta Silésia.

APESAR DA PERDA constante de território alemão, nem assim os líderes nazistas mudaram seu comportamento. O título grandioso de Grupo de Exércitos do Vístula tornou-se não só pouco convincente como ridículo. Mas nem isso, contudo, era tão absurdo quanto o novo posto de comando de campanha de seu comandante em chefe, a oeste do Oder.

O quartel-general de Himmler foi estabelecido 90 quilômetros ao Norte de Berlim, em uma floresta perto de Hassleben, aldeia a Sudeste de Prenzlau. A distância da capital garantia ao Reichsführer SS que havia pouco risco de ataques aéreos. O campo consistia, principalmente, de blocos de alojamentos de madeira padronizados, cercados por uma elevada cerca de arame farpado. A única exceção era o "Reichsführerbaracke", um prédio especialmente construído e muito maior, ricamente mobiliado. "O quarto de dormir", anotou um de seus oficiais de estado-maior, "era muito elegante, de madeira avermelhada, com um conjunto de mobília e um tapete verde-claro. Era mais o *boudoir* de uma grande dama que o quarto de um homem comandando soldados em uma guerra."

A sala de entrada tinha até uma tapeçaria de parede imitando *gobelin* com um tema "nórdico". Tudo vinha de fábricas das SS, até a cara porcelana. Isso bastava, pensavam os oficiais do Exército, para a prática de "guerra total" dos líderes nazistas, tão enaltecida por Goebbels. A rotina de Himmler era igualmente pouco notável para um comandante de campanha. Depois do banho, da massagem de seu massagista pessoal e do café da manhã, estava finalmente pronto para trabalhar às 10h30 da manhã. Não importava a crise, o sono de Himmler não devia ser perturbado, ainda que fosse necessário tomar uma decisão urgente. Tudo o que ele realmente queria era conceder medalhas. Gostava muito dessas cerimônias, que representavam uma fácil afirmação de sua própria importância. Segundo Guderian, seu maior sonho era receber a Cruz de Cavaleiro.

O desempenho de Himmler nas conferências sobre a situação na Chancelaria do Reich, em contraste, continuava pateticamente inadequado. Segundo seu oficial de operações, coronel Eismann, Himmler repetia cada vez mais, na Chancelaria do Reich, as palavras *Kriegsgericht* e *Standgericht*, corte marcial e corte marcial sumária, como um tipo de mantra mortal. A retirada significava falta de força de vontade e só podia ser curada pelas medidas mais duras. Também falava constantemente em "generais incompetentes e covardes". Mas, fossem quais fossem os defeitos dos generais, eram mandados para casa ou transferidos para outro posto. Os soldados em retirada é que eram fuzilados.

A *Standgericht*, ou versão sumária, era, naturalmente, o método que o quartel-general do Führer defendia. Já fora esboçado em seus princípios. Logo depois que o Exército Vermelho alcançou o Oder, no início de fevereiro, Hitler copiara o "Nem um passo atrás" da ordem de Stalin de 1942, com a criação de destacamentos de bloqueio. A ordem incluía, no parágrafo 4, a instrução: "Tribunais militares devem adotar as medidas mais rigorosas possíveis com base no princípio de que aqueles que têm medo de uma morte honesta na batalha merecem a morte cruel dos covardes."

Isto foi então aprimorado na ordem do Führer de 9 de março, que criou a *Fliegende Standgericht*, a corte marcial sumária móvel. Consistia de três oficiais superiores, com dois escrivães e datilógrafos e material de escritório e, o mais essencial, "*1 Unteroffizier und 8 Mann als Exekutionskommando*".* O princípio norteador de suas ações era simples: "A justiça da misericórdia não é aplicável." A organização deveria começar a funcionar no dia seguinte, pronta para julgar todos os membros da Wehrmacht e das Waffen SS. A *blitzkrieg* de Hitler contra seus próprios soldados estendeu-se à Luftwaffe e à Kriegsmarine numa ordem assinada pelo general Burgdorf. Ele determinava que se garantisse que o presidente da corte, em cada caso, estivesse "firmemente ancorado na ideologia de nosso Reich". Martin Bormann, não querendo que o Partido Nazista fosse superado, também deu ordens aos Gauleiters para que suprimissem "a covardia e o derrotismo" com sentenças de morte de cortes marciais sumárias.

Quatro dias depois da ordem do Führer sobre a *Fliegende Standgericht*, Hitler deu mais uma ordem, provavelmente esboçada por Bormann, sobre a ideologia nacional-socialista no Exército. "A prioridade fundamental nos deveres de um líder de tropa é ativá-la e fanatizá-la politicamente, e ele é totalmente responsável, perante mim, pela conduta nacional-socialista de seus soldados."

Para Himmler, homem que pregava a inclemência com os vacilantes, a tensão do comando mostrou-se excessiva. Sem avisar Guderian, retirou-se com gripe para o sanatório de Hohenlychen, uns 40 quilômetros a oeste de Hassleben, para ser tratado por seu médico pessoal. Guderian, ao saber da

---

*Um suboficial e oito homens do comando de execuções. (*N. da T.*)

situação caótica de seu quartel-general, dirigiu-se a Hassleben. Até Lammerding, chefe do Estado-Maior das SS de Himmler, pediu-lhe que fizesse alguma coisa. Sabendo que o Reichsführer SS estava em Hohenlychen, Guderian foi visitá-lo lá, já pensando na tática a adotar. Disse que Himmler era, claramente, o mais sobrecarregado de todos, com tantas responsabilidades – Reichsführer SS, chefe da polícia alemã, ministro do Interior, comandante em chefe do Exército de Reserva e comandante em chefe do Grupo de Exércitos do Vístula. Guderian sugeriu que ele abrisse mão do Grupo de Exércitos do Vístula. Como era claro que era isso o que Himmler queria mas não ousava dizer a Hitler em pessoa, Guderian percebeu a oportunidade.

– Então estou autorizado a falar em seu nome? – disse ele.

Himmler não pôde recusar. Naquela noite, Guderian falou com Hitler e recomendou o general Gotthardt Heinrici como substituto. Heinrici era o comandante do Primeiro Exército Panzer, então envolvido na luta contra Konev defronte a Ratibor. Hitler, não querendo admitir que Himmler fora uma escolha desastrosa, concordou com muita relutância.

Heinrici foi para Hassleben assumir o comando. Himmler, ao saber de sua chegada, voltou para passar o posto com um resumo da situação cheio de pompa e justificativas pessoais. Heinrici teve de ouvir esse discurso interminável até que o telefone tocou. Himmler atendeu. Era o general Busse, comandante do Nono Exército. Um terrível equívoco ocorrera em Küstrin. O corredor que levava à fortaleza fora perdido. Himmler prontamente entregou o telefone a Heinrici.

– O senhor é o novo comandante em chefe do grupo de exércitos – disse. – Dê as ordens pertinentes.

E o Reichsführer SS foi embora com pressa inconveniente.

O COMBATE NAS cabeças de ponte do Oder de cada lado de Küstrin fora feroz. Quando os soldados soviéticos capturavam uma aldeia e encontravam algum uniforme das SA nazistas ou suásticas em uma casa, costumavam matar todos os que estavam lá dentro. Ainda assim, os habitantes de uma aldeia que fora ocupada pelo Exército Vermelho e depois libertada por um contra-ataque alemão "não tinham nada de negativo a dizer sobre os militares russos".

Cada vez mais soldados e jovens conscritos alemães demonstravam que não queriam morrer por uma causa perdida. Um sueco que foi de carro de Küstrin a Berlim contou ao adido militar sueco, major Juhlin-Dannfel, que passara por "vinte pontos de controle da Feldgendarmerie cuja tarefa era capturar desertores da frente de batalha". Outro sueco que passou pela região relatou que os soldados alemães mostravam-se magros no cenário de operações e que "os soldados pareciam apáticos devido à exaustão".

As condições de vida eram miseráveis. O Oderbruch era um charco semicultivado, com vários diques. Cavar trincheiras contra artilharia e ataques aéreos era uma experiência desanimadora, já que na maioria dos locais atingia-se a água a menos de 1 metro do solo. O mês de fevereiro não estava tão frio como de costume, mas isso pouco adiantou para reduzir os casos de pé de trincheira. Além da falta de soldados experientes, os principais problemas do Exército alemão eram a escassez de munição e a falta de combustível para seus veículos. Por exemplo, na Divisão SS *30 Januar*, os Kübelwagen do quartel-general só podiam ser usados em emergências. E nenhuma bateria de artilharia podia disparar sem permissão. A ração diária era de duas granadas por canhão.

O Exército Vermelho cavava suas trincheiras em forma de linguiça, levemente arredondadas, assim como as trincheiras individuais. Seus atiradores tomavam posição em capões de mato e arbustos ou nas traves do telhado de alguma casa em ruínas. Usando técnicas de camuflagem bem-desenvolvidas, ficavam no lugar durante seis a oito horas sem se mover. Seus alvos prioritários eram, primeiro, oficiais e, depois, carregadores de rações. Os soldados alemães não podiam mover-se à luz do dia. E ao restringir todos os movimentos à escuridão, os grupos soviéticos de reconhecimento eram capazes de penetrar pela linha alemã, debilmente defendida, e agarrar um infeliz soldado sozinho como "informante" para ser interrogado por seus oficiais do serviço de informações. Os oficiais de observação avançada da artilharia também se escondiam como os atiradores de tocaia; na verdade, gostavam de pensar em si mesmos como atiradores a distância, mas com armas maiores.

As enchentes de primavera do Oder mostraram-se uma vantagem inesperada para o Exército Vermelho. Várias pontes que seus engenheiros tinham construído estavam agora 25 a 30 centímetros debaixo da superfície da água, transformando-se em vaus artificiais. Os pilotos da Luftwaffe, em seus Focke-Wulfs e Stukas, achavam-nas muito difíceis de atingir.

ENQUANTO GOEBBELS, como ministro da Propaganda, ainda pregava a vitória final, Goebbels, como Gauleiter e como comissário de Defesa do Reich para Berlim, ordenava que se construíssem obstáculos na cidade e à sua volta. Dezenas de milhares de civis malnutridos, em sua maioria mulheres, foram levados a gastar a pouca energia que tinham cavando valas antitanque. Boatos de ressentimento contra a burocracia nazista, a incompetência e o tempo desperdiçado com preparativos inúteis de defesa começaram a circular, apesar das penas por derrotismo. "Em toda a guerra", escreveu com amargura um oficial de estado-maior, "jamais vi uma vala antitanque, fosse nossa ou do inimigo, que conseguisse impedir um ataque de blindados." O exército se opôs a tais barreiras sem sentido construídas por ordem do Partido Nazista porque atrapalhavam o tráfego militar que seguia rumo aos montes Seelow e causava o caos na torrente de refugiados que vinha agora das aldeias a oeste do Oder para a cidade.

Fazendeiros brandemburgueses que tiveram de ficar para trás por terem sido convocados para a Volkssturm achavam cada vez mais difícil plantar. O líder rural do Partido Nazista local, o Ortsbauernführer, teve ordens de requisitar carroças e cavalos para o transporte de feridos e munição. Até bicicletas vinham sendo requisitadas para equipar a chamada divisão caça-tanques. Mas o grau mais revelador da perda de equipamento da Wehrmacht durante a desastrosa retirada do Vístula foi sua necessidade de tomar as armas da Volkssturm.

O batalhão 16/69 da Volkssturm estava concentrado em Wriezen, à margem do Oderbruch, perto da linha de frente. Reunia não mais que 113 homens, dos quais 32 ocupavam-se de obras de defesa na retaguarda e 14 estavam doentes ou feridos. O resto guardava barricadas antitanque e pontes. Tinham três tipos de metralhadoras, inclusive várias russas, um lança-chamas sem peças essenciais, três pistolas espanholas e 228 fuzis de seis nações diferentes. Pode-se supor que esta descrição de seu armamento seja exata, já que a administração do distrito, em Potsdam, avisara que fazer relatórios falsos sobre este assunto era "a mesma coisa que um crime de guerra". Mas, em muitos casos, até tais arsenais inúteis não eram entregues, porque os Gauleiters nazistas diziam à Volkssturm para só entregar armas que tivessem sido emprestadas pela própria Wehrmacht.

Os líderes do Partido Nazista souberam, pelos relatórios da Gestapo, que a população civil demonstrava cada vez mais desprezo pelo modo como ordenavam que outros morressem sem nada fazerem em pessoa. Os refugiados, em particular, eram, aparentemente, "muito duros com a conduta de personalidades importantes". Para contrabalançar isso, houve boa quantidade de exibição militar. Os líderes do Gau de Brandemburgo convocaram, entre os membros do partido, mais voluntários para lutar com o lema "O ar fresco da frente de combate em vez das salas superaquecidas!". O Dr. Ley, chefe da organização do Partido Nazista, compareceu ao quartel-general do Führer com um plano de levantar um *Freikorps Adolf Hitler* com "40 mil voluntários fanáticos". Pediu a Guderian que fizesse o exército emprestar-lhe 80 mil submetralhadoras de uma só vez. Guderian prometeu-lhe as armas depois que os voluntários fossem alistados, sabendo muito bem que tudo era pura bravata. Nem Hitler pareceu impressionado.

Nos últimos meses, Goebbels se alarmara com o afastamento de Hitler dos olhos do público. Finalmente, convenceu-o a aceitar uma visita à frente do Oder, em benefício principalmente das câmeras dos noticiários cinematográficos. A visita do Führer, em 13 de março, foi mantida secretíssima. Patrulhas SS vigiaram previamente todas as estradas e depois ladearam-nas pouco antes da chegada do comboio do Führer. Na verdade, Hitler não encontrou um único soldado raso. Os comandantes de formações haviam sido convocados sem explicação a uma antiga mansão perto de Wriezen, que já pertencera a Blücher. Ficaram espantados ao ver o decrépito Führer. Um oficial escreveu sobre seu "rosto branco como giz" e "seus olhos brilhantes, que me lembraram olhos de serpente". O general Busse, usando capacete de campanha e óculos, fez uma apresentação formal da situação da frente de batalha de seu exército. Quando Hitler falou da necessidade de manter a linha de defesa do Oder, deixou claro, como registrou outro oficial, "que o que já temos são as últimas armas e o último equipamento disponível".

O esforço de falar deve ter esgotado Hitler. Na viagem de volta a Berlim, não disse uma única palavra. Segundo o motorista, ficou sentado, "perdido em pensamentos". Foi sua última viagem. Nunca mais sairia vivo da Chancelaria do Reich.

9
Objetivo: Berlim

Em 8 de março, quando a operação na Pomerânia se desenrolava com todo o ímpeto, Stalin repentinamente convocou Jukov de volta a Moscou. Era um momento estranho para arrastar um comandante de Frente para longe de seu quartel-general. Jukov foi direto do aeroporto central para a *dacha* de Stalin, onde o líder soviético se recuperava de exaustão e estresse.

Depois que Jukov descreveu as operações na Pomerânia e o combate nas cabeças de ponte do Oder, Stalin levou-o para um passeio no jardim. Falou de sua infância. Quando voltaram à *dacha* para o chá, Jukov perguntou a Stalin se havia alguma notícia de seu filho Iakov Djugashvili, prisioneiro dos alemães desde 1941. Stalin deserdara o próprio filho na época, por permitir-se aprisionar vivo, mas agora sua atitude parecia diferente. Ele demorou algum tempo para responder à pergunta de Jukov.

– Iakov jamais sairá vivo da prisão – acabou dizendo. – Os assassinos o fuzilarão. Segundo nossas investigações, eles o estão mantendo isolado e tentam convencê-lo a trair a Pátria.

Ficou em silêncio por outro longo momento.

– Não – disse com firmeza. – Iakov preferiria qualquer tipo de morte a trair a Pátria.

Quando Stalin referiu-se a "nossas investigações", eram, é claro, as investigações de Abakumov. As notícias mais recentes de Iakov tinham vindo do general Stepanovic, comandante da gendarmeria iugoslava. Stepanovic fora libertado pelas tropas do próprio Jukov no final de janeiro, mas depois preso pela SMERSH para interrogatório. Stepanovic estivera antes em Straflager X-C, em Lübeck, com o primeiro-tenente

Djugashvili. Segundo Stepanovic, Iakov comportara-se "de forma independente e orgulhosa". Recusava-se a ficar de pé quando um oficial alemão entrava na cela e dava as costas se falassem com ele. Os alemães o colocaram em uma cela de castigo. Apesar de uma entrevista publicada na imprensa alemã, Iakov Djugashvili insistiu que jamais respondera a nenhuma pergunta de ninguém. Depois de fugir do campo, fora afastado e levado de avião para um destino ignorado. Até hoje o modo de sua morte não é claro, embora a história mais comum seja que ele se lançou sobre a cerca externa para obrigar os guardas a fuzilá-lo. Stalin pode ter mudado a atitude para com o próprio filho, mas continuou impiedoso com as centenas de milhares de outros prisioneiros de guerra soviéticos que, em muitos casos, sofreram um destino ainda pior que o de Iakov.

Stalin mudou de assunto. Disse que estava "muito contente" com os resultados da Conferência de Ialta. Roosevelt fora muito amigável. O secretário de Stalin, Poskrebishev, entrou com papéis para o líder assinar. Era o sinal para Jukov partir, mas também era o momento de Stalin explicar a razão da convocação urgente a Moscou.

– Vá ao *Stavka* – disse a Jukov – e verifique os cálculos da operação Berlim com Antonov. Vamos nos encontrar aqui amanhã às 13 horas.

Antonov e Jukov, que evidentemente sentiu que havia uma razão para a urgência, trabalharam a noite toda. Na manhã seguinte, Stalin mudou a hora e o lugar. Foi para Moscou, apesar de seu estado de fraqueza, para que uma grande reunião pudesse acontecer no *Stavka*, com Malenkov, Molotov e outros membros do Comitê de Defesa do Estado. Antonov fez sua apresentação. Quando terminou, Stalin assentiu e disse-lhe para dar as ordens para o planejamento detalhado.

Jukov reconheceu em suas memórias que, "quando estávamos trabalhando na operação Berlim, levamos em conta a ação de nossos aliados". Chegou a admitir sua preocupação de que "o comando britânico estivesse ainda acalentando o sonho de capturar Berlim antes que o Exército Vermelho a alcançasse". O que ele não menciona, contudo, é que, em 7 de março, um dia antes de Stalin convocá-lo com tanta urgência a Moscou, o Exército dos Estados Unidos tomara a ponte de Remagen. Stalin imediatamente vira as consequências do rompimento tão rápido pelos aliados ocidentais da barreira do Reno.

O DESEJO BRITÂNICO de dirigir-se a Berlim nunca fora oculto de Stalin. Durante a visita de Churchill a Moscou, em outubro de 1944, o marechal de campo Sir Alan Brooke disse a Stalin que, depois de um cerco no Ruhr, "o eixo principal do avanço aliado será dirigido a Berlim". Churchill voltara a enfatizar este ponto. Esperavam isolar cerca de 150 mil alemães na Holanda "e depois prosseguir firmemente rumo a Berlim". Stalin não fez comentários.

HAVIA UMA RAZÃO fortíssima para Stalin querer que o Exército Vermelho ocupasse Berlim primeiro. Em maio de 1942, três meses antes do início da batalha de Stalingrado, convocara Beria e os principais físicos atômicos à sua *dacha*. Estava furioso por saber de espiões que os Estados Unidos e a Grã-Bretanha vinham trabalhando em uma bomba de urânio. Stalin culpou os cientistas soviéticos por não terem levado a sério o assunto, mas fora ele que desdenhara, como "provocação", as primeiras informações sobre a questão. Elas tinham vindo do espião britânico John Cairncross, em novembro de 1941. O desdém de Stalin para com a informação fora uma repetição curiosa de seu comportamento ao ser avisado da invasão alemã seis meses antes.

Nos três anos seguintes, o programa de pesquisa nuclear soviético, logo batizado com o nome em código de Operação Borodino, foi bastante acelerado, com informações detalhadas de pesquisas do Projeto Manhattan fornecidas por simpatizantes comunistas, como Klaus Fuchs. O próprio Beria assumiu a supervisão do trabalho e acabou colocando a equipe de cientistas do professor Igor Kurtchatov sob completo controle do NKVD.

A principal deficiência do programa soviético, contudo, era a falta de urânio. Não haviam sido encontradas ainda jazidas na União Soviética. As principais reservas da Europa ficavam na Saxônia e na Tchecoslováquia, sob controle nazista, mas, antes que o Exército Vermelho chegasse a Berlim, parece que só tinham informações muito superficiais sobre as minas de lá. Seguindo instruções de Beria, o Comitê de Compras Soviéticas nos Estados Unidos pediu ao Conselho de Produção Bélica americano que lhe vendesse oito toneladas de óxido de urânio. Depois de consultar o general Groves, chefe do Projeto Manhattan, o governo dos Estados Unidos autorizou remessas apenas simbólicas, principalmente na esperança de descobrir o que a União Soviética pretendia.

Foram descobertas jazidas de urânio no Cazaquistão em 1945, mas ainda em quantidade insuficiente. A maior esperança de Stalin e Beria para manter o projeto em rápido andamento, portanto, era tomar o suprimento alemão de urânio antes que os aliados ocidentais o alcançassem. Beria descobrira, com cientistas soviéticos que tinham trabalhado lá, que o Instituto de Física Kaiser Wilhelm, em Dahlem, subúrbio do Sudoeste de Berlim, era o centro da pesquisa atômica alemã. O trabalho ali era realizado num *bunker* forrado de chumbo conhecido como "Casa dos Vírus", nome em código que visava desencorajar o interesse externo. Perto desse *bunker* ficava o Blitzturm, ou "torre do relâmpago", que abrigava um cíclotron capaz de gerar 1,5 milhão de volts. Beria, no entanto, não sabia que a maioria dos cientistas, do equipamento e do material do Instituto Kaiser Wilhelm, incluindo sete toneladas de óxido de urânio, havia sido evacuada para Haigerloch, na Floresta Negra. Mas uma confusão burocrática alemã fez com que outra remessa fosse enviada a Dahlem, em vez de Haigerloch A corrida para Dahlem não foi inteiramente em vão.

NUNCA HOUVE DÚVIDAS, na mente dos líderes nazistas, de que a luta por Berlim seria o clímax da guerra. "Os nacional-socialistas", sempre insistira Goebbels, "vencerão juntos em Berlim ou morrerão juntos em Berlim." Talvez inconsciente de estar parafraseando Karl Marx, costumava declarar que "quem possui Berlim, possui a Alemanha". Stalin, por outro lado, conhecia, sem dúvida, o restante da citação de Marx: "E quem controla a Alemanha controla a Europa."

Era claro, entretanto, que os líderes americanos da guerra não estavam familiarizados com esses ditos europeus. Talvez tenha sido esta ignorância da política do poder europeu que provocou Brooke a dar sua opinião nada caridosa depois de um café da manhã de trabalho com Eisenhower em Londres, no dia 6 de março: "Não há dúvida de que ele [Eisenhower] é uma personalidade muito atraente e, ao mesmo tempo, [tem] um cérebro limitadíssimo do ponto de vista estratégico." O problema básico, que Brooke não admitia por completo, era que os americanos, naquele estágio, simplesmente não viam a Europa em termos estratégicos. Tinham um objetivo simples e limitado: ganhar depressa a guerra contra a Alemanha, com o mínimo possível de baixas, e depois concentrar-se no Japão. Eisenhower, como o seu presidente, os chefes do Estado-Maior e outros oficiais superiores, deixou de olhar para a frente e leu de forma completamente errada o caráter de Stalin. Isto exasperou os colegas britânicos e levou à principal rixa da aliança ocidental. Alguns oficiais britânicos chegavam a referir-se à deferência de Eisenhower frente a Stalin como "Have a Go, Joe" ("Vamos lá, Joe"), chamamento usado pelas prostitutas de Londres quando se ofereciam a soldados americanos.

Em 2 de março, Eisenhower disse ao general John R. Deane, oficial de ligação americano em Moscou: "Em vista do grande progresso da ofensiva soviética, será provável que haja alguma grande mudança nos planos soviéticos explicados a Tedder [em 15 de janeiro]?" A seguir, perguntou se haveria "uma redução das operações de meados de março a meados de maio". Mas Deane considerou impossível obter qualquer informação confiável do general Antonov. E quando, finalmente, esclareceram suas intenções, engabelaram deliberadamente Eisenhower para ocultar sua determinação de tomar Berlim primeiro.

Na diferença de opiniões sobre a estratégia, era inevitável que as personalidades desempenhassem papel importante. Eisenhower suspeitava que as exigências de Montgomery para que lhe permitissem liderar um ataque único e concentrado sobre Berlim brotavam apenas de suas ambições de *prima donna*. Montgomery pouco fizera para esconder sua convicção de que deveria ser o comandante de campanha, deixando Eisenhower em uma posição nominal. Acima de tudo, as bravatas imperdoáveis de Montgomery depois da batalha das Ardenas confirmaram claramente a má opinião de Eisenhower a seu respeito. "Suas relações com Monty são difíceis de resolver", escreveu em seu diário o marechal de campo Sir Alan Brooke, depois daquela reunião no café da manhã de 6 de março. "Ele só vê o lado pior de Monty." Mas os americanos, com alguma justificativa, sentiam que Montgomery, de qualquer modo, seria a pior opção para liderar um avanço rápido. Ele era tão notoriamente pedante a respeito de detalhes de estado-maior que levava mais tempo que qualquer outro general para montar um ataque.

O 21º Grupo de Exércitos de Montgomery, no norte, em Wesel, enfrentava a maior concentração de tropas alemãs. Portanto, planejou uma detalhada manobra de travessia do Reno, com operações anfíbias e aéreas em grande escala. Mas seu desempenho minuciosamente preparado foi bastante auxiliado pelos eventos mais ao sul. A reação frenética de

Hitler à cabeça de ponte rapidamente reforçada do Primeiro Exército dos Estados Unidos em Remagem foi ordenar contra-ataques maciços. Isso desfalcou outros setores do Reno. Logo o Terceiro Exército de Patton, que estivera limpando o Palatinado com uma verve que lembrava o líder da cavalaria local, o príncipe Rupert, estava do outro lado do rio em alguns pontos ao sul de Koblenz.

Assim que o 21º Grupo de Exércitos de Montgomery também cruzou o Reno, na manhã de 24 de março, Eisenhower, Churchill e Brooke reuniram-se nas margens do rio em um estado de espírito eufórico. Montgomery acreditava que Eisenhower lhe permitiria atacar a nordeste, rumo ao litoral do Báltico, em Lübeck, e talvez até Berlim. Logo foi desenganado.

O general Hodges vinha fortalecendo a cabeça de ponte de Remagen, e Patton, em tempo notavelmente curto, ampliara sua principal cabeça de ponte ao sul de Mainz. Eisenhower ordenou-lhes que convergissem seus ataques para o leste antes que o Primeiro Exército de Hodges infletisse para a esquerda para cercar o Ruhr pelo sul. Então, para infelicidade total de Montgomery, destacou o Nono Exército de Simpson de seu 21º Grupo de Exércitos e ordenou-lhe que se dirigisse a Hamburgo e à Dinamarca, não a Berlim. O Nono Exército dos Estados Unidos formaria a parte norte da operação do Ruhr para cercar o Grupo de Exércitos do marechal de campo Model, que defendia a última região industrial da Alemanha. O maior golpe nas esperanças britânicas de um impulso para nordeste em direção a Berlim foi a decisão de Eisenhower, em 30 de março, de concentrar os esforços no centro e no sul da Alemanha.

O 12º Grupo de Exércitos de Bradley, aumentado com o Nono Exército, deveria cruzar o centro da Alemanha assim que consolidasse a tomada do Ruhr para dirigir-se a Leipzig e Dresden. No sul, o Sexto Grupo de Exércitos do general Devers se voltaria para a Baviera e o norte da Áustria. Então, para irritação dos chefes de Estado-Maior britânicos, que não haviam sido consultados sobre a importante mudança de ênfase do plano geral, Eisenhower comunicou seus detalhes a Stalin no fim de março, sem nada dizer a eles ou a seu delegado britânico, o marechal do ar Tedder. Esta mensagem, conhecida como SCAF-252, tornou-se uma questão amarga entre os dois aliados.

Eisenhower concentrou seu ataque na direção do sul em parte por estar convencido de que Hitler retiraria seus exércitos para a Baviera e o noroeste da Áustria para uma defesa de última trincheira de alguma Alpenfestung, ou Fortaleza Alpina. Admitiu mais tarde em suas memórias que Berlim era "política e psicologicamente importante como símbolo do poder alemão remanescente", mas acreditava que "não era o objetivo lógico nem o mais desejável para as forças dos aliados ocidentais". Justificou sua decisão com base em que o Exército Vermelho no Oder estava muito mais perto e que o esforço logístico significaria retardar seus exércitos do centro e do sul e o objetivo de encontrar-se com o Exército Vermelho para dividir a Alemanha em duas.

Às margens do Reno, apenas seis dias antes, Churchill esperava que "nossos exércitos avançarão contra pouca ou nenhuma oposição e chegarão ao Elba, ou mesmo a Berlim, antes do Urso". Agora estava completamente perplexo. Era como se Eisenhower e Marshall estivessem preocupados demais com aplacar Stalin. As autoridades soviéticas estavam aparentemente furiosas com os caças americanos, que derrubaram algumas de suas aeronaves em um combate aéreo. Sua reação apresentava forte contraste com as observações de Stalin a Tedder em janeiro de que tais acidentes sempre acontecem na guerra. O incidente ocorrera em 18 de março, entre Berlim e Küstrin. Os pilotos de caça da Força Aérea americana pensaram ter feito contato com oito aviões alemães e alegaram ter destruído dois Focke-Wulf 190. A aviação do Exército Vermelho, por outro lado, afirmou que os oito aviões eram soviéticos e que seis deles haviam sido derrubados, com dois de seus tripulantes mortos e um gravemente ferido. O erro foi atribuído à "ação criminosa de indivíduos da Força Aérea americana".

Ironicamente, foram os americanos, na pessoa de Allen Dulles, do OSS (Office of Strategic Services, ou Escritório de Serviços Estratégicos), em Berna, que provocaram a maior briga com a União Soviética nessa época. Dulles havia sido abordado pelo Obergruppenführer SS Karl Wolff a respeito de um armistício no norte da Itália. As exigências dos líderes soviéticos de participar das conversações foram rejeitadas, para evitar que Wolff as interrompesse. Este foi um erro. Churchill reconhecia ser compreensível que a União Soviética estivesse alarmada. Era claro que Stalin temia uma paz em separado na Frente Ocidental. Seu pesadelo recorrente era uma Wehrmacht revivida, suprida pelos americanos, ainda que este fosse um medo ilógico. Em sua grande maioria, as formações mais formidáveis da Alemanha tinham sido destruídas, capturadas ou cercadas, e mesmo que os americanos lhe fornecessem todas as armas do mundo, a Wehrmacht, em 1945, tinha pouca semelhança com a máquina de guerra de 1941.

Stalin também suspeitava que o número enorme de soldados da Wehrmacht que se rendiam aos americanos e britânicos no Oeste da Alemanha não revelava apenas seu medo de se tornarem prisioneiros do Exército Vermelho. Achava que isto era parte de uma tentativa deliberada para abrir a Frente Ocidental e permitir aos americanos e britânicos chegar primeiro a Berlim. Na verdade, a razão para rendições tão grandes na época era a recusa de Hitler de permitir qualquer retirada. Se tivesse levado seus exércitos de volta para defender o Reno depois da debacle das Ardenas, os aliados teriam de enfrentar uma tarefa duríssima. Mas não o fez, e isto lhes permitiu encurralar muitas divisões a oeste do rio. Da mesma forma, a defesa fixa do Ruhr do marechal de campo Model estava também condenada. "Devemos muito a Hitler", comentou Eisenhower mais tarde.

De qualquer modo, Churchill sentia intensamente que, até que as intenções de Stalin no pós-guerra da Europa Central ficassem claras, o Ocidente tinha de aproveitar todas as cartas boas disponíveis para negociar com ele. Relatórios recentes do que estava acontecendo na Polônia, com prisões em massa de personagens importantes que talvez não apoiassem o domínio soviético, indicavam com toda a força que Stalin não tinha a intenção de permitir que um governo independente se formasse. Molotov também se tornara extremamente agressivo. Recusava-se a permitir quaisquer representantes ocidentais na Polônia. Na verdade, sua interpretação geral do acordo de Ialta era muito diferente do que tanto britânicos quanto americanos haviam entendido como "a letra e o espírito" de seu trato.

A confiança anterior de Churchill, baseada na falta de interferência de Stalin na Grécia, agora começava a se desintegrar. O primeiro-ministro britânico suspeitava que tanto ele quanto Roosevelt haviam sido vítimas de um enorme jogo de confiança. Churchill ainda não parecia perceber que Stalin julgava os outros por si mesmo. Parece que ele agira segundo o princípio de que Churchill, depois de todos os seus comentários em Ialta sobre enfrentar a Câmara dos Comuns no caso da Polônia, só precisara de um pouquinho de lustre democrático para manter os críticos em silêncio até que tudo estivesse irreversivelmente estabelecido. Stalin agora parecia irritado com as queixas renovadas de Churchill sobre o comportamento da União Soviética na Polônia.

As autoridades soviéticas estavam bem conscientes dos principais desacordos políticos e militares dos aliados ocidentais, ainda que não soubessem de todos os detalhes imediatamente. A rixa ficou ainda pior depois da mensagem SCAF-252 de Eisenhower a Stalin. Eisenhower, ferido com a furiosa reação britânica, escreveu mais tarde aos chefes do Estado-Maior Conjunto, depois que a visita de Tedder a Moscou em janeiro permitiu-lhe comunicar-se diretamente com Moscou "sobre questões que são de caráter exclusivamente militar". "Mais adiante na campanha", escreveu ele, "minha interpretação dessa autorização foi furiosamente combatida pelo Sr. Churchill, nascendo a dificuldade da verdade antiquíssima de que as atividades políticas e militares nunca são totalmente separáveis." De qualquer modo, a opinião de Eisenhower de que Berlim propriamente dita "não era mais um objetivo especialmente importante" demonstrava uma ingenuidade espantosa.

A ironia, contudo, é que a decisão de Eisenhower de evitar Berlim foi, quase com certeza, certa, embora por razões totalmente erradas. Para Stalin, a captura de Berlim pelo Exército Vermelho não era uma questão de negociar posições no jogo do pós-guerra. Ele a via como importante demais para isso. Se quaisquer forças dos aliados ocidentais cruzassem o Elba e se dirigissem para Berlim, teriam, quase com certeza, sido repelidas pela Força Aérea soviética e pela artilharia, se estivessem ao alcance. Stalin não teria escrúpulos de condenar os aliados ocidentais e acusá-los de aventureirismo criminoso. Enquanto Eisenhower subestimava em alto grau a importância de Berlim, Churchill, pelo contrário, subestimava tanto a determinação de Stalin de capturar a cidade a qualquer preço quanto a genuína ofensa moral com que seria recebida qualquer tentativa ocidental de tomar o prêmio do Exército Vermelho debaixo do seu nariz.

No FINAL DE MARÇO, enquanto os chefes de Estado-Maior britânicos e americanos discordavam sobre os planos de Eisenhower, o *Stavka*, em Moscou, dava os toques finais no plano da "operação Berlim". Jukov deixou seu quartel-general na manhã de 29 de março para voar de volta a Moscou, mas o mau tempo o obrigou a descer em Minsk pouco depois do meio-dia. Passou a tarde conversando com Ponomarenko, secretário do Partido Comunista da Bielorrússia e, como o tempo não melhorava, pegou o trem para Moscou.

A atmosfera no Kremlin era extremamente tensa. Stalin estava convencido de que os alemães fariam todo o possível para conseguir um acordo com os aliados ocidentais de forma a resistir ao Exército Vermelho no Leste. As conversações americanas em Berna com o general Wolff sobre um possível cessar-fogo no norte da Itália pareciam confirmar seus mais fortes temores. Mas as intensas suspeitas do líder soviético deixaram de levar em conta o fanatismo de Hitler. Personagens à sua volta podiam fazer propostas de paz, mas o próprio Hitler sabia que qualquer forma de rendição, até mesmo aos aliados ocidentais, não lhe oferecia futuro algum a não ser a humilhação e a forca. Não podia haver negociação sem algum tipo de golpe palaciano contra o Führer.

Jukov, que seria o responsável pela tomada de Berlim, também partilhava dos temores de Stalin de que os alemães abririam a frente aos britânicos e americanos. Em 27 de março, dois dias antes de partir para Moscou, o correspondente da Reuters no 21º Grupo de Exércitos escreveu que as tropas britânicas e americanas que se dirigiam ao coração da Alemanha não encontravam resistência. A notícia da Reuters fez o sinal de alarme soar em Moscou.

– A Frente alemã no Ocidente entrou em colapso total – foi a primeira coisa que Stalin disse a Jukov quando este finalmente chegou a Moscou. – Parece que os homens de Hitler não querem tomar medida alguma para deter o avanço dos aliados. Ao mesmo tempo, estão fortalecendo seus grupos nos principais eixos contra nós.

Stalin fez um gesto para o mapa e depois bateu a cinza de seu cachimbo.

– Acho que teremos uma briga dura.

Jukov mostrou o mapa de seu serviço de informações da frente de batalha e Stalin estudou-o.

– Quando nossas tropas podem começar a avançar sobre o eixo de Berlim? – perguntou.

– A Primeira Frente Bielorrussa poderá avançar em duas semanas – respondeu Jukov. – Parece que a Primeira Frente Ucraniana estará pronta na mesma época. E, segundo nossas informações, a Segunda Frente Bielorrussa ficará detida, liquidando o inimigo em Dantzig e Gdynia até meados de abril.

– Bem – respondeu Stalin. – Teremos de começar sem esperar pela Frente de Rokossovski.

Ele foi até a escrivaninha e folheou alguns papéis, e depois passou a Jukov uma carta.

– Veja, leia isso – disse Stalin.

Segundo Jukov, a carta era de "um estrangeiro bem-intencionado", dando informações aos líderes soviéticos sobre negociações secretas entre os aliados ocidentais e os nazistas. Explicava, no entanto, que os americanos e britânicos tinham recusado a proposta alemã de uma paz em separado, mas que a possibilidade de os alemães facilitarem a rota para Berlim "não podia ser descartada".

– Bem, o que você tem a dizer? – perguntou Stalin. Sem esperar resposta, disse: – Acho que Roosevelt não vai violar o acordo de Ialta, mas, quanto a Churchill... este é capaz de qualquer coisa.

ÀS 8 HORAS da noite de 31 de março, o embaixador dos Estados Unidos, Averell Harriman, e seu colega britânico, Sir Archibald Clark Kerr, foram ao Kremlin, acompanhados do general Deane. Encontraram-se com Stalin, o general Antonov e Molotov. "Stalin recebeu o texto em inglês e russo da mensagem contida no SCAF-252 [de Eisenhower]", contou Deane mais tarde naquela noite. "Depois que Stalin leu a mensagem de Eisenhower, indicamos no mapa as operações descritas na mensagem. Stalin reagiu de imediato e disse que o plano parecia bom, mas que era claro que não poderia comprometer-se totalmente antes de consultar seu estado-maior. Disse que nos daria uma resposta amanhã. Parecia estar favoravelmente impressionado com a direção do ataque na Alemanha central e também do ataque secundário ao sul. Enfatizamos a urgência de obter a opinião de Stalin para que os planos pudessem ser coordenados adequadamente (...) Stalin ficou muito impressionado com o número de prisioneiros capturados no mês de março e disse que, com certeza, isso ajudaria a terminar a guerra em breve." Stalin então falou sobre todas as frentes, exceto a importantíssima frente do Oder. Estimou que "apenas cerca de um terço dos alemães queria lutar". Voltou novamente à mensagem de Eisenhower. Disse que o "plano do principal esforço de Eisenhower era bom, porque cumpria o objetivo importantíssimo de dividir a Alemanha ao meio. (...) Sentia que a última posição dos alemães seria provavelmente nas montanhas do Oeste da Tchecoslováquia e da Baviera". O líder soviético estava claramente disposto a encorajar a ideia de um reduto nacional alemão no sul.

NA MANHÃ SEGUINTE, 1º de abril, Stalin recebeu os marechais Jukov e Konev em seu grande escritório no Kremlin, com a comprida mesa de conferências e os retratos de Suvorov e Kutuzov na parede. O general Antonov, chefe do Estado-Maior geral, e o general Shtemenko, chefe de operações, estavam presentes.

– Os senhores sabem como a situação vem se configurando? – perguntou Stalin aos dois marechais. Jukov e Konev responderam cautelosamente que sim, de acordo com as informações que tinham recebido.

– Leia o telegrama para eles – disse Stalin ao general Shtemenko.

Essa mensagem, presumivelmente de um dos oficiais de ligação do Exército Vermelho no quartel-general do SHAEF, afirmava que Montgomery iria para Berlim e que o Terceiro Exército de Patton também se desviaria de seu impulso rumo a Leipzig e Dresden para atacar Berlim pelo sul. O *Stavka* já soubera do plano de contingência de lançar divisões de paraquedistas sobre Berlim no caso de um colapso súbito do regime nazista. Tudo isso confluía evidentemente para uma trama aliada de tomar Berlim primeiro, sob o disfarce de ajudar o Exército Vermelho. Não se pode, é claro, descartar a possibilidade de Stalin ter falsificado o telegrama para pressionar tanto Jukov quanto Konev.

– Bem, então – disse Stalin, olhando seus dois marechais. – Quem vai tomar Berlim: nós ou os aliados?

– Seremos nós a tomar Berlim – respondeu Konev imediatamente. – E vamos tomá-la antes dos aliados.

– Então, o senhor é um homem deste tipo – respondeu Stalin com um leve sorriso. – E como será capaz de organizar as forças para isso? Suas forças principais estão no flanco sul [depois da operação na Silésia] e o senhor terá de realizar um grande reagrupamento.

– Não precisa preocupar-se, Camarada Stalin – disse Konev. – A Frente tomará todas as medidas necessárias.

O desejo de Konev de chegar a Berlim antes de Jukov era inconfundível e Stalin, que gostava de estimular a rivalidade entre seus subordinados, ficou claramente satisfeito.

Antonov apresentou o plano geral e depois Jukov e Konev apresentaram os seus. Stalin só fez um reparo. Não concordou com a linha de demarcação do *Stavka* entre as duas frentes. Inclinou-se para a frente com seu lápis e rabiscou a linha a oeste de Lübben, 60 quilômetros a sudeste de Berlim.

– No caso – disse, voltando-se para Konev – de resistência obstinada nos arredores a leste de Berlim, o que definitivamente acontecerá (...) a Primeira Frente Ucraniana deverá estar pronta a atacar com exércitos blindados pelo sul.

Stalin aprovou os planos e deu ordens para que a operação fosse preparada "no menor tempo possível e, seja como for, que não passe de 16 de abril".

"O *Stavka*", como a História oficial russa explica, "trabalhou com enorme pressa, temendo que os aliados fossem mais rápidos que as tropas soviéticas na tomada de Berlim." Tinham muito a coordenar. A operação para capturar Berlim envolvia 2,5 milhões de homens, 41.600 canhões e morteiros, 6.250 tanques e canhões autopropulsados e 7.500 aeronaves. Sem dúvida, Stalin apreciava o fato de estar concentrando, para tomar a capital do Reich, uma força mecanizada muito mais poderosa do que Hitler mobilizara para invadir toda a União Soviética.

Depois da conferência principal em 1º de abril, Stalin respondeu à mensagem de Eisenhower, que fornecera detalhes exatos das futuras operações americanas e britânicas. O líder soviético informou ao comandante supremo americano que seu plano "coincidia por completo" com os planos do Exército Vermelho. Stalin então garantiu ao seu confiante aliado que "Berlim perdeu sua antiga importância estratégica" e que o comando soviético só enviaria forças de segunda classe contra ela. O Exército Vermelho lançaria seu golpe principal para o sul, para unir-se aos aliados ocidentais. O avanço das forças principais começaria aproximadamente na segunda metade de maio. "Contudo, este plano pode sofrer certas alterações, dependendo das circunstâncias." Este foi o maior 1º de Abril da História Moderna.

10
A camarilha e o Estado-Maior geral

Durante a fase final da matança soviética na Pomerânia, o general von Tippelskirch ofereceu uma recepção noturna aos adidos militares estrangeiros em Mellensee. Eles, principalmente, por ser uma boa oportunidade de ouvir algo diferente da versão oficial dos acontecimentos, na qual quase ninguém acreditava. A capital estava tomada por boatos. Alguns estavam convencidos de que Hitler morria de câncer e que a guerra logo acabaria. Muitos cochichavam, com muito mais razão, que os comunistas alemães vinham aumentando rapidamente suas atividades conforme o Exército Vermelho se aproximava. Também se falava de um motim na Volkssturm.

Os oficiais alemães presentes naquela noite discutiam a catástrofe da Pomerânia. Punham a culpa na falta de reservas. Segundo o adido militar sueco, major Juhlin-Dannfel, as conversas terminaram com os oficiais alemães dizendo como tinham esperanças de que negociações sérias começassem com os britânicos.

– Os britânicos são parcialmente responsáveis pelo destino da Europa – disseram-lhe. – E é seu dever impedir que a cultura alemã seja aniquilada por uma enchente vermelha.

Os oficiais alemães ainda pareciam acreditar que, se a Grã-Bretanha não tivesse sido tão irritante ao resistir em 1940 e se todo o poderio da Wehrmacht se concentrasse na União Soviética em 1941, o resultado, decididamente, seria outro. "Alguns dos presentes", concluiu Juhlin-Dannfel, "ficaram muito emocionados e a coisa toda parecia bastante triste."

As desilusões do oficialato alemão, embora diferentes das do círculo da corte de Hitler, eram igualmente profundas. Seu verdadeiro desgosto no caso da invasão da União Soviética devia-se à falta de sucesso. Para a vergonha do Exército alemão, apenas uma pequena minoria de oficiais sentira-se genuinamente ultrajada com as atividades dos Einsatzgruppen SS e outras formações paramilitares. No decorrer dos últimos nove meses os sentimentos antinazistas tinham se desenvolvido nos círculos do Exército, em parte devido à repressão cruel dos conspiradores de julho, mas principalmente em consequência da ingratidão e do preconceito gritantes de Hitler contra o Exército como um todo. Seu ódio total ao Estado-Maior geral e a tentativa de lançar a culpa de suas próprias intromissões catastróficas nos ombros dos comandantes da campanha causaram profundo agastamento. Além disso, a preferência dada às Waffen SS em armas, efetivo e promoções provocou forte ressentimento contra a guarda pretoriana nazista.

Um oficial superior da Kriegsmarine falou a Juhlin-Dannfel sobre uma conferência recente em que oficiais militares de alta patente discutiram a possibilidade de um ataque de última cartada na Frente Oriental para forçar o Exército Vermelho a voltar à fronteira de 1939.

– Se a tentativa fosse bem-sucedida – disse o oficial da marinha –, proporcionaria a oportunidade certa para a abertura das negociações. Para conseguir isso, Hitler deve ser destituído. Himmler assumiria e garantiria a manutenção da ordem.

Esta ideia não revelava apenas uma falta estupenda de imaginação. Mostrava também que os oficiais da Wehrmacht em Berlim pareciam não entender o estado de coisas na Frente de batalha. A operação Vístula-Oder esmagara a capacidade do Exército alemão de lançar outra ofensiva prolongada. A única questão que restava era o número de dias que o Exército Vermelho levaria para chegar a Berlim pela linha de frente que acompanhava o Oder, linha que – agora sabiam, para seu horror – poderia tornar-se a futura fronteira da Polônia.

Os acontecimentos que levaram ao clímax do conflito entre Hitler e Guderian estavam ligados à cidade-fortaleza bastante obstinada de Küstrin, que ficava entre as duas principais cabeças de ponte soviéticas do outro lado do Oder. Küstrin era conhecida como o portal de Berlim. Ficava situada na confluência dos rios Oder e Warthe, 80 quilômetros a leste de Berlim, na Reichsstrasse 1, principal estrada entre a capital e Königsberg.

Küstrin era o foco das operações de ambos os lados. Jukov queria fundir as duas cabeças de ponte – o Quinto Exército de Choque de Berzarin dominava a do Norte e o Oitavo Exército de Guardas de Tchuikov a do Sul – para preparar uma grande área de concentração para a próxima ofensiva sobre Berlim. Hitler, enquanto isso, insistira em um contra-ataque com cinco divisões de Frankfurt an der Oder para cercar pelo sul o exército de Tchuikov.

Guderian tentara impedir o plano de Hitler, sabendo que não tinham apoio aéreo, artilharia nem tanques necessários para tal empreendimento. O colapso acontecido em 22 de março, dia em que Heinrici fora repreendido por Himmler no quartel-general do Grupo de Exércitos do Vístula, ocorrera quando as divisões estavam se desdobrando para a ofensiva. A 25ª Divisão Panzergrenadier retirou-se do corredor de Küstrin antes que sua substituta estivesse pronta. O Quinto Exército de Choque de Berzarin e o Oitavo Exército de Guardas de Tchuikov avançaram para dentro do corredor por ordem prévia do marechal Jukov e conseguiram isolar Küstrin.

Guderian, no entanto, ainda esperava que as negociações de paz salvassem a Wehrmacht da destruição total. Em 21 de março, um dia antes da perda do corredor de Küstrin, abordara Himmler no jardim da Chancelaria do Reich, onde estivera "passeando com Hitler em meio aos destroços". Hitler deixou os dois homens conversarem. Guderian disse de imediato que a guerra não podia mais ser vencida. "O único problema agora é com que rapidez dar fim à matança e aos bombardeios sem sentido. Fora Ribbentrop, o senhor é o único homem que ainda tem contatos em países neutros. Como o ministro do Exterior relutou em propor a Hitler o início das negociações, devo pedir-lhe que use seus contatos e vá comigo a Hitler insistir que negocie um armistício."

– Meu caro general – respondeu Himmler –, ainda é cedo demais para isso.

Guderian insistiu, mas Himmler ainda sentia medo de Hitler, como pensava Guderian, ou estava dando as cartas com cautela. Um de seus confidentes nas SS, o Gruppenführer von Alvensleben, sondou o coronel Eismann, do Grupo de Exércitos do Vístula, e lhe disse, na mais estrita confiança, que Himmler queria abordar os aliados ocidentais por meio do conde Folke Bernadotte, da Cruz Vermelha sueca. Eismann respondeu que, antes de tudo, achava ser tarde demais para que qualquer líder ocidental levasse tais propostas em consideração e, em segundo lugar, Himmler lhe parecia "o homem menos adequado em toda a Alemanha para essas negociações".

Durante a noite de 21 de março, logo após a conversa de Guderian com Himmler, Hitler disse ao chefe do Estado-Maior do Exército que deveria tirar uma licença para tratamento de saúde, devido a seus problemas cardíacos. Guderian replicou que, com o general Wenck ainda se recuperando do acidente de carro e o general Krebs ferido pelo pesado ataque aéreo a Zossen seis dias antes, não podia abandonar seu posto. Guderian afirma que, enquanto conversavam, um assessor foi dizer a Hitler que Speer queria vê-lo. (Ele deve ter confundido a data ou a ocasião, porque Speer não estava em Berlim nessa época.) Hitler explodiu e recusou.

– Sempre que alguém quer falar comigo a sós – queixou-se ele aparentemente a Guderian – é porque tem algo desagradável a me dizer. Não aguento mais esses consoladores de Jó. Seus memorandos começam com as palavras "A guerra está perdida!". E é isso o que ele quer me dizer agora. Eu sempre tranco seus memorandos no cofre sem os ler.

Segundo o assessor, Nicolaus von Below, isto não era verdade. Hitler lia-os. Mas, como mostrara sua reação à perda da ponte de Remagen, o Führer tinha uma única reação ao desastre. Culpava os outros. Naquele dia, 8 de março, Jodl fora em pessoa à conferência para contar a Hitler que não tinham conseguido explodir a ponte. "Na hora, Hitler manteve-se em silêncio", disse um oficial de estado-maior que estivera presente, "mas no dia seguinte ficou fervendo de raiva." Ordenou a execução sumária de cinco oficiais, decisão que horrorizou a Wehrmacht.

Até as Waffen SS logo descobriram que não estavam isentas dos ataques de fúria do Führer. Hitler soube, por Bormann ou Fegelein, ambos ávidos para minar Himmler, que divisões das Waffen SS na Hungria tinham se retirado sem ordens para isso. Como punição humilhante, Hitler decidiu privá-las, inclusive sua guarda pessoal, a *Leibstandarte Adolf Hitler*, das valorizadas braçadeiras com o nome da divisão. O próprio Himmler foi forçado a fazer cumprir a ordem. "Esta missão dele na Hungria", observou Guderian com pouca tristeza, "não lhe trouxe muito afeto de suas Waffen SS."

O ATAQUE PARA aliviar Küstrin, da qual Hitler ainda se recusava a desistir, ocorreu em 27 de março. O general Busse, comandante do Nono Exército, era seu relutante orquestrador. A operação foi um fracasso custoso, ainda que de início tenha pego o Oitavo Exército de Guardas de surpresa. Os blindados e soldados de infantaria alemães, em campo aberto, foram massacrados pela artilharia e pela aviação soviéticas.

No dia seguinte, durante a viagem de noventa minutos de Zossen a Berlim para a conferência sobre a situação, Guderian deixou claras suas intenções a seu ajudante de ordens, o major Freytag von Loringhoven.

– Hoje vou mesmo deixar as coisas claras – disse no banco de trás do imenso Mercedes do Estado-Maior.

A atmosfera no *bunker* da Chancelaria do Reich estava tensa, antes ainda que o general Burgdorf anunciasse a chegada de Hitler com seu aviso costumeiro – "*Meine Herren, der Führer kommt!*" (Meus senhores, o Führer chegou!). Era o sinal para que todos prestassem atenção e fizessem a saudação nazista. Keitel e Jodl estavam ali, assim como o general Busse, que Hitler convocara junto com Guderian para explicar o fiasco de Küstrin.

Enquanto Jodl exibia sua costumeira "gelada falta de emoção", Guderian estava, claramente, num estado de espírito cruel. É evidente que o humor de Hitler não melhorou ao saber que os tanques do general Patton tinham alcançado os arredores de Frankfurt am Main. O general Busse recebeu ordem de apresentar seu relatório. Enquanto Busse falava, Hitler demonstrava impaciência crescente. De repente, perguntou por que o ataque falhara. E antes que Busse ou qualquer outro tivesse oportunidade de responder, começou outro discurso contra a incompetência do corpo de oficiais e do Estado-Maior geral. Neste caso, culpou Busse por não usar sua artilharia.

Guderian intrometeu-se para dizer a Hitler que o general Busse usara todas as granadas de artilharia disponíveis.

– Então o senhor deveria ter-lhe conseguido mais! – gritou-lhe Hitler de volta.

Freytag von Loringhoven observou o rosto de Guderian ficar vermelho de raiva enquanto defendia Busse. O chefe do Estado-Maior passou à questão da recusa de Hitler de retirar as divisões da Curlândia para a defesa de Berlim. A discussão se acalorava rapidamente, com intensidade aterrorizante. "Hitler estava cada vez mais pálido", observou Freytag von Loringhoven, "enquanto Guderian ficava cada vez mais vermelho."

As testemunhas dessa disputa ficaram profundamente alarmadas. Freytag von Loringhoven escapuliu da sala de conferências para fazer um chamado urgente ao general Krebs, em Zossen. Explicou a situação e sugeriu que o general interrompesse a reunião com alguma desculpa. Krebs concordou e Freytag von Loringhoven voltou à sala para dizer a Guderian que Krebs precisava falar com ele com urgência. Krebs conversou com Guderian uns dez minutos, durante os quais o chefe do Estado-Maior acalmou-se. Quando voltou à presença de Hitler, Jodl relatava os acontecimentos no Ocidente. Hitler insistiu que todos deixassem a sala, com exceção do marechal de campo Keitel e do general Guderian. Disse a Guderian que devia sair de Berlim para recuperar a saúde.

– Em seis semanas a situação será dificílima. Então, precisarei urgentemente do senhor.

Keitel lhe perguntou para onde iria de licença. Guderian, desconfiando de seus motivos, respondeu que não fizera planos.

Os oficiais do estado-maior em Zossen e no quartel-general do Grupo de Exércitos do Vístula ficaram chocados com os acontecimentos do dia. A destituição de Guderian por Hitler lançou-os em uma profunda depressão. Já sofriam do que o coronel de Maizière descrevia como "uma mistura de energia nervosa e transe" e da sensação de "ter de cumprir seu dever e, ao mesmo tempo, ver que este dever era completamente sem sentido". O desafio de Hitler à lógica militar levou-os ao desespero. O carisma do ditador, percebiam finalmente, baseava-se em uma *"kriminelle Energie"* e num total descaso com o bem e o mal. Seu grave transtorno de personalidade, ainda que não pudesse ser definido como doença mental, com certeza perturbara sua mente. Hitler se identificava tão completamente com o povo alemão que acreditava que quem quer que se lhe opusesse estava se opondo ao povo alemão como um todo; e que, caso ele morresse, o povo alemão não poderia sobreviver sem ele.

O GENERAL HANS KREBS, substituto de Guderian, foi nomeado novo chefe do Estado-Maior. "Este homem baixo, de óculos e pernas meio curvas", escreveu um oficial do estado-maior, "tinha um sorriso permanente e um ar de fauno." Tinha um humor agudo, muitas vezes sarcástico, e sempre encontrava a piada ou anedota certa para cada momento. Krebs, oficial de estado-maior e não comandante de campanha, era o típico segundo no comando, exatamente o que Hitler queria. Krebs fora adido militar em Moscou, em 1941, pouco antes da invasão alemã da União Soviética. E, para um oficial da Wehrmacht, gozava da distinção incomum de ter recebido de Stalin tapinhas nas costas. "Devemos permanecer sempre amigos, aconteça o que acontecer", dissera-lhe o líder soviético na ocasião, enquanto dava adeus ao ministro do Exterior japonês numa plataforma ferroviária de Moscou, no início de 1941.

– Estou certo disso – respondera Krebs, recuperando-se depressa de seu espanto.

Os comandantes de campanha, no entanto, tinham pouco respeito pelo oportunismo de Krebs. Era conhecido como "o homem que pode transformar preto em branco".

Com a partida de Guderian, Freytag von Loringhoven pediu para ser enviado para uma divisão da linha de frente, mas Krebs insistiu que ficasse com ele.

– A guerra já acabou, de qualquer modo – disse. – Quero que o senhor me ajude nesta última fase.

Freytag von Loringhoven sentiu-se obrigado a aceitar. Pensava que Krebs era "não nazista" e que só se recusara a unir-se aos conspiradores de julho porque estava convencido de que a tentativa fracassaria. Mas outros notaram que o general Burgdorf, antigo colega de sala da academia militar, convenceu Krebs a entrar para o círculo de Bormann-Fegelein. Presumivelmente, no esquema de Bormann, a lealdade de Krebs garantiria a obediência do exército. Bormann, com seu pescoço bovino e o rosto de borracha, parecia estar recrutando partidários para o dia já bem próximo em que esperava ocupar a cadeira de seu mestre. Parece ter marcado Fegelein, seu companheiro predileto na privacidade da sauna, onde quase com certeza gabavam-se entre si de seus numerosos casos amorosos, como futuro Reichsführer SS.

Os oficiais do estado-maior de Zossen e do Grupo de Exércitos do Vístula observavam a corte do Terceiro Reich com fascínio horrorizado. Também vigiavam o tratamento de Hitler a seu *entourage*, pois podia significar uma mudança de favorecimento e, portanto, da luta pelo poder. Hitler dirigia-se ao desacreditado Göring como "Herr Reichsmarschall", na tentativa de estimular a pouca dignidade que lhe restava. Embora mantivesse com Himmler o tratamento familiar de "*du*" ("tu" ou "você"), o Reichsführer SS perdera poder depois do momento de glória quando da conspiração de julho. Naquela época, Himmler, como comandante das Waffen SS e da Gestapo, parecera ser o único contrapeso do Exército.

Goebbels, embora seu talento propagandístico fosse essencial para a causa nazista em seu declínio, ainda não fora aceito de volta ao mesmo grau de intimidade que gozara antes de seu caso amoroso com uma atriz tcheca. Hitler, estarrecido com a ideia de que um membro importante do Partido Nazista pudesse pensar em divórcio, ficara do lado de Magda Goebbels. O Reichsminister da Propaganda foi obrigado a apoiar os valores familiares do regime.

O almirante Dönitz foi favorecido por sua completa lealdade e porque Hitler via sua nova geração de submarinos como a arma de vingança mais promissora. Nos círculos navais alemães, Dönitz era conhecido como "Hitlerjunge Quex", o devotado jovem nazista de um famoso filme de propaganda, por ser o "porta-voz de seu Führer". Mas Bormann parecia ser o membro da "Camarilha" em melhor posição. Hitler chamava seu indispensável assistente e principal administrador de "caro Martin".

Os oficiais também observavam a competição mortal entre os herdeiros, visível dentro da "Camarilha". Himmler e Bormann dirigiam-se um ao outro como "*du*", mas "o respeito mútuo era muito superficial". Também observavam Fegelein, "com o dedo sujo metido em tudo", fazer todo o possível para minar Himmler, homem cuja amizade buscara e obtivera. Himmler parece não ter tomado conhecimento da traição. Permitiu generosamente que seu subordinado, sem dúvida como cunhado e herdeiro presumido do Führer, se dirigisse a ele como "*du*".

EVA BRAUN JÁ voltara a Berlim para ficar ao lado de seu adorado Führer até o fim. A noção popular de que sua volta da Baviera aconteceu muito mais tarde e de forma totalmente inesperada é minada pelo registro no diário de Bormann em 7 de março: "À noite Eva Braun partiu para Berlim em um trem do correio." Se Bormann soubera previamente de seus movimentos, então é presumível que Hitler também soubesse.

Em 13 de março, dia em que 2.500 berlinenses morreram em ataques aéreos e mais 120 mil ficaram sem teto, Bormann ordenou, "por questão de segurança", que os prisioneiros fossem removidos de áreas perto da linha de frente para o interior do Reich. Não está inteiramente claro se essa instrução também acelerou o programa existente das SS de evacuar os campos de concentração ameaçados pelas tropas que avançavam. A matança de prisioneiros doentes e as marchas da morte dos sobreviventes dos campos de concentração foram, provavelmente, os acontecimentos mais terríveis da queda do Terceiro Reich. Em geral, os que estavam fracos demais para marchar e os considerados politicamente perigosos foram enforcados ou fuzilados pelas SS ou pela Gestapo. Em alguns casos, até a Volkssturm local foi usada como pelotão de fuzilamento. Mas homens e mulheres condenados por escutar uma estação de rádio estrangeira constituíam, ao que parece, o maior grupo dentre aqueles definidos como "perigosos". A Gestapo e as SS também reagiram com brutalidade a casos de pilhagem, em especial quando envolviam trabalhadores estrangeiros. Os cidadãos alemães costumavam ser poupados. Neste frenesi de retaliação e vingança, os trabalhadores forçados italianos sofreram mais que praticamente todos os outros grupos nacionais. Sofreram, presumivelmente, devido ao desejo nazista de se vingar de um ex-aliado que trocara de lado.

Logo após dar sua ordem de evacuação dos prisioneiros, Bormann voou para Salzburgo em 15 de março. Nos três dias seguintes, visitou minas na região. O propósito disto deve ter sido escolher locais para esconder a pilhagem nazista e as posses privadas de Hitler. Estava de volta a Berlim em 19 de março, depois de uma viagem de trem durante a noite. Mais tarde, naquele dia, Hitler deu a ordem que ficou conhecida como "Nero", ou "terra arrasada". Tudo o que pudesse ser útil ao inimigo deveria ser destruído na retirada. O momento, logo após a viagem de Bormann para esconder a pilhagem nazista, foi de uma coincidência irônica.

Foi o último memorando de Albert Speer que, repentinamente, provocou a insistência de Hitler numa política de terra arrasada até o fim. Quando Speer tentou persuadir Hitler, nas primeiras horas daquela manhã, que as pontes não deviam ser explodidas sem necessidade, já que sua destruição significava "eliminar toda possibilidade de sobrevivência do povo alemão", a resposta de Hitler revelou seu desprezo por todos.

– Desta vez você receberá uma resposta escrita ao seu memorando – disse-lhe Hitler. – Caso a guerra seja perdida, o povo também estará perdido [e] não é necessário se preocupar com suas necessidades de sobrevivência elementar. Pelo contrário, é melhor para nós destruir até essas coisas. Afinal, a nação provou ser fraca, e o futuro pertence inteiramente ao forte povo do Leste. Os que restarem após esta batalha serão,

239

de qualquer forma, apenas os inadequados, porque os bons estarão mortos.

Speer, que viajara diretamente até o quartel-general do marechal de campo Model, no Ruhr, para convencê-lo a não demolir o sistema ferroviário, recebeu a resposta por escrito de Hitler na manhã de 20 de março. "Todas as instalações militares, de transporte, comunicações e suprimento, assim como todo o patrimônio material no território do Reich" deviam ser destruídos. O Reichsminister Speer ficava liberado de todas as suas responsabilidades neste campo e suas ordens de preservação das fábricas deviam ser rescindidas de imediato. Speer, engenhosamente, usara um argumento antiderrotista, dizendo que as fábricas e outras estruturas não deveriam ser destruídas já que estavam destinadas a ser recapturadas num contra-ataque, mas agora Hitler percebera sua tática. Um dos aspectos mais espantosos deste intercâmbio era que Speer só percebeu, finalmente, que Hitler era um "criminoso" depois de receber a resposta de seu patrono.

Speer, que estivera visitando a frente de batalha com base no quartel-general do marechal de campo Model, voltou a Berlim em 26 de março. Foi convocado à Chancelaria do Reich.

– Tenho informações de que você não está mais em harmonia comigo – disse Hitler a seu ex-protegido. – É visível que você não acredita mais que a guerra possa ser vencida.

Queria conceder uma licença a Speer. Speer sugeriu a demissão, mas Hitler recusou-a.

Speer, embora oficialmente deposto, ainda conseguiu frustrar os Gauleiters que desejavam executar a ordem de Hitler, porque detinha o controle do suprimento de explosivos. Mas em 27 de março Hitler deu outra ordem, insistindo na "aniquilação total por explosivo, fogo ou demolição" de todas as ferrovias e outros sistemas de transporte e todos os meios de comunicação, inclusive telefone, telégrafo e radiotransmissão. Speer, que voltou a Berlim nas primeiras horas de 29 de março, fez contato com vários generais solidários, inclusive o recém-deposto Guderian, assim como os Gauleiters menos fanáticos, para ver se apoiavam seu plano de continuar frustrando a mania de destruição de Hitler. Guderian, com um "riso funéreo", alertou-o contra "perder a cabeça".

Naquela noite Hitler começou avisando Speer que sua conduta era uma traição. Perguntou novamente a Speer se ele ainda acreditava que a guerra podia ser vencida. Speer disse que não. Hitler afirmou que era "impossível negar a esperança de vitória final". Falou sobre os desapontamentos de sua própria carreira, refrão predileto que também confundia seu próprio destino com o da Alemanha. Ordenou e aconselhou Speer a "arrepender-se e ter fé". Speer recebeu 24 horas para ver se conseguia forçar-se a acreditar na vitória. Hitler, claramente nervoso por perder seu ministro mais competente, não esperou que o ultimato expirasse. Ligou para ele em seu escritório no Ministério dos Armamentos, na Pariserplatz. Speer voltou ao *bunker* da Chancelaria do Reich.

– Bem? – perguntou Hitler.

– Meu Führer. Estou incondicionalmente a seu lado – respondeu Speer, decidindo subitamente mentir.

Hitler ficou emocionado. Seus olhos encheram-se de lágrimas e ele apertou calorosamente a mão de Speer.

– Mas ajudaria – continuou Speer – se o senhor reconfirmasse imediatamente minha autoridade para a implementação de seu decreto de 19 de março.

Hitler concordou imediatamente e disse-lhe que redigisse uma autorização para ele assinar. No documento, Speer atribuiu quase todas as decisões de demolição ao ministro de Armamentos e Produção de Guerra, ou seja, a si mesmo. Hitler deve ter sentido que estava sendo enganado, mas ainda assim sua maior necessidade parece ter sido manter seu ministro predileto a seu lado.

Bormann, enquanto isso, emitia ordens, através dos Gauleiters, sobre um grande número de problemas. Chegara ao seu conhecimento, por exemplo, que os médicos já estavam realizando abortos em muitas vítimas de estupro que chegavam como refugiadas das províncias orientais. Em 28 de março, decidiu que a situação tinha de ser regularizada e emitiu uma instrução classificada como "Altamente confidencial!". Toda mulher que requisitasse um aborto nessas circunstâncias tinha, primeiro, de ser interrogada por um oficial da Kriminalpolizei para determinar a probabilidade de ter sido mesmo estuprada por um soldado do Exército Vermelho, como alegado. Só depois o aborto seria permitido.

SPEER, EM SUAS tentativas de impedir a destruição desnecessária, era visitante frequente do quartel-general do Grupo de Exércitos do Vístula, em Hassleben. Descobriu que o general Heinrici concordava inteiramente com seus objetivos. Speer afirmou, quando interrogado pelos americanos depois da derrota, que sugerira ao chefe do Estado-Maior de Heinrici, general Kinzel, a possibilidade de recuar o Grupo de Exércitos do Vístula para o oeste de Berlim, para salvar a cidade de mais destruição.

Heinrici agora recebera a responsabilidade de defender Berlim, e assim ele e Speer trabalharam juntos para encontrar a melhor maneira de salvar da demolição o máximo possível de pontes. Isto era duplamente importante porque os encanamentos de água e esgoto faziam parte integrante de sua construção. Heinrici, de 58 anos, segundo um de seus muitos admiradores no Estado-Maior geral, era "aos nossos olhos o exemplo perfeito do tradicional oficial prussiano". Recebera recentemente a Cruz de Cavaleiro com Espadas e Folhas de Carvalho. Este "soldado grisalho" vestia-se mal e preferia uma jaqueta de pele de ovelha e perneiras de couro da Primeira Guerra Mundial à elegante farda do Estado-Maior geral. Seu ajudante de ordens tentou em vão convencê-lo a encomendar, pelo menos, um novo dólmã.

O general Helmuth Reymann, oficial não muito imaginativo nomeado comandante da defesa de Berlim, planejava demolir todas as pontes da cidade. Assim, Speer, com apoio de Heinrici, jogou novamente sua cartada derrotista e perguntou a Reymann se ele acreditava na vitória. Reymann não podia, naturalmente, dizer que não. Speer então convenceu-o a aceitar a fórmula negociada de Heinrici: restringir seus planos de demolição às pontes mais externas na linha do avanço do Exército Vermelho e deixar intactas as pontes do centro da capital. Depois da reunião com Reymann, Heinrici disse a Speer que não tinha a intenção de travar uma batalha prolongada em Berlim. Esperava apenas que o Exército Vermelho chegasse lá depressa e pegasse Hitler e seus líderes nazistas desprevenidos.

O ESTADO-MAIOR NO quartel-general de Hassleben era interrompido por um fluxo constante de visitantes menos bem-vindos. O Gauleiter Greiser, que alegara deveres urgentes em Berlim quando abandonou ao seu destino a população sitiada de Poznan, aparecera no quartel-general do Grupo de Exércitos do Vístula e perambulava indolente. Disse que queria trabalhar como assessor do Estado-Maior. O Gauleiter Hildebrandt, de Mecklenburg, e o Gauleiter Stürz, de Brandemburgo, também surgiram, pedindo informações sobre a situação. Só havia uma pergunta que realmente queriam fazer – *"Wann kommt der Russe?"* (Quando vêm os russos?) –, mas sequer ousavam fazê-la, por significar derrotismo.

Göring também era um visitante assíduo do quartel-general do Grupo de Exércitos do Vístula, vindo de sua mansão ostentosa em Karinhall. Valorizou muito o *Sonderstaffel*, o grupo de planejamento especial liderado pelo famoso ás dos Stukas, tenente-coronel Baumbach, para alvejar as pontes soviéticas e os pontos de travessia de suas cabeças de ponte no Oder, lançando as recém-desenvolvidas bombas controladas pelo rádio. A Kriegsmarine também organizou "*Sprengboote*", versão explosiva dos barcos de fogo elisabetanos, que flutuavam descendo o rio. Nem os ataques pelo ar nem pelo rio causaram danos duradouros. Os consertos foram feitos com grande sacrifício pelos engenheiros soviéticos, trabalhando na água gelada. Muitos deles perderam a vida com o frio ou a corrente. O coronel Baumbach admitiu, para os oficiais do Estado-Maior do Exército, que não fazia sentido continuar. Seria melhor distribuir o combustível usado nas aeronaves às unidades blindadas. Baumbach, que, segundo o coronel Eismann, não tinha nada das "*Primadonna-Allüren*" (extravagâncias de prima-dona) de muitos ases de combate, era um realista, diversamente do Reichsmarschall.

A vaidade de Göring era tão risível quanto sua irresponsabilidade. Segundo um oficial do Estado-Maior do Grupo de Exércitos do Vístula, seus olhos piscantes e o debrum de pele de sua farda especialmente desenhada davam-lhe mais a aparência de "uma alegre mulher de feira" do que de um marechal do Reich. Göring, usando todas as suas medalhas e espessas ombreiras de trancelim dourado, insistia em fazer viagens de inspeção e depois passava o tempo enviando mensagens a comandantes do exército queixando-se de não ter sido adequadamente saudado por seus homens.

Durante uma sessão de planejamento em Hassleben, descreveu suas duas divisões de paraquedistas na Frente do Oder como "*Übermenschen*", super-homens. "Os senhores devem atacar com ambas as minhas divisões de paraquedistas", declarou, "e então podem mandar todo o exército russo para o diabo." Göring deixou de admitir que muitos, até entre os oficiais, não eram paraquedistas, e sim pessoal da Luftwaffe transferido para tarefas de combate em terra nas quais não tinham experiência. Ele gostaria que a Nona Divisão de Paraquedistas fosse a primeira a lançar-se quando o ataque começasse.

Göring e Dönitz pretendiam obter pelo menos 30 mil homens das bases da Luftwaffe e da Kriegsmarine para lançá-los na batalha. O fato de que não tinham recebido praticamente nenhum treinamento não parecia preocupá-los. Formou-se uma divisão da marinha, com um almirante no comando divisional e apenas um oficial do exército no Estado-Maior para aconselhá-lo sobre táticas e procedimentos. Para não serem deixadas para trás no leilão competitivo entre as Forças Armadas, as SS tinham formado mais batalhões de polícia e uma brigada motorizada do Estado-Maior do quartel-general das Waffen SS. Foi chamada de "Mil e Uma Noites". Os nomes de código das SS tornaram-se curiosamente exóticos quando o fim do Terceiro Reich se aproximou: o destacamento antitanque da brigada intitulava-se *Suleika* e o batalhão de reconhecimento, *Harem*.

Em 2 de abril, um dos oficiais do estado-maior de Himmler propôs, no trem especial do Reichsführer SS, que mais 4 mil "ajudantes da frente" fossem acrescentados ao número de 25 mil marcados para sair do Reichspost.* Os líderes nazistas tentavam cumprir a meta de "*Der 800.000 Mann-Plan*".** O quartel-general do Grupo de Exércitos do Vístula argumentou que, se não houvesse armas para dar a todos esses homens destreinados, seria pior do que se fossem inúteis. Mas as autoridades nazistas estavam prontas a distribuir-lhes alguns *panzerfausts* e dar a cada um uma granada para levar consigo alguns inimigos. "Era, bem simplesmente," escreveu o coronel Eismann, "uma ordem de assassinato em massa organizado, nada mais, nada menos."

---

*Correio do Reich. (*N. da T.*)
**Plano dos 800 mil homens. (*N. da T.*)

245

O próprio Partido Nazista tentou manter viva a ideia do *Freikorps Adolf Hitler*.* Bormann ainda a estava discutindo na quarta-feira, 28 de março, "com o Dr. Kaltenbrunner". Os membros das SS eram visivelmente cautelosos sobre suas qualificações acadêmicas. Também gostavam de exibir seu conhecimento histórico numa época em que o Dr. Goebbels desenterrava todos os exemplos de reviravoltas da sorte militar para sua barragem de propaganda. Frederico, o Grande, e Blücher já tinham sido usados demais, e assim Kaltenbrunner recomendou ao ministro da Propaganda a derrota do rei Dario, da Pérsia.

Os dois exércitos do Grupo de Exércitos do Vístula receberam promessas, na maior parte impossíveis de cumprir, dos líderes nazistas. O assim chamado Terceiro Exército Panzer do general Hasso von Manteuffel, na frente do Oder ao norte do Nono Exército, tinha pouco mais que uma única divisão Panzer. O grosso de suas divisões também se compunha de batalhões misturados e homens em instrução. O Nono Exército do general Busse era uma colcha de retalhos semelhante. Incluía até uma companhia de artilharia de assalto usando fardas de tripulantes de submarino.

Aquele setor da frente do Oderbruch era formado quase totalmente por unidades em instrução enviadas à linha de frente com uma pequena ração de pão, linguiça seca e fumo. Alguns soldados eram tão jovens que em vez de fumo recebiam doces. As cozinhas de campanha eram montadas nas aldeias logo atrás das linhas e os recrutas marchavam à frente para começar a cavar suas trincheiras. Um camarada, escreveu um deles, era "um companheiro no sofrimento". Não eram uma unidade, no sentido militar comum da palavra. Ninguém, nem mesmo seus oficiais, sabia qual era seu dever ou o que se esperava que fizessem. Apenas cavavam

---

*Corpo de Voluntários Adolf Hitler. (*N. da T.*)

e esperavam. As piadas refletiam seu estado de espírito. Em uma das mais comuns, um soldado capturado contava a seu interrogador soviético: "A vida é como a camisa de um bebê – curta e suja de merda."

Os soldados alemães com experiência de guerra suficiente para saber que qualquer idiota sente desconforto tinham grande orgulho de construir um *"gemütlich"*, *"bunker* de terra", em geral com uns 2 metros por 3, com pequenos troncos de árvore sustentando uma cobertura de 1 metro de terra. "Minha cova principal era acolhedora mesmo", escreveu um soldado. "Transformei-a numa salinha, com uma mesa e um banco de madeira." Colchões e edredons pilhados de casas próximas forneciam o toque final de conforto doméstico.

Como fogo e fumaça atraíam a atenção de atiradores de tocaia, os soldados logo desistiram de barbear-se e lavar-se. As rações começaram a piorar perto do fim de março. Na maioria dos dias, cada soldado recebia meio *Kommissbrot*, um pão de campanha duro como pedra, e algum cozido ou sopa que chegava à frente de batalha, à noite, frio ou congelado, vindo de uma cozinha de campanha bem na retaguarda. Quando os soldados tinham sorte, recebiam cada um uma garrafa de um quarto de litro de *schnaps* e, muito de vez em quando, *"Frontkämpferpäckchen"* – pacotinhos para os combatentes da linha de frente, que continham bolo, doces e chocolate. O principal problema, contudo, era a falta de água potável limpa. Em consequência, muitos soldados sofriam de disenteria, e suas trincheiras ficavam imundas.

Logo o rosto dos jovens recrutas ficou marcado pelo cansaço e pela tensão. Os ataques de bombardeiros Shturmovik, quando o tempo estava claro, o "concerto do meio-dia" da artilharia e o fogo dos morteiros e canhoneios aleatórios à noite cobravam seu preço. De tempos em tempos, a artilharia soviética apontava para algum prédio, supondo que pudesse conter um posto de comando, e depois disparava granadas de fósforo. Mas, para os jovens e inexperientes, a experiência mais assustadora era um turno de quatro horas como sentinela à noite. Todos temiam uma patrulha soviética para agarrá-los como "informantes".

Ninguém se mexia de dia. Um atirador soviético atingiu Pohlmeyer, um dos camaradas de Gerhard Tillery no Regimento "Potsdam" de cadetes, bem na cabeça, quando ele saía de sua trincheira individual. Otterstedt, que tentou ajudá-lo, também foi atingido. Não conseguiram ver o relâmpago do tiro, e assim não tinham ideia de onde viera. Os alemães daquele setor, no entanto, tinham seu próprio atirador de tocaia. Era "um tipo realmente maluco", que se vestia, quando de licença, com a cartola preta e o fraque de um papa-defunto, no qual espetava sua Cruz Alemã de Ouro, condecoração comum conhecida como "ovo frito". Presume-se que suas excentricidades fossem toleradas devido a suas 130 vitórias. Esse atirador costumava tomar posição logo atrás da linha de frente, em um celeiro. Observadores com binóculos nas trincheiras supriam-no, então, de alvos. Certo dia, quando nada acontecia, o observador lhe falou de um cão que corria em torno das posições russas. O animal foi morto com um único tiro.

A munição era tão escassa que sua quantidade exata tinha de ser relatada toda manhã. Experientes comandantes de companhia declaravam gastos maiores para acumular reservas para o grande ataque, que sabiam que logo ocorreria. Os comandantes alemães de formações ficaram cada vez mais inquietos durante o final de março. Sentiam que os soviéticos brincavam com eles "como um gato com um rato", atingindo, deliberadamente, dois alvos de uma só vez. A batalha pelas cabeças de ponte do lado oeste do Oder não só preparava o trampolim do Exército Vermelho rumo a Berlim como também desgastava o Nono Exército e o obrigava a usar seu suprimento cada vez menor de munição antes do grande ataque. Os canhões da artilharia alemã, restritos a menos de duas granadas diárias por canhão, não podiam permitir-se o fogo contrabateria, e assim os artilheiros soviéticos conseguiam mirar à vontade alvos específicos, prontos para seu bombardeio de abertura. A principal ofensiva contra os montes Seelow, na direção de Berlim, era apenas questão de tempo.

Os soldados passavam o dia recuperando o sono ou escrevendo para casa, ainda que poucas cartas fossem enviadas desde o fim de fevereiro. Os oficiais sentiam que este colapso do sistema postal tinha pelo menos uma vantagem. Houve alguns suicídios quando os soldados receberam notícias desastrosas de casa, fossem danos do bombardeio ou membros da família mortos. Soldados alemães capturados contaram a seus interrogadores soviéticos, e é impossível saber se estavam falando a verdade ou tentando angariar favores, que sua própria artilharia disparava salvas atrás de suas trincheiras como aviso contra as retiradas.

Os soldados sabiam que seriam sobrepujados e só esperavam uma coisa: a ordem de recuar. Quando o comandante de um pelotão telefonava para o quartel-general da companhia no telefone de campanha e não obtinha resposta, quase sempre havia pânico. A maioria passava a supor que haviam sido abandonados pelos mesmos comandantes que lhes tinham ordenado que lutassem até o fim, mas não queriam arriscar-se com a Feldgendarmerie. A melhor solução era enterrar-se bem fundo num *bunker* e rezar para que os atacantes soviéticos lhes dessem a oportunidade de render-se antes de meter-lhes uma granada. Mas, ainda que sua rendição fosse aceita, havia sempre o risco de um contra-ataque alemão imediato. Qualquer soldado que tivesse se rendido enfrentaria execução sumária.

Apesar de todas as suas fraquezas em homens treinados e munição, o Exército alemão encurralado ainda podia mostrar-se um oponente perigoso. Em 22 de março, o Oitavo Exército Blindado de Guardas de Tchuikov atacou Gut Hathenow, na planície de várzea sem árvores perto do contraforte de Reitwein. A 920ª Brigada de Instrução de Canhões de Assalto, com a 303ª Divisão de Infantaria *Döberitz*, foi alertada. Desdobraram-se rapidamente ao verem os tanques T-34. O Oberfeldwebel Weinheimer gritou sua ordem de fogo:

– Guarnição – perfurante de blindagem – apontar, fogo!

Gerhard Laudan recarregou assim que o canhão recuou. A guarnição impôs um bom ritmo de fogo. Atingiram quatro T-34 em questão de minutos, mas aí houve um relâmpago ofuscante de luz e sentiram um enorme choque quando seu veículo blindado tremeu. A cabeça de Laudan bateu na couraça de aço. Ouviu seu comandante gritar: *"Raus!"* (Para fora!) Laudan forçou a portinhola para lançar-se para fora, mas foi puxado de volta pelos fones de ouvido e o microfone, que esquecera de tirar. Quando conseguiu sair com ferimentos leves apenas, encontrou o restante da guarnição ao ar livre, abrigada ao lado do veículo. Em meio ao caos dos tanques inimigos atacando em torno, não parecia haver chance de salvação ou recuperação. Mas então o motorista, o soldado Klein, entrou de novo no veículo pela portinhola. Para seu espanto, ouviram o motor dar a partida. Retornaram correndo para dentro e o veículo deu a volta lentamente. Descobriram que a granada inimiga atingira a blindagem perto do canhão, mas felizmente ali havia um espaço entre a couraça externa e a parede interna de aço do compartimento. Isso os salvara. "Desta vez a 'sorte de soldado' estava do nosso lado", comentou Laudan. Foram até capazes de levar o veículo de volta à central de reparos da brigada em Rehfelde, ao sul de Strausberg.

Tanto na frente do Oder quanto do lado oposto do Neisse os oficiais da Primeira Frente Ucraniana sofriam certa confusão de sentimentos. "Os oficiais têm duas opiniões sobre a situação", relataram os interrogadores soviéticos, "a versão oficial e

250

sua própria opinião, que só compartilham com os amigos mais íntimos." Acreditavam firmemente que tinham de defender a pátria e suas famílias, mas estavam todos muito conscientes de que a situação era desesperadora. "É preciso distinguir os regimentos", contou um primeiro-tenente capturado a um interrogador do Sétimo Departamento no quartel-general do 21º Exército. "As unidades regulares são fortes. A disciplina e o espírito de luta são bons. Mas, nos grupos de combate reunidos às pressas, a situação é totalmente diferente. A disciplina é terrível, e assim que os soldados russos surgem, os soldados entram em pânico e fogem de suas posições."

"Ser oficial', escreveu outro tenente alemão à noiva, "significa ter de oscilar sempre de lá para cá, como um pêndulo, entre uma Cruz de Cavaleiro, uma cruz de bétula e uma corte marcial."

11
A preparação do golpe de misericórdia

Em 3 de abril, o marechal Jukov voou do aeroporto central de Moscou de volta a seu quartel-general. Konev decolou em seu aeroplano quase ao mesmo tempo. A corrida começara. O plano era lançar a ofensiva em 16 de abril e tomar Berlim em 22 de abril, aniversário de Lenin. Jukov estava em contato constante com o *Stavka*, mas todas as suas comunicações com Moscou eram controladas pelo NKVD, na forma da 108ª Companhia Especial de Comunicação anexada a seu quartel-general.

"A operação Berlim (...) planejada pelo genial comandante em chefe, o Camarada Stalin", como tão diplomaticamente explicou o departamento político da Primeira Frente Ucraniana, não era um mau plano. O problema era que a principal cabeça de ponte ocupada pela Primeira Frente Bielorrussa ficava bem debaixo do melhor ponto defensivo de toda a região: os montes Seelow. Jukov admitiu mais tarde que subestimara a força dessa posição.

As tarefas a serem realizadas pelo estado-maior das duas principais frentes envolvidas na operação eram imensas. Ferrovias de bitola russa haviam sido rapidamente construídas pela Polônia, assim como pontes temporárias sobre o Vístula, para transportar os milhões de toneladas de suprimentos necessários, incluindo granadas e foguetes de artilharia, munição, combustível e comida.

A principal matéria-prima do Exército Vermelho, seu contingente humano, também precisava ser completada e renovada. As baixas nas operações Vístula-Oder e na Pomerânia não tinham sido pesadas pelo padrão do Exército Vermelho, em especial quando se considera o enorme avanço conseguido. Mas as divisões de infantaria de Jukov e Konev, com uma média de 4 mil homens cada, jamais tiveram oportunidade real de completar suas fileiras. Em 5 de setembro de 1944, 1.030.494 criminosos do Gulag haviam sido transferidos para o Exército Vermelho. A palavra "criminoso" também incluía os condenados por não comparecer ao local de trabalho. Prisioneiros políticos, ou *zeki*, acusados de traição ou de atividades antissoviéticas, eram considerados perigosos demais para serem libertados, até mesmo para companhias *shtraf*.

Outras transferências do Gulag foram realizadas no início da primavera de 1945, mais uma vez com a promessa de que o prisioneiro poderia expiar o crime com seu sangue. Na verdade, a necessidade de reforços era considerada tão grande que, no final de março, a pouco mais de duas semanas da ofensiva sobre Berlim, um decreto do Comitê de Defesa do Estado ordenou que uma grande variedade de categorias de prisioneiros fosse transferida de cada *oblast*, departamento do NKVD e de casos pendentes em mãos de promotores.

É duvidoso se a ideia de trocar a morte no Gulag, "uma morte de cão para cães", como se dizia, por uma morte de herói, motivava a maioria desses prisioneiros, ainda que cinco deles tenham se tornado Heróis da União Soviética, inclusive um dos mais famosos heróis da guerra, Aleksandr Matrosov, que, segundo se diz, lançou-se contra uma seteira alemã. A vida nos campos de concentração ensinara-lhes a não pensar em mais do que um dia de cada vez. A única coisa que provavelmente os inspiraria seria a mudança completa da rotina e a oportunidade de tentar escapar. Alguns dos soldados vindos do Gulag realmente "redimiram sua culpa com sangue", fosse em companhias *shtraf* ou em unidades caça-minas. Não surpreende que os integrados a companhias de sapadores pareçam ter lutado muito melhor do que os enviados a companhias *shtraf*.

Os prisioneiros de guerra libertados, aqueles que sobreviveram às condições aterradoras dos campos de concentração alemães, foram igualmente maltratados. Em outubro de 1944 o Comitê de Defesa do Estado decretara que, quando libertados, deveriam ser transferidos para unidades especiais da reserva de distritos militares para serem triados pelo NKVD e pela SMERSH. Muitas vezes, os que eram enviados diretamente dos batalhões da reserva para as unidades da linha de frente estavam longe de gozar de boa saúde, depois de passarem pelo que passaram. Eram sempre tratados como profundamente suspeitos. Os comandantes da linha de frente não ocultavam seu desconforto com a reincorporação de "soldados que eram cidadãos soviéticos libertados da escravidão fascista". Seu "moral" havia sido consideravelmente rebaixado pela "falsa propaganda fascista" durante sua longa prisão. Mas os métodos dos comissários políticos dificilmente os curariam de seus piores impulsos. Liam-lhes ordens do Camarada Stalin, mostravam-lhes filmes da União Soviética e da Grande Guerra Patriótica e encorajavam-nos a contar "as atrocidades terríveis dos bandidos alemães".

"Esses homens eram importantes para o exército", escreveu o departamento político da Primeira Frente Ucraniana, "porque estavam cheios de ódio candente pelo inimigo e porque sonhavam com a vingança de todas as atrocidades e agressões que tinham sofrido. Ao mesmo tempo, ainda não estavam acostumados com a estrita ordem militar." Isto significava que os prisioneiros libertados tendiam a envolver-se em estupros, assassinatos, saques, bebedeiras e deserções. Como muitos criminosos do Gulag, haviam sido completamente brutalizados por sua experiência.

No Quinto Exército de Choque, a 94ª Divisão de Infantaria de Guardas recebeu um lote de 45 ex-prisioneiros de guerra apenas cinco dias antes do dia marcado para a operação do Oder. Claramente, os oficiais políticos não confiavam neles. "Todo dia", escreveu um deles, "passo duas horas conversando com eles sobre a Pátria, sobre as atrocidades dos alemães e sobre a lei a respeito da traição à Pátria. Nós os distribuímos por regimentos diferentes para excluir a possibilidade de ter duas pessoas na mesma companhia que tivessem estado juntas na Alemanha ou que viessem da mesma região. Todo dia e toda hora somos informados de seu moral e de seu comportamento. Para fazê-los odiar os alemães, usamos fotografias de alemães agredindo nossa população civil, inclusive crianças, e mostramos-lhes o cadáver mutilado de um de nossos soldados."

A desconfiança dos ex-prisioneiros de guerra baseava-se no medo stalinista de que qualquer um que passasse algum tempo fora da União Soviética, fossem quais fossem as circunstâncias, fora exposto a influências antissoviéticas. O fato de estar em um campo de prisioneiros alemães significava que haviam sido "influenciados constantemente pela propaganda de Goebbels": "Não conhecem a situação real da União Soviética e do Exército Vermelho." Isto indica que as autoridades temiam que as lembranças da catástrofe de 1941 e de qualquer ligação dela com a liderança do Camarada Stalin tinham de ser eliminadas a todo custo. Os oficiais políticos também ficavam estarrecidos com uma pergunta aparentemente "feita com frequência" por ex-prisioneiros de guerra: "É verdade que todo o equipamento usado pelo Exército Vermelho foi comprado dos Estados Unidos e da Inglaterra e que este é o trabalho do Camarada Stalin?"

O NKVD também estava preocupado. "A má supervisão e a atitude pouco séria dos comandantes haviam deixado de controlar os casos de indisciplina, a quebra das leis do estado e o 'comportamento imoral'." Até oficiais tinham sido envolvidos: "O território libertado pelo Exército soviético está cheio de elementos inimigos, sabotadores e outros agentes." A atitude pouco séria dos comandantes estendera-se à instalação de cortinas que cobriam as janelas laterais dos carros do Estado-Maior. Isto, presumivelmente, fora feito para ocultar a presença da "esposa de campanha" de algum oficial superior, uma amante em geral selecionada nas unidades médicas ou de sinalização ligadas a seu quartel-general. Ainda que Stalin permitisse tacitamente a instituição das "esposas de campanha", o NKVD ordenara que "essas [cortinas] devem ser removidas nos pontos de verificação".

A doutrinação era a prioridade mais alta, tanto para os oficiais políticos quanto para o NKVD, que estava a cargo da "verificação das condições de adequação à batalha". A "preparação política", segundo este critério, era a categoria mais importante de todas. Seminários especiais de propaganda foram organizados para as nacionalidades não russófonas da Primeira Frente Bielorrussa depois da chegada, em fins de março, de uma nova leva. Incluía poloneses da "Ucrânia oriental" e da "Bielorrússia ocidental" e moldavos. Muitos desses conscritos, contudo, haviam visto as prisões em massa e as deportações de 1939-41 do NKVD e resistiam à sua doutrinação, que se concentrava no autossacrifício de inspiração comunista dos soldados do Exército Vermelho. "Eles a viam de forma bastante cética", informou alarmado um funcionário do departamento político. "Depois da conversa sobre a façanha do sargento Varlamov, Herói da União Soviética que bloqueou uma seteira inimiga com seu corpo, houve comentários de que isso não podia ser possível."

A qualidade da instrução militar claramente deixava muito a desejar. "Grande número de baixas não operacionais deve-se à ignorância dos oficiais e ao mau treinamento dos soldados", afirmava um relatório do NKVD. Numa única divisão, 23 soldados foram mortos e 67 feridos em um único mês devido apenas ao manuseio incorreto de submetralhadoras: "Isto acontece porque são empilhadas ou penduradas ainda com seus cartuchos carregados." Outros soldados ficaram feridos ao manejar armas pouco conhecidas e granadas antitanque. Soldados desinformados punham o detonador errado nas granadas e alguns "bateram em minas e granadas com objetos duros".

Os sapadores do Exército Vermelho, por outro lado, precisavam correr riscos, muitas vezes para compensar a escassez de suprimentos. Orgulhavam-se de reciclar o conteúdo de granadas não explodidas e de minas alemãs retiradas à noite. Seu lema particular continuava a ser "Um só erro e mais nenhum jantar". Costumavam extrair o explosivo, aquecê-lo e enrolá-lo no lado interno de suas coxas, como as moças das fábricas de charutos cubanos, e finalmente colocá-lo num de seus próprios invólucros de minas de madeira, que não podiam ser percebidos pelos detectores de minas alemães. O grau de perigo dependia da estabilidade do explosivo que retiravam. Sua coragem e habilidade eram altamente respeitadas tanto pelas unidades de infantaria quanto pelos tanquistas, que, em geral, nunca admitiam supremacia alguma de outra arma ou serviço.

O PROGRAMA DE alimentar o ódio ao inimigo começara no final do verão de 1942, na época da retirada para Stalingrado e da ordem "Nem um passo atrás" de Stalin. Fora também a época do poema "A hora da coragem chegou", de Ana Ahmátova. Mas em fevereiro de 1945 as autoridades soviéticas adaptaram suas palavras: "Soldado do Exército Vermelho: estás agora em solo alemão. A hora da vingança chegou!" Foi, na verdade, Ilia Ehrenburg quem primeiro mudou as palavras da poeta, ele que escrevera em 1942: "Não contem os dias; não contem os quilômetros. Contem apenas o número de alemães que mataram. Matem os alemães – esta é a oração de sua mãe. Matem os alemães – este é o grito de sua terra russa. Não hesitem. Não desistam. Matem."

Toda oportunidade fora aproveitada para insistir na escala das atrocidades alemãs na União Soviética. Segundo um informante francês, as autoridades do Exército Vermelho exumaram os corpos de cerca de 65 mil judeus massacrados perto de Nikolaiev e Odessa, e ordenaram que fossem colocados ao longo da estrada mais usada pelas tropas. A cada 200 metros, um cartaz declarava: "Vejam como os alemães tratam os cidadãos soviéticos."

Os trabalhadores escravos libertados foram usados como outro exemplo das atrocidades alemãs. As mulheres, predominantemente ucranianas e bielorrussas, foram levadas a contar aos soldados como haviam sido agredidas. "Nossos soldados ficaram muito zangados", recordou um comissário político. Mas depois acrescentou: "Para ser justo, alguns alemães trataram bastante bem seus trabalhadores, mas eram minoria e, no estado de espírito da época, os piores exemplos eram os que lembrávamos."

"Estávamos constantemente tentando fazer crescer o ódio pelos alemães", relatou o departamento político da Primeira Frente Ucraniana, "e estimular a paixão pela vingança." Mensagens de trabalhadores forçados encontradas em aldeias foram impressas e distribuídas aos soldados. "Eles nos colocaram num campo de concentração", dizia uma dessas cartas, "em alojamentos cinza-escuros, e nos obrigam a trabalhar da manhã à noite e nos servem sopa de nabos e um pedacinho de pão. Estão nos insultando o tempo todo. É assim que passamos nossa juventude. Levaram todos os jovens da aldeia, até os meninos que só tinham 13 anos, para sua maldita Alemanha, e estamos todos sofrendo aqui, descalços e famintos. Há boatos de que 'nossa gente' se aproxima. Mal podemos esperar. Talvez logo vejamos nossos irmãos e nosso sofrimento termine. As meninas vieram me ver. Sentamos todos juntos para conversar. Sobreviveremos a esta época terrível? Voltaremos a ver nossas famílias? Não podemos suportar mais. É terrível aqui na Alemanha. Jênia Kovaktchuk." Outra carta dela citava a letra do que chamava de "canção das moças escravas".

> A primavera acabou, chegou o verão
> Nossas flores brotam no jardim
> E eu, moça tão jovem,
> Passo meus dias num campo alemão.

Outro método para despertar o ódio, usado pelos comissários políticos, eram os "pontos de vingança". "Em cada regimento os soldados e oficiais foram entrevistados, e fatos de atrocidade, 'saques e violência das feras de Hitler', registrados. Por exemplo, num batalhão um total assustador de pontos de vingança foi calculado e colocado num cartaz: 'Estamos agora nos vingando por parentes nossos que foram mortos, 909 parentes levados para a escravidão na Alemanha, 478 casas queimadas e 303 fazendas destruídas' (...) Em todos os regimentos da Primeira Frente Bielorrussa, 'reuniões de vingança' foram realizadas e despertaram grande entusiasmo. As tropas da nossa Frente, assim como os soldados de todo o Exército Vermelho, são os nobres vingadores que punem os ocupantes fascistas por todas as suas atrocidades monstruosas e façanhas cruéis."

"Havia um grande lema pintado em nossa cantina", recordou uma codificadora do quartel-general da Primeira Frente Bielorrussa. "'Já matou um alemão? Então mate-o!' Éramos intensamente influenciados pelos apelos de Ehrenburg e tínhamos muito do que nos vingarmos." Seus próprios pais haviam sido mortos em Sebastopol. "O ódio era tão grande que era difícil controlar os soldados."

Enquanto as autoridades militares soviéticas cultivavam a raiva de seus soldados para a ofensiva final, seu Sétimo Departamento de propaganda tentava convencer os soldados alemães à sua frente de que seriam bem-tratados caso se rendessem.

Às vezes, patrulhas de companhias de reconhecimento capturavam uma bolsa da Feldpost cheia de cartas de casa. Elas eram lidas e analisadas pelos comunistas alemães ou "antifas", prisioneiros de guerra antifascistas adidos ao departamento. As cartas também eram tomadas de todos os prisioneiros, para análise. Estavam interessados no estado de espírito da população civil, no efeito do bombardeio americano e britânico e em quaisquer referências à escassez de comida em casa, especialmente na falta de leite para as crianças. Esta informação era passada de volta, mas também utilizada em folhetos de propaganda, impressos em uma gráfica móvel ligada ao quartel-general do exército.

Uma das maiores prioridades no interrogatório de "informantes" capturados, desertores e outros prisioneiros era a questão das armas químicas. As autoridades militares soviéticas estavam, compreensivelmente, preocupadas com a possibilidade de Hitler querer usar armas químicas como último recurso da defesa, em especial depois de todas as afirmações dos líderes nazistas sobre "armas milagrosas". Chegaram à

Suécia relatórios afirmando que armas químicas haviam sido distribuídas a tropas especiais, em caixas compridas, com a inscrição "Só pode ser usado com ordem pessoal do Führer". O adido militar sueco soube que só o medo de matar todos na vizinhança impediu que fossem usadas. Se for verdade, significa que suprimentos dos gases de combate Sarin e Tabun, do centro de pesquisa de armas químicas da Wehrmacht na maciça cidadela de Spandau, foram distribuídos. Aparentemente, o marechal de campo Kesselring disse ao Obergruppenführer SS Wolff que os conselheiros de Hitler estavam insistindo para que usasse as *Verzweiflungswaffen* – as "armas do desespero".

Albert Speer, quando interrogado pelos americanos algumas semanas depois, reconheceu prontamente que os fanáticos nazistas, nesse período, tinham "defendido a guerra química". Mas, embora as fontes soviéticas aleguem que um ataque de gases usando aviões e granadas de morteiro tenha sido realizado contra suas tropas em fevereiro, perto de Gleiwitz, a falta de detalhes indica que foi um alarme falso ou uma tentativa de provocar o interesse pela ameaça. Os soldados receberam ordens de agir com máscaras de gás quatro horas por dia e dormir com elas durante pelo menos uma noite. Roupas de papel e meias protetoras foram distribuídas, assim como máscaras de tela para os cavalos. Também foram dadas ordens para proteger os alimentos e as fontes de água e para transformar porões e subterrâneos em quartéis-generais contra ataques de gás. Mas quanta atenção foi dada a estas instruções pelo Exército Vermelho é uma questão ainda em aberto, em especial porque os regimentos do NKVD eram responsáveis pela "disciplina química".

O treinamento com o *panzerfaust* alemão foi levado muito mais a sério. Grande quantidade da arma foi capturada e grupos de "*fausters* treinados" foram organizados em cada batalhão de infantaria. Os oficiais políticos cunharam o lema bastante previsível "Derrote o inimigo com suas próprias armas". A instrução consistia em disparar um desses foguetes num tanque queimado ou num muro a uma distância de cerca de 30 metros. No Terceiro Exército de Choque, instrutores do Komsomol distribuíam-nos e ensinavam aos lançadores como mirar. O sargento Beliaiev, do Terceiro Corpo de Infantaria, disparou num muro a 50 metros. Quando a poeira assentou, descobriu que a arma abrira um buraco grande o bastante para que alguém passasse por ele e atingira o muro do outro lado. A maioria dos que a experimentaram ficaram igualmente impressionados. Viram sua vantagem no combate que os esperava em Berlim, não no papel oficial de arma antitanque, mas para derrubar paredes e ir de casa em casa.

fim do volume 1

Fontes

PREFÁCIO

p. 29 "A história sempre enfatiza...", interrogatório de Speer, 22 de maio, NA 740.0011 EW/5-145

p. 29 adolescentes alemães, ver *Die Woche*, 8 de fevereiro de 2001

p. 30 "com o rompimento...", 9 de novembro de 1944, republicado em *Volkssturm*, BLHA Pr. Br. Rep. 61A/363

p. 30 "culminância de todas as operações...", RGALI 1403/1/84, p. 1

1. BERLIM NO ANO-NOVO

p. 38 "Aprenda russo depressa", Klemperer, ii, 4 de setembro de 1944, p. 431

p. 38 *"Bleib übrig!"*, Loewe, conversa pessoal, 9 de outubro de 2001

p. 38 "um palco montado...", Kardorff, p. 153

p. 41 Schmidtke, conversa pessoal, 15 de julho de 2000

p. 41 *"Volksgenossenschaft"*, NA RG 338 B-338

p. 42 "Tenho tanta fé...", SHAT 7 p. 128

p. 44 proporções da superioridade inimiga, AWS, p. 86

p. 45 "Esta é a maior impostura...", Guderian, pp. 310-11

p. 46 "Sei que a guerra está perdida", Below, p. 398

p. 47 "votos de um ano-novo...", ibid., p. 399

p. 47 boato da loucura de Hitler e da fuga de Göring, SHAT 7 p. 128

p. 47 jantar de Goebbels, Oven, p. 198

263

p. 48 médicos estrangeiros, HUA-CD 2600 Charité Dir. 421-24/1 Bd x, p. 125

p. 48 "perdas catastróficas", IfZ MA 218, pp. 3.725-49

2. O "CASTELO DE CARTAS" DO VÍSTULA

p. 50 6,7 milhões de homens, *IVMV*, p. 38

p. 50 "Estamos perdidos...", SHAT 7 p. 128

p. 50 "Não lutamos mais...", Sajer, p. 382

p. 51 "Vocês não precisam...", TsAMO 233/2374/337, p. 64

p. 51 ataque antes do Natal, TsAMO 233/2374/337, p. 64

p. 51 "Mein Führer, não acredite nisso", Freytag von Loringhoven, conversa pessoal, 4 de outubro de 1999

p. 52 "completamente idiotas", Guderian, p. 315

p. 53 "tempo de russos", interrogatório do general Schaal, 20 de fevereiro de 1946, 2e Bureau, SHAT 7 p. 163

p. 53 "inverno atípico", de Stalin a Harriman, 14 de dezembro de 1944, NA RG334/ Registro 309/Caixa 2

p. 53 "chuvas intensas e...", RGVA 38680/1/3, p. 40

p. 53 "Naquela época", citado em Seniavskaia, 2000, p. 174

p. 54 "O infante russo" e "Primeiro estado...", Seniavskaia, 1995, p. 111

p. 54 "cavalarianos, artilheiros...", papéis de Grossman, RGALI 1710/3/51, p. 221

p. 55 "Quem semeia...", RGALI 1710/3/47, p. 19

p. 55 "embaraços", *VOV*, iii, p. 232, nº 8

p. 55 Konstanty Rokosowski, sou muito grato a Norman Davies pelas informações suplementares

p. 56 "Por que esta desgraça?", Rokossovski, p. 297

p. 56 "Sei muito bem...", Jukov, p. 174

p. 57 "olhinhos cruéis...", Beria, p. 130

p. 57 Korsun, ver Erickson, pp. 177-9

p. 58 16ª Divisão Panzer, 21º Exército, TsAMO 233/2374/337, p. 70

p. 58 "tempestade de fogo", coronel Liebisch, AWS, p. 617

p. 58 "Rumo ao covil fascista!", *VOV*, iii, p. 236

p. 58 "Ouro", Konev, p. 5

p. 59 Sochaczew, TsAMO 307/246791/2, pp. 225-7

p. 59 "com suas lagartas", TsAMO 307/15733/3, pp. 37-8

p. 59 "duas ou três horas", papéis de Grossman, RGALI 1710/3/51, pp. 237-8

p. 60 "devido ao grande avanço...", diário de Bormann, GARF 9401/2/97, pp. 32-48

p. 60 "muito estúpida", "guarnição de prestígio", NA RG334/Registro 309/Caixa 2

p. 61 "iniciar o ataque...", *ViZh* 93, nº 6, pp. 30-31

p. 62 "Stalin enfatizou", NA RG334/Registro 309/Caixa 2

p. 63 "Ah, como era boa...", RGALI 1710/3/47, p. 14

p. 63 "Nossos tanques vão mais depressa...", papéis de Grossman, RGALI 1710/3/51, pp. 237-8

p. 63 "batalhão de surdos", Duffy, p. 103

p. 64 "É preciso parar tudo!", Humboldt, conversa pessoal, 11 de outubro de 1999

p. 64 "Naquela noite", Humboldt, conversa pessoal, 11 de outubro de 1999

p. 65 "A situação no leste...", GARF 9401/2/97, pp. 32-48

p. 65 "meia hora antes...", Guderian, p. 327

p. 65 "Vimos a destruição de Varsóvia...", Klotchkov, p. 28

p. 66 Tamanho da população de Varsóvia, *VOV*, iii, p. 240

p. 66 "um único mar vermelho e ondulante...", Grossman, *Krásnaia Izvizdá*, 9 de fevereiro

3. FOGO, ESPADA E "NOBRE FÚRIA"

p. 66 "Nobre fúria", do hino patriótico "Guerra Sagrada": "Levantai-vos, vasto país/levantai-vos para a batalha mortal/contra a negra força fascista,/contra a horda maldita./Que a nobre fúria/se eleve como uma onda,/a guerra do povo prossegue,/ a guerra sagrada."

p. 67 "mestre da ciência militar", Ehrenburg, p. 100

p. 67 "Os canhões autopropulsionados...", papéis de Grossman, RGALI 1710/3/47, p. 14

p. 67 "É impossível...", Ehrenburg, p. 100

p. 68 "o judeu Ilia...", 16 de janeiro, BA-B R55/793, p. 9

p. 68 "Houve uma época", *Krásnaia Izvizdá*, 25 de novembro de 1944

p. 69 "num clima...", General der Artillerie Felzmann, 27º Corpo, NA RG 338, D-281

p. 70 Walter Beier, Ramm, 1994, p. 164

p. 71 "segundo Stalin", Kershaw, 2000, p. 406

p. 71 sessenta e duas mulheres e moças estupradas e assassinadas, Dönhoff, p. 18

p. 72 "Os soldados do Exército Vermelho...", papéis de Agranenko, RGALI 2217/2/17, p. 22

p. 72 "envolvido na propaganda...", Kopelev, p. 10

p. 73 "muitos alemães declaram...", de Tkatchenko a Beria, GARF 9401/2/94, p. 87

p. 74 "Pois é assim, Vera", TsAMO 372/6570/76, citado em Seniavskaia, 1995, p. 99

p. 74 "matou pessoalmente...", Kopelev, p. 56

p. 75 "Quando alimentamos...", TsAMO 372/6570/78, pp. 199-203

p. 75 "O comportamento dos nossos soldados...", papéis de Agranenko, RGALI 2217/2/17, p. 42

p. 75 "grito frenético", Kopelev, p. 50

p. 76 "Todas elas levantaram a saia...", Maltsev, conversa pessoal, 29 de outubro de 2001

p. 76 "Nossos camaradas estavam tão famintos de sexo", Werth, p. 964

p. 76 "o envenenamento em massa...", RGVA 32925/1/100, p. 58

p. 76 "Soldados russos...", Bark e Gress, p. 33

p. 77 "A extrema violência...", *Life and Fate* (*Vida e destino*), p. 241

p. 77 "desindividualizar", Kon, p. 23

p. 78 "erotismo de quartel", Iuri Poliakov, citado em Kon, p. 26

p. 79 "Até as árvores eram inimigas", Kovalenko, conversa pessoal, 21 de setembro de 1999

p. 79 "Camarada Marechal", papéis de Agranenko, RGALI 2217/2/17, p. 22

p. 80 "Como a gente deve tratá-los...", papéis de Agranenko, RGALI 2217/2/17, p. 26

p. 80 "enojados com a abundância", Scheglov, p. 299

p. 80 rádios sem fio, ver Soljenitsin, 2000, p. 125

p. 81 "conclusões politicamente incorretas", TsAMO 372/6570/76, pp. 92-4

p. 81 "citações antissoviéticas...", TsAMO 372/6570/68, p. 12

p. 81 "Você não pode imaginar...", N. Reshetnikova, 9 de fevereiro, citado em Seniavskaia, 2000, pp. 180-81

p. 81 "Pensamos que eram...", papéis de Agranenko, RGALI 2217/2/17

p. 82 "mercado tumultuado", Soljenitsin, 1983, p. 67

p. 82 "incitamento direto e inconfundível...", Kopelev, p. 52

p. 82 "os russos são absolutamente...", de Krivenko a Beria, Leonid Reshin, "*Tovarisch Ehrenburg uproshchaet*: The Real Story of the Famous *Pravda* Article", *Novoie Vremia,* nº 8, 1994

p. 83 "Fugiram e deixaram...", citado em Seniavskaia, 2000, p. 273

p. 83 "poucos alemães restantes...", de Shikin a Aleksandrov, 28 de janeiro, RGA-SPI 17/125/320, p. 18

p. 84 "Querido papai!" Scheglov, p. 289

p. 84 Frische Nehrung, BA-B R55/616, p. 184

p. 85 "os passageiros das carroças...", KA-FU, EI: 18, Vol. 6

p. 85 "Na maioria são mulheres...", GARF 9401/2/93, p. 343

p. 85 um milhão e meio de judeus soviéticos, Merridale, p. 293

4. A GRANDE OFENSIVA DE INVERNO

p. 86 "O soldado é o filho do povo", general Blumentritt, NA RG 338 B-338

p. 86 "Deixem nossos maridos...", de Serov a Beria, GARF 9401/2/93, p. 334

p. 86 "Vampiro!", Freytag von Loringnoven, conversa pessoal, 4 de outubro de 1999

p. 86 "A luta não vai parar...", KA-FU, EI: 18, Vol. 6

p. 86 "leitos de catástrofe", HUA-CD 2600 Charité Dir. 421-24/1 Bd x, pp. 114, 115

p. 87 "O chamado do Führer...", NA RG338, B-627

p. 87 "Todos os povos...", SHAT 7 P 128, Direction Générale et Inspection des p.G. de l'Axe, Paris, 2 de fevereiro

p. 88 "O povo era predominantemente...", NA RG338, B-627

p. 88 "medidas de segurança...", BA-B R55/995, p. 166

p. 89 "Seus rostos brancos e esfaimados...", Kee, pp. 228-9

p. 90 principais características físicas de Himmler, Duffy, p. 45

p. 91 "menos vulneráveis...", papéis de Grossman, RGΛLI 710/3/51, p. 65

p. 91 *Lagebesprechung* de sete horas, Freytag von Loringhoven, conversa pessoal, 4 de outubro de 1999

p. 92 "Eles não vão...", Klotchkov, p. 31

p. 92 "disciplinados prisioneiros alemães", papéis de Grossman, RGALI 1710/3/47, p. 3

p. 93 "suas execuções impiedosas...", Tchuikov, p. 91

p. 93 divisões de infantaria do NKVD, de Meshik a Beria, 27 de janeiro, GARF 9401/2/92, p. 263

p. 94 relatório sobre Auschwitz de Shikin, 9 de fevereiro, RGASPI 17/125/323, pp. 1-4

p. 95 "todos os prisioneiros, ao chegarem...", RGASPI 17/125/323, p. 73

p. 97 "um crime grave", Krockow, p. 45

p. 97 "Formas amontoadas...", Libussa von Oldershausen, citado em ibid., pp. 48-9

p. 98 "em épocas normais", 30 de janeiro, BA-B R55/616, p. 158

p. 98 Ilse Braun, Gun, pp. 237-8

p. 98 "cerca de 4 milhões...", 29 de janeiro, BA-B R55/616, p. 153

p. 98 7 milhões, 11 de fevereiro, BA-B R55/616, p. 183

p. 98 8,35 milhões, 19 de fevereiro, BA-B R55/616, p. 211. Isto incluía a Prússia Oriental, 1,635 milhão; Dantzig e a Prússia Ocidental, 480 mil; Pomerânia, 881 mil; Wartheland, 923 mil; Baixa Silésia, 2,955 milhões; e Alta Silésia, 745 mil

p. 99 "A Friedrichstrasse Bahnhof...", Menzel, p. 116

p. 99 "Cães e judeus...", Löwenstein, conversa pessoal, 14 de julho de 2000

p. 99 "doenças infecciosas...", BA-B R55/916, p. 57

p. 101 1.800 civis e 1.200 feridos, BA-B R55/616, p. 155

p. 102 "mais de 6 mil hitleristas...", *Wilhelm Gustloff* e Marinesco, Seniavskaia, 2000, p. 225, n. 19

p. 102 "para salvar...", BA-B R55/616, p. 157

p. 103 "Essas pessoas. ", BA-B R55/616

p. 103 "Ele é da opinião", 18 de fevereiro, BA-B R55/616, p. 208

p. 103 reação tcheca, 10 de março, BA-B R55/616, p. 243

p. 104 "sistema do estado-maior...", Guderian, p. 397

p. 104 relato do Oberst i.G. Hans Georg Eismann, BA-MA MSg1/976

p. 106 "de que um cego ..", BA-MA MSg1/976, p. 14

p. 107 "De onde já esteve, o soldado alemão. .", BA-MA MSg1/976, p. 32

p. 108 "por esses Hitlers e Himmlers", Krockow, pp. 51-4

5. O AVANÇO PARA O ODER

p. 108 "histeria e desintegração", Kardorff, p. 281

p. 109 "Não volte", Feuersenger, p. 206

p. 110 evacuação de ministérios, NA 740.0011 EW/4-2445

p. 110 execuções, ver Rürup (org.), 1997, pp. 167-71

p. 111 "Às vezes, ele ficava tão curvado", Freytag von Loringhoven, conversa pessoal, 4 de outubro de 1999

p. 113 Eva Braun, Freytag von Loringhoven, conversa pessoal, 4 de outubro de 1999, e Maizière, 9 de outubro de 1999

p. 114 filó branco, Konev, pp. 38-9

p. 115 "Força pelo medo", Thorwald, 1950, p. 103

p. 115 "tivessem agido de maneira...", KA-FU, EI: 18, Vol. 6

p. 116 "claramente não eram suficientes...", RGVA 32891/1/123, p. 6

p. 116 refugiados de Breslau a pé, ver Thorwald, 1950, pp. 109-13

p. 118 setenta e 100 quilômetros, TsAMO 233/2307/189, p. 78

p. 118 "Quando chegar ao Oder...", Jukov, iv, p. 194

p. 119 gueto de Lodz, papéis de Grossman, RGALI 1710/3/49

p. 119 "Os soldados do Primeiro Exército polonês...", GARF 9401/2/93, p. 334

p. 120 "civil alemão...", RGALI 1710/3/51, p. 227

p. 121 "Tchuikov está sentado...", RGALI 1710/3/51, p. 229

p. 121 "Tchuikov fala...", RGALI 1710/3/5I, p. 230

p. 122 Tchuikov batendo em oficiais, Merejko, conversa pessoal, 10 de novembro de 1999

p. 122 "Marchamos para fora de uma floresta", Klotchkov, conversa pessoal, 25 de julho de 2000, e Klotchkov, pp. 34-5

p. 123 "Tremei de medo...", Oitavo Exército de Guarda, TsAMO 345/5502/93, p. 412

p. 123 "Tudo está em chamas...", RGALI 1710/3/51, p. 231

p. 124 "cheia de tanques inimigos", BA-MA RH 19 XV/9b, p. 172

p. 124 tanques Tigre, BA-MA MSg1 /976, p. 39

p. 125 "*Tod und Strafe für Pflichtvergessenheit*", BA-MA RH 19 XV/9b, p. 195

p. 125 comida para as tropas em retirada, BA-MA RH 19 XV/9b, p. 195

p. 125 "O Senhor Deus...", BA-MA RH 19 XV/28, pp. 1-4

p. 125 "abandonara sua cidade...", IfZ Fa 91/5, p. 1.253

p. 125 "Os generais alemães capturados...", de Petrov e Kobulov a Beria, 30 de janeiro, GARF 9401/2/92, pp. 283-8

270

p. 127 captura de Kienitz, Le Tissier, *Jukov on the Oder*, p. 35

p. 128 "A felicidade no seio...", Walter Beier, Ramm, 1994, p. 165

p. 130 *"Stalin ante portas!"*, Oven, p. 229

p. 130 Wachregiment Grossdeutschland, Obergefreiter Harald Arndt, citado em Ramm, 1994, p. 268

p. 130 "Nossa honra chama-se lealdade", Baumgart, citado em ibid., p. 61

p. 130 "atitude marcadamente...", BA-MA 332, pp. 656, 709-11

p. 132 "entusiasmo e fanatismo", BA-B R55/1305

p. 132 "saudações camaradas", BA-B R55/1305

p. 133 Divisão *Panzerjagd*, Guderian, p. 411

p. 133 *"ein absoluter Schwindel"*, BA-B R55/916, p. 63

p. 133 "líderes políticos", BLHA Pr. Br. Rep. 61B/20

p. 133 "Faisão Dourado", Kardorff, p. 291

p. 134 "Sofreram com o bombardeio...", diário de Bormann, GARF 9401/2/97, pp. 32-48

p. 135 "Situação da Evacuação", 10 de fevereiro, BA-B R55/616, p. 172

6. LESTE E OESTE

p. 136 acomodações em Ialta, Alanbrooke, p. 657

p. 137 "Riviera do Hades", Gilbert, p. 1187

p. 140 "o confisco sistemático...", papéis de Agranenko, RGALI 2217/2/17, p. 22

p. 140 "É uma questão...", *Tegueran. Yalta. Potsdam. Sbornik dokumentov*, Moscou, 1970, p. 22, citado em Volkogonov, p. 489

p. 143 queda de Budapeste, ver Erickson, p. 508

p. 143 represálias a prisioneiros, ver Kershaw, 2000, p. 779

p. 144 licenças de luto em Dresden, Genscher, conversa pessoal, 4 de setembro de 2000

p. 144 enchentes do Reno, Eisenhower, pp. 406-7

p. 146 "Posso lidar com Stalin", Murphy, p. 233

p. 146 "flanqueando a Muralha Ocidental", Deane, 25 de dezembro de 1944, NA RG334/Registro 309/Caixa 2

p. 146 "Pareciam mais...", relatório de Shikin, RGASPI 17/125/323, pp. 35-6

p. 147 alvos vivos e "marchas esportivas", *VOV*, iv, p. 180, n° 36

p. 147 pianista SS, Stanford-Tuck, Larry Forrester, *Fly for Your Life*, Londres, 1956

p. 148 "Todo mundo parece...", papéis de Grossman, RGALI 1710/3/47, p. 4

p. 148 "Estamos surrando...", citado em Shindel (ed.), p. 125

p. 149 "Somos russas...", papéis de Agranenko, RGALI 2217/2/17

p. 151 "insegurança como líder militar", BA-MA MSg1/976, p. 32

p. 151 "mas Exército Panzer...", BA-MA MSg1/976, p. 35

p. 152 almoço com o embaixador japonês, Maizière, conversa pessoal, 9 de outubro de 1999

p. 152 "O senhor precisa acreditar...", Guderian, p. 412

p. 153 "O Reichsführer SS é homem...", ibid., pp. 413-15

p. 156 "Acima da cidade", Oberjäger R. Christoph, citado em Ramm, 1994, p. 186

p. 156 "preservar suas pobres vidas", GARF 9401/2/94, pp. 159-65

p. 157 "quase quatro anos...", 27 de fevereiro, IfZ MA 485, p. 20,755

p. 157 "parte significativa...", de Tkatchenko a Beria, 28 de fevereiro, GARF 9401/2/ 93, p. 324

p. 158 "O Führer ordenou...", 10 de março, BA-B R55/616, p. 243

p. 158 "cadáveres de cidadãos...", de Shvernik a Molotov, GARF 9401/2/96, pp. 255-61

p. 159 campo de Stutthof, RGVA 32904/1/19

p. 159 "Os alemães ainda não...", SHAT 7 P 146

p. 160 "O moral é baixo, mas a disciplina é forte", RGALI 1710/3/47, p. 25

7. A LIMPEZA DA RETAGUARDA

p. 160 "Pare. Instalações militares...", de Abakumov a Beria, 15 de fevereiro, GARF 9401/2/93, pp. 6-15

p. 160 57ª Divisão de Infantaria do NKVD, RGVA 38680/1/3, p. 4

p. 161 "uma passadeira suja, salpicada...", Soljenitsin, 1974, p. 126

p. 161 "o batalhão da guarda do Führer...", interrogatório de Hans Rattenhuber pela SMERSH, *Voienie Arhivi Rossii*, nº 1, 1993, p. 355

p. 163 "Creio que seria...", GARF 9401/2/93, p. 15

p. 163 "indispensáveis", de Stalin a Tedder e Bull, 15 de janeiro, NA RG334/Registro 309/Caixa 2

p. 163 "sabotadores e terroristas", 1º de março, GARF 9401/2/93, pp. 255-9

p. 164 "ato criminoso de política antissoviética", Berejkov, 1982, p. 364

p. 164 "pelo menos limpamos...", Kazakova, conversa pessoal, 6 de novembro de 1999

p. 164 "alguns deles...", Jukov, iv, p. 183

p. 165 Serov como "conselheiro", RGVA 32925/1/100, p. 43

p. 165 "nacionalistas germano-ucranianos", BA-B R55/822, pp. 5-8

p. 165 "pesquisa dos parentes de Rokossovski", GARF 9401/2/94, p. 61

p. 166 "o civil fingiu...", 30 de março, NA RG334/Registro 309/ Caixa 2

p. 167 "O capitão-engenheiro soviético Melamedev...", NA RG334/Registro 309/Caixa 2

p. 167 "negligência do oficial...", Volkov, vice-chefe das tropas do NKVD, Primeira Frente Bielorrussa, RGVA 32925/1/100, p. 205

p. 167 "na União Soviética...", de Antonov a Deane, NA RG334/ Registro 309/Caixa 2

p. 168 "padarias secretas", RGVA 32891/1/123

p. 168 "Isso fez com que suspeitasse...", RGVA 32925/1/100, p. 80

p. 168 detecção de minas, 12 de março, RGVA 32925/1/297, p. 8

p. 168 "cães especiais para cheirar bandidos", RGVA 38680/1/12, p. 114

p. 168 "terroristas entregues...", 11 de março, GARF 9401/2/94

p. 168 "deixados na retaguarda...", RGVA 38680/1/12, p. 48

p. 169 "uma escola de sabotagem alemã...", general Edunov, 13 de fevereiro, RGVA 32904/1/19, p. 99

p. 169 "Um sargento alerta...", RGVA 38686/1/21

p. 170 "que em algumas...", 18 de fevereiro, 63ª Divisão de Infantaria do NKVD, RGVA 38686/1/20, p. 49

p. 171 "Tudo isso leva...", RGVA 38680/1/4

p. 172 passe para os feridos, RGVA 38686/1/20, p. 31

p. 172 Sexto Corpo Blindado de Guardas, RGVA 32904/1/19

p. 172 "Os líderes militares...", BA-B RSS/1296

p. 172 "cidadãos da URSS...", Terceira Frente Bielorrussa, RGVA 38680/1/3, p. 255

p. 173 "Tais casos...", papéis de Grossman, RGALI 1710/3/51, p. 230

p. 173 cinco mortos e 34 feridos, 83º Regimento de Guardas de Fronteira, RGVA 38686/1/21, p. 45

p. 173 Rokossovski no engarrafamento, papéis de Agranenko, RGALI 2217/2/17, p. 31

p. 173 "mobilizar todos os alemães...", RGVA 32925/1/100, p. 47

p. 174 68.680 alemães, 10 de março, GARF 9401/2/93, p. 279

p. 174 "Para a Sibéria...", papéis de Agranenko, RGALI 2217/2/17, p. 20

p. 174 "uma gendarmeria", NA RG334/ Registro 309/Caixa 2

p. 175 "dormitório de polonesas repatriadas", RGVA 38680/1/3, p. 104

p. 175 "os suicídios de alemães...", GARF 9401/2/94, p. 88

p. 175 "evento imoral", RGVA 38686/1/26, p. 36

p. 175 "Os fenômenos negativos...", Seniavskaia, 2000, p. 184, nº 27

p. 176 moças ucranianas levadas para trabalhos forçados, RGVA-SA 1382/1/62

p. 176 "Na noite de...", "um primeiro-tenente...", RGASPI 17/125/314

p. 178 "tinham se vendido...", Inozemtsev, p. 204

p. 178 "bonecas alemãs", citado em Seniavskaia, 1995 p. 181

p. 179 "honra e dignidade da moça soviética", TsAMO 372/6570/76 e 372/6570/68

p. 179 moças do Exército maltratadas a partir de 1944, Rjevskaia, conversa pessoal, 28 de outubro de 2001

p. 179 "Por exemplo, Eva Shtul...", RGASPI 17/125/314, pp. 40-45

p. 179 49.500 cidadãos soviéticos, a Aleksandrov, 20 de fevereiro, RGASPI 17/125/320, p. 36

p. 180 4 milhões, RGASPI 17/125/314

p. 181 "Qual seria sua condição?", RGASPI 17/125/314, p. 33

p. 181 incidente de Oppeln, 7 de março, KA-FU, EI: 18, Vol. 6

p. 182 "Não eram traidores...", Soljenitsin, 1974, p. 240

p. 182 Mais de um milhão de Hiwis, TsAMO 2/176495/378, pp. 32-3

p. 183 "Os *Vlasovtsi* e outros...", *VOV*, iv, p. 158

p. 183 "O homem de Orel...", papéis de Grossman, RGALI 1710/3/47, p. 1

p. 183 guardas de campos, RGVA 32904/1/19, pp. 274-5

p. 183 "Deve haver uma única...", 63ª Divisão de Infantaria do NKVD, RGVA 38686/1/20

p. 184 "Camarada Presidente...", Eugene Schirinkine, 31 de julho, SHAT 7 P 128

p. 184 restauração dos direitos civis, *VOV*, iv, p. 161

p. 184 "Camaradas soldados...", RGASPI 17/125/310, p. 10

8. A POMERÂNIA E AS CABEÇAS DE PONTE DO ODER

p. 185 "pedra angular", Duffy, p. 187

p. 186 coronel Morgunov, *VOV*, iii, p. 252

p. 186 "O sucesso do avanço", papéis de Grossman, RGALI 1710/3/51, p. 230

p. 186 Krukenberg e a SS *Charlemagne,* BA-MA MSg2/1283, e Fenet, conversa pessoal, 19 de maio de 1999

p. 187 "Weiss é um mentiroso...", BA-MA MSg1/976, p. 67

p. 187 "voltasse no mesmo estado...", Erickson, p. 522

p. 189 "Ordem de partir!", Krockow, p. 61

p. 191 "Não tenho a intenção...", Boldt, p. 81, com correções de Freytag von Loringhoven, setembro de 2001

p. 192 navio de suprimentos, relatório de 22 de março, BA-B R55/616, p. 248

p. 193 "Embora o nascimento...", Sajer, p. 541

p. 194 "O número de eventos...", relatório de 12 de abril, TsAMO 372/6570/68, pp. 17-20

p. 195 "absolutamente impossível...", RGALI 2217/2/17, p. 42

p. 195 "orgulhosas demais", RGALI 2217/2/ 17, p. 39

p. 195 "Tive de ceder", Krockow, p. 99

p. 196 "Estou aqui pendurado...", ibid., p. 76

p. 197 Herr von Livonius, ibid., pp. 114-15

p. 198 "Os pássaros cantam...", papéis de Agranenko, RGALI 2217/2/17, p. 42

p. 198 *Nach Arbeit!*", papéis de Agranenko, RGALI 2217/2/17, p. 41

p. 200 "para assegurar aos russos...", TsAMO 233/2374/337, p. 158

p. 200 "O moral está sendo...", TsAMO 233/2374/337, p. 124

p. 201 "pilhagem de soldados...", 24 de março, IfZ MA 127/2, p. 13.025

p. 201 vinte e duas sentenças de morte, TsAMO 236/2675/339, p. 65

p. 202 "O general Schörner...", TsAMO 236/2675/336, p. 60

p. 202 "descuido criminoso", TsAMO 233/2374/194, p. 8

p. 202 "saiu para descansar", TsAMO 233/2374/194, p. 9

p. 203 "O primeiro estilhaço...", citado em Seniavskaia, 2000, p. 236, n. 52

p. 203 "Os animais eram mortos...", RGVA 32891/1/391, pp 345-6

p. 204 estonianos e ucranianos, departamento político do 21º Exército, TsAMO 236/2675/339

p. 205 "O quarto de dormir...", BA-MA MSg1/976, p. 39

p. 206 "generais incompetentes...", BA-MA MSg1/976

p. 206 "Tribunais militares devem...", 4 de fevereiro, GARF 9401/2/ 94, p. 163

p. 207 "*1 Unteroffizier...*", IfZ MA 325

p. 207 "a covardia e o derrotismo", IfZ Fa 600, p. 14

p. 207 "A prioridade fundamental...", 13 de março, IfZ MA 127/2, pp. 13.031-2

p. 208 "O senhor é o novo...", BA-MA MSg1/976, p. 31

p. 209 "não tinham nada de negativo...", KA-FU, EI: 18, Vol. 6

p. 209 "vinte pontos de controle...", KA-FU, EI: 18, Vol. 6

p. 209 "os soldados pareciam apáticos...", 16 de fevereiro, KA-FU, EI: 18, Vol. 6

p. 210 observação de artilharia e pontes submersas, SHAT 7 P 163

p. 210 boatos de ressentimento, IfZ Fa 138, pp. 15, 16

p. 210 "Em toda a guerra...", BA-MA MSg1/976, p. 61

p. 211 requisição de carroças, BLHA Pr. Br. Rep. 61A/443

p. 211 "a mesma coisa...", 21 de fevereiro, BLHA Pr. Br. Rep. 61A/38

p. 211 "muito duros...", relatório de 14 de março ao Dr. Naumann, IfZ Fa 600, p. 14

p. 211 "O ar fresco...", BLHA Pr. Br. Rep. 61A/i6, Gau.leitung Mark Brandenburg, 19 de março

p. 212 "40 mil voluntários fanáticos", Guderian, p. 420

p. 212 "rosto branco como giz", BA-MA MSg1 784, p. 2

p. 212 "que o que já temos...", Schwarz, citado em Gosztony, p. 92

p. 212 "perdido em pensamentos", Kempka, citado em ibid., p. 93

9. OBJETIVO: BERLIM

p. 213 "Iakov jamais sairá...", Jukov, iv, p. 215

p. 214 "de forma independente e orgulhosa", GARF 9401/2/93, p. 276

p. 214 "muito contente", Jukov, iv, p. 215

p. 214 "quando estávamos trabalhando...", ibid., p. 218

p. 215 "o eixo principal do avanço...", 14 de outubro de 1944, NA RG334/Registro 309/Caixa 2

p. 215 reunião na *dacha* de Stalin, maio de 1942, Zaloga, pp. 13-19

p. 216 "Casa dos Vírus", Dr. Engel, conversa pessoal, FU Archiv, 8 de outubro de 2001

p. 217 "quem possui...", citado em TsAMO 233/2356/5804, pp. 320-21

p. 217 "Não há dúvida...", Alanbrooke, p. 669

p. 217 "Have a Go, Joe", citado por David Clay Large em "Funeral in Berlin", p. 355, em Robert Cowley (org.), *What If?*, Nova York, 1999

p. 217 "Em vista do grande progresso...", NA RG334/Registro 309/ Caixa 3

p. 218 "Suas relações com Monty...", 6 de março, Alanbrooke, p. 669

p. 220 Tedder não consultado, NA RG 218 JCS Caixa 16

p. 220 "política e psicologicamente...", Eisenhower, p. 433

p. 220 "nossos exércitos avançarão...", 25 de março, papéis de Churchill 20/209, Gilbert, p. 1.264

p. 221 "ação criminosa...", NA RG334/Registro 309/Caixa 2, correspondência de Antonov

p. 222 "Devemos muito...", Eisenhower, p. 431

p. 223 "sobre questões que são...", ibid., p. 401

p. 223 "não era mais...", de Eisenhower a Marshall, 30 de março, citado em ibid., p. 438

p. 224 "A frente alemã no Ocidente..." e toda a conversa, Jukov, iv, pp. 223-6

p. 225 "Stalin recebeu...", NA RG 334/Registro 309/Caixa 2

p. 226 "Os senhores sabem...", Konev, p. 79

p. 227 "No caso", Jukov, iv, p. 226

p. 228 "no menor tempo...", *VOV*, iii, p. 267

p. 228 "O *Stavka*", ibid., p. 269

p. 228 "coincidia por completo", ibid.

10. A CAMARILHA E O ESTADO-MAIOR GERAL

p. 229 "Os britânicos são parcialmente...", 16 de março, KA-FU, EI: 18, Vol. 6

p. 230 "Se a tentativa...", KA-FU, EI: 18, Vol. 6

p. 231 "passeando com Hitler...", Guderian, p. 426

p. 232 "o homem menos adequado...", BA-MA MSg1/976, p. 78

p. 233 "Na hora, Hitler manteve-se...", Maizière, conversa pessoal, 9 de outubro de 1999

p. 233 "Esta missão dele...", Guderian, p. 420

p. 234 "Hoje vou mesmo...", Freytag von Loringhoven, conversa pessoal, 4 de outubro de 1999

p. 234 *"Meine Herren..."*, BA-MA MSg1/976, p. 99

p. 234 "gelada falta de emoção", BA-MA MSg1/976, p. 107

p. 234 "Hitler estava cada vez...", Freytag von Loringhoven, conversa pessoal, 4 de outubro de 1999 – os relatos das testemunhas dessa reunião diferem em alguns detalhes; esta descrição baseia-se, principalmente, nas descrições de Guderian e Freytag von Loringhoven

p. 235 "uma mistura de energia...", Maizière, conversa pessoal, 9 de outubro de 1999

p. 236 "Este homem baixo...", BA-MA MSg1/976, p. 70

p. 236 "Devemos permanecer...", BA-MA MSg1/1207

p. 236 "o homem que pode...", papéis de Heinrici, BA-MA MSg2/4231

p. 236 "A guerra já acabou...", Freytag von Loringhoven, conversa pessoal, 4 de outubro de 1999

p. 237 "Hitlerjunge Quex", BA-MA MSg1/976, p. 75

p. 238 "o respeito mútuo...", BA-MA MSg1/976, p. 62

p. 238 "À noite...", GARF 9401/2/97, pp. 32-48

p. 238 "por questão..", IfZ MA 127/2, p. 13.024

p. 239 "perigosos" e trabalhadores forçados italianos, ver Gellately, pp. 237-8

p. 239 "eliminar toda possibilidade...", IMT, xli, pp. 430-31

p. 239 "Desta vez você...", citado em Sereny, pp. 485-6

p. 240 "Tenho informações de que...", interrogatório de Speer, 22 de maio, NA 740.0011 EW/5-145

p. 241 "perder a cabeça", Sereny, p. 491

p. 241 "impossível negar a esperança...", interrogatório de Speer, 22 de maio, NA 740.0011 EW/5-45

p. 242 instruções sobre aborto, IfZ MA 127/2, pp. 13.042-3

p. 242 Speer e Kinzel, interrogatório de Speer, 22 de maio, NA 740.0011 EW/5-45

p. 242 "aos nossos olhos...", BA-MA MSg1/976, p. 92

p. 243 "*Wann kommt der Russe?*", BA-MA MSg1/976, p. 76

p. 244 "uma alegre mulher de feira...", BA-MA MSg1/976, p. 72

p. 245 "*Der 800.000 Mann-Plan*", IfZ MA 305

p. 245 "Era, bem simplesmente...", BA-MA MSg1/976, p. 116

p. 246 "com o Dr. Kaltenbrunner", GARF 9401/2/97, pp. 32-48

p. 246 Kaltenbrunner e Dario, 15 de março, BA-B, R55/1394, p. 195

p. 246 "um companheiro no sofrimento", Tillery, citado em Ramm, 1994, p. 27

p. 247 "A vida é como a camisa...", Gall, conversa pessoal, 2 de novembro de 1999

p. 247 bunker "*gemütlich*", citado em Ramm, 1994, p. 27

p. 248 "um tipo realmente maluco", Tillery, citado em ibid., p. 29

p. 250 "Desta vez a 'sorte de soldado'...", Laudan, citado em ibid., p. 52

p. 250 "Os oficiais têm duas opiniões...", TsAMO 236/2675/339, p. 63

p. 251 "Ser oficial", TsAMO 236/ 2675/339, p. 63

11. A PREPARAÇÃO DO GOLPE DE MISERICÓRDIA

p. 251 "A operação Berlim...", TsAMO 233/2374/194, p. 29

p. 252 4 mil homens cada, Erickson, p. 476

p. 252 1.030.494 transferidos do Gulag até 5 de setembro de 1944, GARF 194/1/146, p. 21

p. 252 Comitê de Defesa do Estado, Prikaz nº 7942 ss de 29 de março, também GARF 8131/38/236, pp. 34-5

p. 253 "uma morte de cão para cães", Merridale, p. 266

p. 253 "redimiram sua culpa...", Sulhanishvili, conversa pessoal, 12 de outubro de 2000

p. 253 "soldados que eram cidadãos soviéticos...", TsAMO 233/2374/194, pp. 11-13

p. 254 "Todo dia...", TsAMO 233/2374/93, p. 685

p. 255 "É verdade...", TsAMO 233/ 2374/93, pp. 700-701

p. 255 "A má supervisão...", RGVA 38686/1/20, p. 21

p. 255 "essas [cortinas] devem ser removidas...", 7 de abril, RGVA 32925/1/100, p. 174

p. 255 "verificação das condições de adequação à batalha", RGVA 36860/1/16

p. 256 "Eles a viam...", Seniavskaia, 2000, p. 236, nº 50

p. 256 "Isto acontece...", RGVA 38686/1/20, p. 26

p. 256 "Um só erro...", Sulhanishvili, conversa pessoal, 16 de junho de 2001

p. 257 "Soldado do Exército Vermelho...", Werth, pp. 964, 965

p. 257 "Vejam como os alemães...", Eugene Schirinkine, 31 de julho, SHAT 7 P 128

p. 257 "Nossos soldados ficaram...", Gall, conversa pessoal, 2 de novembro de 1999

p. 258 "Eles nos colocaram em um campo...", TsAMO 236/2675/267, pp. 67-8

p. 258 "pontos de vingança", TsAMO 233/ 2374/194, p. 24

p. 259 "Havia um grande lema...", Kazakova, conversa pessoal, 6 de novembro de 1999

p. 259 análise de cartas, Gall, conversa pessoal, 2 de novembro de 1999

p. 260 "Só pode ser usado...", KA-FU, EI: 18, Vol. 6

p. 260 armas químicas, RGVA 32891/1/384, p. 19

p. 260 "armas do desespero", de Donovan ao secretário de Estado, 1º de abril, NA 740.0011 EW/4-145

p. 260 "defendido a guerra química", interrogatório de Speer, 22 de maio, NA 740.0011 EW/5-145

p. 260 experiências com *panzerfaust*, Beliaiev, conversa pessoal, 29 de julho de 2000

Referências

ABREVIATURAS

AGMPG Archiv zur Geschichte der Max-Planck-Gesellschaft, Berlim

AWS Art of War Symposium (Simpósio Arte da Guerra), "From the Vistula to the Oder: Soviet Offensive Operations", Center for Land Warfare, US Army War College, 1986

BA-B Bundesarchiv, Berlim

BA-MA Bundesarchiv-Militärarchiv, Freiburg-im-Breisgau

BLHA Brandenburgisches Landeshauptarchiv, Potsdam

BZG-S Bibliothek fur Zeitgeschichte (Sammlung Sterz), Stuttgart

GARF Gosudarstvenni Arkhiv Rossiiskoi Federatsii (Arquivo Estatal da Federação Russa), Moscou

HUA-CD Humboldt Universitätsarchiv (Charité Direktion), Berlim

IfZ Institut für Zeitgeschichte, Munique

IMT Julgamento dos Grandes Criminosos de Guerra, no Tribunal Militar Internacional (International Military Tribunal, Nuremberg)

IVMV Istoria vtoroi mirovoi voini, 1939-1945, Vol. X, Moscou, 1979

KA-FU Krigsarkivet (Försvarsstaben Utrikesavdelningen), Estocolmo

LA-B Landesarchiv-Berlin

MGFA Biblioteca do Militärgeschichtliches Forschungsamt, Potsdam

NA National Archives II, College Park, Maryland

PRO Escritório do Registro Público (Public Record Office), Kew

RGALI Rossiiski Gosudarstvenni Arkhiv Literaturi i Iskusstva (Arquivo Estatal Russo de Literatura e Artes), Moscou

RGASPI* Rossiiski Gosudarstvenni Arkhiv Sotsialno-Polititcheskoi Istorii (Arquivo Estatal Russo de História Sociopolítica), Moscou

RGVA Rossiiski Gosudarstvenni Voenni Arkhiv (Arquivo Militar Estatal Russo), Moscou

RGVA-SA** O "Arquivo Especial" do RGVA de documentos alemães capturados

SHAT Service Historique de l'Armée de Terre, Vincennes

TsAMO Tsentralni Arkhiv Ministerstva Oboroni (Arquivo Central do Ministério da Defesa), Podolsk

TsKhIDK Tsentr Hranenia i Izutchenia Dokumentalnih Kolektsi (Centro de Conservação e Estudo de Coleções de Documentos Históricos), Moscou

ViZh Voieno-istoritcheski Jurnal

VOV Velikaia Otetchestvenaia Voiná (A grande guerra Patriótica), Moscou, 1999, Vols. III e IV

ENTREVISTAS, DIÁRIOS E RELATOS NÃO PUBLICADOS

Shalva Iakovlevitch. Abuladze (capitão, Oitavo Exército de Guardas); Gert Becker (civil de Berlim, Steglitz); Richard Beier (locutor, Grossdeutscher Rundfunk); Nikolai Mihailovitch Beliaiev (organizador do Komsomol, 150ª Divisão de Infantaria,

---

*Anteriormente RTsKhIDNI (Rossiski Tsentr Hranenia i Izutchenia Dokumentov Noveishei Istorii). (*N. do A.*)

**O "Arquivo Especial" de documentos alemães capturados vem dos 194 mil arquivos do Partido Nazista, da Chancelaria do Reich, das SS e da Gestapo descobertos pelo 59º Exército do Exército Vermelho em um castelo na Baixa Saxônia (provavelmente, o Schloss Furstenstein, perto de Waldenburg, em vez do Schloss Althorn mencionado em alguns relatos). (*N. do A.*)

Quinto Exército de Choque); Klaus Boeseler (Deutsche Jungvolk, Berlim); Ursula Bube, nascida Eggeling (estudante, Berlim); Hardi Buhl (civil, Halbe); Henri Fenet (comandante de batalhão, Divisão SS *Charlemagne*); Anatoli Pavlovitch Fedoseiev (especialista em eletrotécnica e eletrônica enviado a Berlim); Edeltraud Flieller (secretária, Siemens). Generalleutnant a.D. Bernd Freiherr Freytag von Loringhoven (assistente militar do General Krebs no *bunker* do Führer); Vladimir Samoilovitch Gall (capitão, Sétimo Departamento, quartel-general do 47º Exército); Hans-Dietrich Genscher (soldado, 12º Exército); Elsa Holtzer (civil de Berlim); Oberst a.D. Hubertus Freiherr von Humboldt-Dachroeden (Ia, quartel-general do 12º Exército); Svetlana Pavlovna Kazakova (quartel-general da Primeira Frente Bielorrussa); Oberst a.D. Wolfram Kertz (capitão, Regimento de Guarda *Grossdeutschland*, 309ª Divisão de Infantaria *Berlim*); General I. F. Klotchkov (primeiro-tenente, 150ª Divisão de Infantaria, Quinto Exército de Choque); Ivan Varlamovitch Koberidze (capitão, artilharia da Primeira Frente Ucraniana); Ivan Leontievitch Kovalenko (sinaleiro, quartel-general da Terceira Frente Bielorrussa); Anatoli Kubasov (Terceiro Exército Blindado de Guardas); R. W. Leon (Corpo de Informações anexo ao comando do Nono Exército CIC dos Estados Unidos); Erica Lewin (sobrevivente da Rosenstrasse); General a.D. Rudolf Lindner (Fahnenjunker, Regt 1241, Divisão *Kurmark);* Lothar Loewe (Juventude Hitlerista); Hans Oskar barão Löwenstein de Witt (sobrevivente da Rosenstrasse); General Ulrich de Maizière (coronel do estado-maior geral, OKH); Gueorgui Malashkia (capitão, Nono Corpo Blindado); Nikolai Andreievitch Maltsev (tenente, Terceiro Exército Blindado de Guardas); General Anatoli Grigorievitch Merejko (capitão, quartel-general do Oitavo Exército de Guardas); Rochus Misch (Oberscharführer, SS *Leibstandarte* no *bunker* do Führer); Gerda Petersohn (secretária, Lufthansa, Neukölln); Oberst a.D. Günther Reichhelm (chefe do estado-maior do 12º Exército); Frau Helga, Retzke (estudante, Berlim-Buch); Serguei Pavlovitch Revin (segundo-sargento, Quarto Exército Blindado de Guardas); Ielena

Rjevskaia (Kogan) (intérprete do departamento da SMERSH, Terceiro Exército de Choque); Alexander Saunderson (capitão, investigador de crimes de guerra e assessor de Jowett em Nuremberg); Erich Schmidtke (desertor da Volkssturm de Berlim); Ehrhardt Severin (civil); Shota Shurgaia (segundo-tenente, 16º Exército Aéreo); Wolfgang Steinke (tenente, 391ª Divisão de Segurança, Nono Exército); Shota Sulhanishvili (capitão, Terceiro Exército de Choque); Frau Waltraud Süssmilch (escolar); Frau Marlene von Werner (civil, Wannsee); Magda Wieland (atriz); General a.D. Markus Wolf (Grupo Ulbricht); General a.D. Wust (tenente, batalhão de treinamento da Luftwaffe, 309ª Divisão de Infantaria *Berlim*, Nono Exército).

Há também três outros entrevistados cujas contribuições devem permanecer anônimas.

Este livro foi composto na tipologia Minion Pro Regular,
em corpo 10,5/13, e impresso em papel off-set 56g/m² no Sistema
Cameron da Divisão Gráfica da Distribuidora Record.